Vaidade no Feminino

Elisabeth Bittencourt

Vaidade no Feminino

cia. de Freud

Editoração Eletronica
Abreu's System

Revisão
Sandra Regina Felgueiras

Editor Responsável
José Nazar

Rio de Janeiro, 2012

CIP-BRASIL. CATALOGAÇÃO-NA-FONTE
SINDICATO NACIONAL DOS EDITORES DE LIVROS, RJ

B542v

Bittencourt, Elisabeth
Vaidade no feminino / Elisabeth Bittencourt. - Rio de Janeiro : Cia. de Freud, 2012.

276p.

Inclui bibliografia
ISBN 978-85-7724-101-9

1. Orgulho e vaidade - Aspectos psicológicos. 2. Psicanálise. I. Título.

12-3636. CDD: 150.195
CDU: 159.964.2

04.06.12 13.06.12 036023

---

cia. de Freud

FICHA CATALOGRAFICA

Endereço para Correspondência
Rua Barão de Sertório, 48 - casa
Tel.: (21) 2273-9357 • (21) 2293-5863
Rio Comprido - Rio de Janeiro
E-mail: ciadefreud@gmail.com

Ao Agostinho, pelas possibilidades...

À Juliana, minha filha, pela alegria...

Ao Nazar, pelos deslocamentos...

E principalmente, aos analfabetos letrados do Maranhão...

Sumário

Apresentação

Para aquele que pretende prosseguir adiante na leitura desse livro, é importante considerar que estará se incluindo num texto que o inclui, desde antes, como leitor.

Não somente a autora se faz escutar pelo leitor, quando se dirige a ele, mas se isso acontece é porque, antes ainda, há inclusão do leitor, na medida em que primeiramente foram textos lidos. Ou seja, ela se dirigia ao público que a escutava, e que agora retorna, pela escrita, como público leitor.

Nesse sentido, a leitura do livro inclui a experiência da perda. Perda desse primeiro momento em que os textos, agora lidos, foram falados. Afinal, não é mesmo da experiência de uma perda que se trata quando se passa para a escrita?

Uma perda que merece ser situada, tanto que ela promove a entrada na solidão. Solidão da escrita, sim. Porque é o traço da palavra que se escreve, e que se perde e se reescreve a cada vez que uma outra palavra nasce para o texto.

Já não se conta mais, nesse momento, com a possibilidade de ouvir, quase que ao mesmo tempo, os efeitos do que é dito, quando se tem alguém que nos escuta, em presença.

Se se pode indicar que na passagem da palavra falada para o texto escrito comparece uma Outra experiência, é mesmo porque há uma dimensão de presença que se perde, enquanto presença de uma escuta.

O que nos autoriza afirmar que é a experiência com a voz que se atualiza, quando se passa para a solidão da escrita. Porque é nesse momento que se apresenta, para o autor, o empuxo, a insistência e os impasses para dar voz ao que se quer transmitir, escrevendo.

O Outro, antes como público que escutava e falava, agora é intimo e se mantém em silêncio. Silenciada a interlocução, é a experiência do dizer que se anuncia como possível, pela surpresa.

Há, nesse livro, tanto a surpresa que a autora descobre nela mesma, compartilhada com o leitor, quanto a surpresa de ler que alguns dos textos reunidos foram escritos para comemorar: o dia dos namorados, mês das noivas, dia da mentira e dia internacional da mulher!

Se a surpresa pode ser indicada como o elemento que melhor define a existência de textos que se voltam para temas inarticulados, é mesmo porque, a um só tempo, eles evocam e transformam as questões esperadas, desde a Psicanálise. Indicando que é desde a experiência com a Psicanálise, fundamental para a autora, que ela escreve o texto e reescreve a si mesma.

Aliás, é nesse ponto que me parece residir o fundamento da cativação rítmica que a leitura de alguns deles promove. O que mostra que não é somente a titulo de citações e de bagagem cultural que se deve entender a presença, em parte significativa da bibliografia, da inclusão da Fonografia.

A repetição de temas é um outro ponto que merece ser apresentado. Entendendo que a presença constante das mulheres, da cultura popular do Maranhão, da Arte, da música, dos filmes, da Literatura brasileira, da poesia e do amor são a expressão do relançamento das questões que permitem se aproximar do feminino.

Feminino esse que pode também ser reconhecido na estrutura de composição do livro. É um livro com diferentes artigos que não fazem Um. E não o fazem porque aquilo que é visado aqui tem a ver com uma busca. De se recontar, de retomar experiências, de contar historias, de dar voz às mulheres do interior do Maranhão, enfim, nas palavras da autora:

"O me escrever nunca parou".

Mauro Mendes Dias

Introdução

O inventário da escrita

A escritura que me habita me escreveu... Escreveu o que me habita, o que me cerca, construiu minhas redondezas, demarcou um circuito, achou as pedrinhas da trilha do meu desejo! Diamantes perdidos no mundo da linguagem...

Tamanha preciosidade não é sem exigências... No início, lá pelos 12 anos, era levada pela necessidade grave e urgente de me escrever, tamanho o mar de angústia, de perguntas e de êxtases. O me escrever nunca parou...

Quando comecei a escrever estes textos que agora publico, outras cercanias foram arquitetadas. Eles já estavam entranhados pelas palavras das mulheres camponesas do Maranhão com as quais havia trabalhado por 10 anos e pelos efeitos da minha análise com a minha primeira analista, Alayde Martins: os seus silêncios esburacavam o meu sujeito.

Lembro de uma ocasião em que Alayde me disse que eu já havia chegado na análise fazendo análise. Naquela ocasião, espantada, perguntei para ela: será que o escrever diários servia de ponte para o inconsciente? Ela não disse nada! Acredito que esse ato serviu para me dizer: vai menina, vai, continua escrevendo seus diários, suas escritas e coisa e tal!

Na verdade a escrita mesma — se é que assim posso chamar — de um texto que buscava na teoria — fosse ela qual fosse — uma trilha para me dizer vai longe... Em 1989, aproveitando a solidão que a vida me presenteou, escrevi quase quatrocentas páginas sobre a experiência com tais mulheres camponesas do Maranhão.

Naqueles tempos o estar só que a ilha de São Luís do Maranhão me oferecia fazia um contraste com a vida pública intensa. Distribuía palavras por onde passava: elas apareciam aos borbotões. Descobri que era muito bom falar na televisão — não sou atriz, por um triz. A felicidade deixava de ser clandestina. As discussões eram entusiasmadas.

Os programas de rádio faziam parte de uma predileção especial. Era fantástico falar em programas de rádio e ainda receber comentários que vinham da parte dos que me escutavam. Dava palestras nos lugares mais variados, inspirada por esquemas meio barthesianos, feitos de tópicos que criava na base — mais uma vez — da associação que parecia livre e enganchada na minha vida.

Até que... a escrita exigiu de mim um certo luxo. Aos poucos fui me recolhendo. As palavras exigiram de mim um certo silêncio, como João Gilberto canta. Os textos que aqui apresento — efeito de um certo silenciar — começaram a ser ditados por mim por onde caminhava, fosse na beira do mar, na beira dos sonhos, nos caminhos que o cotidiano me impunha. Por onde andava, lá estavam eles na minha cabeça a me perseguir, exigindo caderninhos de anotações e solidão. Hoje sei que construí um estar só para escrever.

Não me bastavam mais palavras articuladas e soltas que distribuía por aí... Agora, o próprio me escrever me seduzia, siderando a minha vida, exigindo austeridade. Eu não sabia disso naquela época, mas havia decidido seguir os conselhos de Marguerite Duras e, enquanto escrevia, não mostrava para ninguém.

Foi então que ler esses textos que escrevia nas mais diversas rodas de espectadores ganhou a minha preferência, e as palestras foram ficando raras. Passei a circular menos pela ilha de São Luís, inventei outras cercanias, enquanto a psicanálise e a escrita tomavam conta de mim...

Ler meus escritos exigiu de mim que considerasse a maneira de os ler. Para ler era preciso encontrar uma melodia, um ritmo, um tom para que os escritos falados pudessem destilar o veneno, as dores e as delícias que lhes davam sustança. Comecei a ler poesias, pequenos textos, notícias para o Agostinho, meu companheiro nessa escuta. Encontrei um ritmo para minha fala escrita!

Mas... para entrar logo nos textos que aqui vão ser publicados, preciso retornar aos tempos em que escrevi *A vaidade no feminino*, que acabou dando título ao livro. Tinha certeza de que ele era o primeiro da lista, de que havia inspirado todos os outros textos que vinham a seguir. Ledo engano! A memória me pregou uma peça. Escrevi *A vaidade...* em 1998, próximo aos tempos da fundação da Escola Lacaniana de Psicanálise do Maranhão. As *lorotas do masculino e do feminino* antecederam essa escrita. Precisei começar com as lorotas para poder chegar à vaidade?

Antes de seguir com a vaidade... no... feminino... Nestes primeiros tempos inaugurais em que eu *queria porque queria* saber o que era uma mulher, Mauro Mendes Dias atravessava esse país continental até chegar a ilha de São Luís para falar com ardência sobre elas, as mulheres, as mulheres e o feminino. Isso me inebriava. Mergulhei então nesses mares de não saber levada pela proa da palavra dele...

Na *Vaidade no feminino*, sou tomada pelo desejo de trabalhar a importância e a falta de sustança que o reflexo da imagem, substrato de suma importância para o registro do imaginário, tem para uma mulher. Basta encontrar A mulher — aquela que é a *tal!* — que passa num carro esporte para que aquela que tinha certeza de que, ela sim, ela que era a *tal*, se veja desmilinguida: ela não vale mais nada!

Essa, que pensava que era a *tal*, vai precisar, então, construir — pedra por pedra — um Outro olhar, em que ela se veja como se estivesse fora da cena, mas nela estando. Um olhar que clama por uma instância terceira que vem do simbólico e que vai lhe indicar uma Outra trilha. Só se vê porque está no dentro/fora da cena: se essa rua, "se essa rua fosse minha"...

Afinal, é por isso que é a vaidade *no* feminino e não *do* feminino. O curioso é que me inicio nessa sequência com as *Lorotas*, que apresento no dia da mentira em 1993, na Escola de Psicanálise do Maranhão, escola que ajudei a fundar e que retornou com afeto: emoções dos primeiros tempos...

As *lorotas do masculino e do feminino* — efeito de dois filmes em mim — divertiram-me muito enquanto as escrevia. Depois de ter visto os filmes *Traídos pelo desejo* e *Madame Butterfly*, de ter escutado de Arnaldo Jabor que o travesti era uma obra de arte, e depois ainda do que escutava por aí e na minha clínica, me encantei com a possibilidade de o travesti escancarar a mentira que há entre os sexos. Daí, apresentá-lo no dia 1° de abril, dia da mentira.

A delicadeza de um feminino foi um instante de mim que se encantou pelo significante delicadeza que as personagens do cineasta Kieslowski — *A dupla vida de Véronique* — revelaram e que insistiam na minha análise pessoal: um certo anseio de encontrar a delicadeza de espírito. Como se a delicadeza pudesse se escrever com uma ousadia feminina, própria aos dias mais atuais.

Nas águas do amor e da conjugalidade, resolvi me aproveitar dos ventos que no Maranhão são abundantes e, influenciada por Calligaris, navegar pelas marés que são a favor do amor e perguntar quais as vias de possibilidade do amor conjugal. Nem sei se esse nome ainda serve para o fenômeno: uma relação que dura no tempo e que almeja o erótico. Dediquei ao Agostinho, pelas possibilidades...

Se entregar de corpo e alma ou de corpo com alma foi mais fundo. Quase me afoguei! Não se tratava mais de navegar pelas águas do amor e sim de dar um mergulho mais profundo que abria ou fechava as comportas do se entregar ao amor: mas de corpo e alma? Tocada pelo filme com roteiro de Marguerite Duras — *Hiroshima mon amour* —, escrevi o *Se entregar...*

Logo depois, inspirada pela gratuidade das palavras de Jorge Ben Jor — "Oba lá vem ela, estou de olho nela" — e pelo convite inusitado que recebi de um grupo de mulheres que eram amigas, belas, negras, gostosas e independentes e que estavam todas sozinhas, escrevi esse hilariante artigo que tem uma história.

Um dia, numa mesa de bar, tais amigas, espantadas com a solidão amorosa, me convidaram para tentar saber afinal por que elas estavam tão sozinhas. O *tão* aqui é importante! Se eram tão maravilhosas, gostosas e independentes, por que estavam tão sozinhas? Coloquei então a bola que Alain Didier-Weill recortou, no terreiro do amor, e escrevi: *Por que as mulheres estão tão sozinhas? ou eles vão atrás da bola enquanto elas dão bola.*

Em 2004, dei o pulo do gato — queria saber se tinha sete vidas — e fiz um retorno à minha terra natal, Rio de Janeiro. Tomada pelos efeitos da mudança de percurso e pelos sinais da menopausa que apaga a sua imagem no espelho, exigindo a construção de outros recursos, saí por aí discutindo um vídeo de um curso sobre a menopausa que Marie-Christine Laznik havia ministrado em Curitiba no II Encontro Brasileiro de Direito e Psicanálise sob o tema *A Lei e a lei no Fim do Milênio,* em novembro de 2000. Em

2006, aproveitei a realização do II Congresso Internacional de Psicopatologia Fundamental em Belém do Pará e escrevi: *A mulher (des)iludida: no meio da vida?*

Mas... como nem só de amor se vive, numa via paralela, as artes populares e o sagrado que se esbanja no Maranhão e em algumas partes do mundo abriram em mim uma Outra trilha, alçando ao primeiro plano o Cazumbá, personagem do Bumba meu boi trazido pelas palavras de seu Abel Teixeira, mestre na arte de cazumbar, de fazer caretas e de bem escolher as palavras para falar desse personagem do boi que vive a pregar peças e instaurar ambiguidades e heterogeneidades.

Foi assim que, na primeira Ciranda de Psicanálise e Arte promovida pela Escola Lacaniana do Rio de Janeiro, resolvi que também ia cazumbar e num momento de graça, enquanto lia o meu texto — *Quando os cazumbás saem por aí...* —, minha filha Juliana, que encarna o Cazumbá, adentrava por detrás das esculturas da galeria do Museu Nacional de Belas Artes do Rio de Janeiro, fazendo rebuliço, assombrando e espantando, como convém a um Cazumbá.

E... como parece, cresce e aparece, a maranha do Maranhão me pegou de vez! O jeito, então, foi, mais uma vez, me aproveitar dos momentos de delícias e saber, de um cartel que estudava Bataille para escrever *Celebrando o sagrado e o erotismo lá... pelas terras do Maranhão.* Peguei então uma trilha antiga, na qual havia apreendido o sentido mais forte do significante *merecimento* e voltei a São Cristóvão, terra de preto, como os antropólogos gostavam de chamar ainda na década de 80 do século passado — antes do reconhecimento das terras Quilombolas —, para celebrar o sagrado, que por lá se derrama pelas beiradas, fazendo escorrer o erotismo e revelando que, no Maranhão, o que importa é a festa que traz a tradição: aquilo que não se pode perder...

Certa de que a sincronia não dá conta da diacronia, encerro esse item com um texto — *O caçador de relâmpagos: onde está o sagrado?* — que vem do fundo das minhas entranhas, fazendo-me correr o risco de querer navegar por espantos que se dão no tempo dos relâmpagos, esticando os limites do saber e me deixando na beira do não saber.

Sabia que, um dia, ia pegar a oportunidade — como se pega uma pipa — e ia cirandar com Catherine Clément e Julia Kristeva em busca de dizer algo que tem a ver com o sagrado, com as mulheres negras, analfabetas e letradas que deixam escapar um resto que não se diz, misturando as línguas, trazendo um arcaico que apenas se soletra, jogando em nossa cara a obscenidade do processo primário que delimita um campo próprio, exigindo decifração. Alguma coisa pela qual Lacan no *Seminário da Ética* pergunta: pelos deuses antigos que com suas línguas desconhecidas escaparam da assepsia das religiões e das certezas dos tempos atuais, expondo o processo primário que só sabe solfejar, balbuciar...

Numa outra vertente, sob o efeito de um cartel sobre o *Seminário da Ética* de Lacan, na Escola de Psicanálise do Maranhão, juntei a sede com a fome de escrever. Siderada pelo olhar de Antígona, tragédia de Sófocles, e surpresa naquele sentido do *Werferblunfg* que Alain Didier-Weill recorta, esse texto — *O arrebatamento* — inaugura o arrebatamento em mim por Marguerite Duras. Sua escrita se faz da falta. Aliás, entre tantas: eu queria escrever como ela.

Conforme anuncio logo no início do texto *A morte enquanto ato trágico: estilo que se autoriza de si mesmo?*, um dia eu teria que escrever sobre o ato de Althusser, grande filósofo e escritor: ele estrangulou sua mulher! Mas como? Um homem tão letrado e ainda por cima de esquerda, conforme se dizia ainda no século XX?

Afetada pelo escrito de Althusser — *O futuro dura muito tempo* — e pelas palavras de Manoel Tosta Berlinck que nomeou essa autobiografia como a tragédia do século XX, resolvi perguntar pelo trágico na psicose. A psicose alcança o patamar trágico?

Incitada pelo Núcleo de Direito e Psicanálise, do qual acabei me tornando membro, fui convidada pela sua Jornada anual a me deixar levar por Shakespeare e seu *Mercador de Veneza*; recolho então do meu cofre de desejos as moedas de desperdício de Bataille e escrevo: *O que se paga com moedas de carne?* Se o mercador exige de seu devedor uma libra de carne de seu coração, Bataille encena o jogo dos excessos que se sustenta de pagamentos extorsivos como os cobrados nos rituais de vingança ou rivalidade: ganha mais prestígio aquele que degole um maior número de escravos!

O de que se trata então é de significantes que nos levam às dívidas, prejuízos, lucros, perdas, desperdícios que também regem a economia das nações, embora não entrem no cômputo dos economistas. Ou entram?

Se o mercador exige moedas de carne, é com a mesma que pagamos nosso gozo — serve pra quê, serve pra nada, canta José Miguel Wisnick.

Amordaçados pela economia do sintoma, pagamos nossas dívidas com a mais-valia do gozo: preços extorsivos em que as moedas de carne pagam apenas o nada que existe no nada, enquanto a dívida aumenta vertiginosamente...

A ilha do Mel fica no Paraná e é palco para um encontro muito curioso e amorável em que juristas, psicanalistas e alguns alunos do Núcleo de Direito e Psicanálise do Programa de Pós-Graduação em Direito da Universidade Federal do Paraná encontram-se, enganchados, por um texto de um autor. Psicanalistas e juristas escrevem um trabalho, efeito do texto desse autor, enquanto os alunos colocam questões de suas futuras dissertações.

A ilha do Mel inspira e traz a pira, principalmente quando o texto é de uma autora como Hannah Arendt, que a partir daí entrou para a minha turma de ídolos, com os quais convivo com certa intimidade: essa é a minha ilusão. Como uma receita que sempre dá gosto à minha escrita, no momento de escrever, lembrei-me de uma conferência a que assisti num Congresso sobre a Culpa, em Salvador, cidade que ocupa um lugar de cristalino desejo na minha história.

Nesse congresso, Alain Didier-Weill, um dos meus prediletos, contou uma história que me aturdiu. Um amigo seu desde a juventude aos 70 anos resolve revelar sua experiência num campo de concentração quando era adolescente. Alain fica impactado, primeiro, porque seu amigo não revelou a ele, que era seu amigo, essa brecha tão importante de sua vida, despertando a questão de saber: é possível um laço íntimo de amizade com tal segredo pelo meio? Alain pergunta: por que seu amigo levou tanto tempo para quebrar o pacto de silenciar sua própria história?

Essa história, que me perturbava desde os anos 90 do século passado, encontra no texto de Hannah Arendt — *Eichmann em Jerusalém: um relato sobre a banalidade do mal* — um escoadouro... A perturbação do nazismo, que me fez também fazer um pacto de silêncio desde a minha adolescência, aqui encontra uma mar de letras para soletrar meu horror que se escreve no texto: *A banalidade do mal: o tempo da tomada da palavra.*

Ah Genoveva! Essa foi um presente que recebi de Machado de Assis e da Escola Lacaniana de Psicanálise do Rio de Janeiro, que a ele me apresentou. Tive a graça de abrir a VI Ciranda de Psicanálise e Arte com sua leitura. Escrever — *Genoveva, uma caboclinha saliente? Nem tanto...* — foi uma delícia.

Sair pelas ruas da Gamboa no Rio de Janeiro, cidade em que nasci e onde nasceu o samba e ainda por cima acompanhada de Genoveva e Deolindo, me deu a oportunidade de fantasiar uma liberdade de que somente as mulheres das classes populares do século XIX usufruíam nos tempos em que o Rio de Janeiro era a maior cidade do Brasil com 500.000 habitantes.

Mas... Genoveva era má? Genoveva padecia da lei? Afinal, ela não cumpriu a jura de amor, de que na hora da morte... as trevas se abateriam sobre ela, caso não cumprisse...

Já com Macabéa, as letras mudam de tom, um encardido surge dando um brilho em que resplandece a Macabéa de Clarice Lispector... Ela brilha em sua opacidade, em sua impossibilidade de se deslocar pelas cadeias significantes da vida, ficando presa a uma imobilidade que os ventos do nordeste parecem inseminar...

Macabéa resplandece em sua incapacidade de se contar. Brilha com o opaco da existência, cega nossa humanidade. Causa assombro... Nós, os leitores, ficamos submersos pela agonia que nos afoga, tira o nosso ar. Como ela, ficamos em suspenso...

Inicio esse último item — A clínica do literal — com o texto *Escutar ao pé da letra significa renunciar a lógica da compreensão?* — que marca os primeiros efeitos em mim, no começo da minha análise com José Nazar. Foi um momento singular! Tocada e incitada por seu estilo, eu me assustava com o seu manejo, com as suas ousadias e com as possibilidades de deslocamento que Isso provocava em mim.

O tempo muito curto e os cortes na letra provocavam os mais diversos efeitos em mim, tanto um apaixonamento por aquele estilo de corte na clínica — que me custou um certo preço: o desapaixonar —, quanto pelo efeito de surpresa em mim, que me obrigava a ficar com aquele significante que havia sido destacado, quebrado, suspenso, rodando dentro de mim... Por onde andava lá iam aquelas imbricações comigo: desejo de fazer da análise uma poesia concreta feita com os cacos que sobram da palavra dita?

Percebo hoje, já mais autorizada a embrenhar pelos caminhos das artes visuais, me dou conta de que a forma de o Nazar levar adiante uma análise toca o campo das artes performáticas. Isso me anima até os dias atuais! Na verdade, o que aconteceu foi que esse estilo de clinicar me trouxe uma questão que já era insistente nas minhas interrogações mais íntimas: como posso me aproveitar dos meus recursos subjetivos para construir um estilo na arte de clinicar? A maneira do Nazar de clinicar revelava algo dele, Nazar. Tanto que canso de escutar, diante de certas ousadias suas, alguém dizer: é o Nazar...

Então posso me aproveitar de mim na direção do tratamento? Sem entender muito bem o que quero dizer, mas já dizendo, naquela época me perturbava muito essa questão: como levar o meu estilo de analista adiante sem o eu meter as caras?

Só me restava, então, estudar, pensar, perscrutar, perlaborar, inventar... Ou seja: viver a experiência, fazer uma formação. Trata-se de um momento em que treinava a minha escuta para ela se alimentar dos restos das palavras, dos sentidos que se quebram, dos ecos de uma outra língua: a alíngua que vem do inconsciente. E aí, para que serve a compreensão?

Encerro esse item e a apresentação deste inventário com um texto que prezo muito e que, mais uma vez, me leva — haja insistência! — para São Cristóvão, Viana, Maranhão. *Da letra e da litura na clínica do literal* nasce de uma pergunta que até hoje me faço. Que linguajar é esse que vem do interior do Maranhão e que também existe em Minas Gerais e em todo o Nordeste? No Rio de Janeiro não o encontramos? Eu não sei de nada...

Só sei que tal linguajar emana das classes populares, dos analfabetos letrados que usam as letras para contar a vida num estilo duro, cru, literal como o inconsciente gosta de se contar. Era um tempo em que estudava com ardor aquilo que denominei a clínica do literal, que se parecia com a clínica do real inaugurada por Lacan e que se serve de pedaços de palavras, letras que se conjugam, soletrando o real da língua.

Lembro que, nesse tempo, minha escuta era cheia de ecos quebrados que demandavam decifração. Tratava-se da formação de um escutar que me aturdia e que se inspirava no literal do linguajar maranhense e ainda, fortemente, das letras que saltavam da fala dos meus analisandos, causando espanto a mim e a eles...

Antes de encerrar... preciso dizer que todos os textos aqui publicados passaram primeiro pela palavra falada. Ou, poderia dizer, a palavra escrita falada me encanta! Até...

Capítulo 1

O lugar do feminino no amor e no desejo

Trabalho apresentado no dia dos namorados na Escola Lacaniana de Psicanálise do Maranhão. São Luís, 12 de junho de 1998.

A vaidade *no* feminino

> Era uma vez um rei tão grandioso, tão amado por seu povo, tão respeitado por todos os seus vizinhos e seus aliados, que se podia dizer que era o mais feliz dos monarcas.
>
> (Perrault, 1997, p. 4)

Sua felicidade se confirmou, quando ele escolheu como esposa uma princesa tão bonita quanto virtuosa. O casal vivia numa união perfeita. "De seu casamento nasceu uma filha, dotada de tanta graça e de tantos encantos, que eles nem lamentavam não ter mais filhos" (Perrault, 1997, p. 4).

E, para completar a felicidade, na estrebaria havia um asno de natureza extraordinária, pois, segundo a história, "de manhã sua cama de palha não amanhecia suja e sim com lindas moedas de ouro que eram recolhidas todos os dias" (Perrault, 1997, p. 4).

Mas como a infelicidade tem sempre que entrar numa história, certo dia a rainha adoeceu e antes de morrer fez o rei prometer que só se casaria com uma mulher mais bela do que ela. O rei nem queria saber de pensar em casamento, mas logo os ministros de Estado o aconselharam a arranjar uma esposa, pois o reinado precisaria de um herdeiro. A princesa, que crescia bela, quando se casasse iria para outro reino.

O rei, acossado por esse apelo e disposto a cumprir a promessa, saiu pelo reino a procurar uma mulher mais bela que sua amada esposa falecida. E nada de encontrar alguém que a suplantasse em beleza. Porém, certo dia, o rei, depois de mirar a princesa, sua jovem filha, viu que ela era mais bela que sua esposa e se decidiu a casar com sua filha, sem antes deixar de comentar que, embora "o casamento fosse o túmulo do amor" (Perrault, 1997, p. 4), ele se casaria com sua filha.

A princesa, tomada pelo horror, não parou de chorar e procurou a Fada dos Lilases, sua madrinha. Esta lhe deu alguns conselhos, com certeza bem femininos, pois se tratava de pedidos impossíveis. Recomendou à princesa que dissesse ao rei que só se casaria, se ele lhe desse um vestido da cor do tempo.

O rei, nervoso, convocou os melhores costureiros do reino e a princesa recebeu um vestido. "O empíreo rodeado de nuvens de ouro não tem um azul mais lindo do que o belo vestido que foi apresentado" (Perrault, 1997, p. 7). A princesa, aflita, novamente recorreu à madrinha, que lhe sugeriu que agora pedisse um vestido cor da lua. A infanta, maravilhada com o vestido magnífico, novamente, ficou desesperada.

A madrinha, para ganhar tempo e por não acreditar ser possível existir um vestido cor do sol, sugeriu que ela pedisse um assim para seu pai. "Assim, quando o vestido foi apresentado, todos que o viram desdobrado foram obrigados a fechar os olhos, pois ficaram ofuscados. É dessa época que datam os óculos escuros" (Perrault, 1997, p. 8).

Por último, a madrinha lhe sugeriu que lhe pedisse a pele do asno "por quem o rei tem tanta paixão e que cobre as despesas dele com tanta largueza" (Perrault, 1997, p. 8). Não seria possível que o rei atendesse a um pedido desse!

A infanta estava encantada por poder evitar um casamento tão odioso. Mas sua alegria não durou muito, pois logo lhe foi entregue a pele do pobre asno. Mais uma vez a madrinha a acudiu:

> Enrole-se nessa pele, saia do palácio e vá até onde a terra puder levá-la. [...] Para onde quer que você vá, sua arca, com suas roupas e suas joias, seguirá seus passos por debaixo da terra. Aqui está minha varinha, pode levá-la. Quando precisar da arca, bata com a varinha no chão, que ela aparecerá diante de seus olhos (Perrault, 1997, p. 9).

Ela chegou a uma bela cidade, onde uma fazendeira estava procurando uma criada para lavar os panos de chão, limpar os perus e o cocho dos porcos. A infanta aceitou de bom grado, pois estava cansada de tanto andar. Todos debochavam dela coberta com aquela horrível pele de asno. Como era uma boa trabalhadora, pôde morar num pequeno casebre e assim a vida foi seguindo.

Certo dia, precisa sempre haver um certo dia que quebra o dia, sentada à beira de uma fonte clara e lamentando sua triste situação, ela se *olhou* na superfície cristalina da água. Não foi um olhar qualquer. Trata-se daquele olhar que você vê como se estivesse fora da cena, mas nela estando. Olhar que tem a ver com uma terceira instância que exige um fora. Só se vê, porque está no dentro-fora da cena, quer dizer: "um olhar, que se coloca sempre fora do enquadre da cena a ser vista" (Nazar, 1996, p. 9).

Pele de Asno, o novo nome que nossa princesa ganhou depois de sua desditosa história, se viu e resolveu se ver mais. Foi lavando seu rosto com a água da fonte, aparecendo então uma beleza que a iluminou. Por debaixo daquela feiura uma Outra beleza ia nascendo. Nessa noite mesmo...

Bem... naquela noite mesmo, fica para depois que não sou boba de contar minha história toda no início dessa historinha que começo a contar nesse dia dos namorados, em que aqueles que têm sorte conseguem comemorar o encontro.

Quero começar essa possibilidade de comemoração, falando de alguma coisa que acredito servir de ponte para os enamorados se encontrarem. Trata-se da vaidade *no* feminino. Destaque para o *no*, pois significa que o feminino representa um lugar num campo de saber que é aberto, acolhendo homens e mulheres.

Aliás, todos os seres terrestres podem habitar esse lugar que nunca se diz totalmente. Fica sempre um resto para depois. Campo da ordem do Não-Um, particular, balizado pela ordem do Um, referência do campo do masculino, fechado e universal: "Mulher é gente e homem é homem" (depoimento)[1].

Mas... não existe só a vaidade *no* feminino. Abordaremos, então, esse assunto "galanteando-o", como disse Agostinho Marques, outro dia, no seminário da Universidade Federal do Maranhão, através de lentas e sucessivas aproximações: "Você passa e não me olha, mas eu olho pra você. Você não me diz nada, mas eu digo pra você" (Ben, 1987, faixa 01).

E, como para testemunhar o esforço de alguns, outro dia vi numa apetitosa comédia americana daqueles áureos tempos da década de 50, quando as comédias americanas tinham um roteiro inteligente e irônico recheado de trivialidades bem humanas. O fato é que o personagem de nosso filme — que aprendia a dançar rumba com a Carmem Miranda — tenta ensinar os primeiros passos a um jovem iniciante na experiência do amor.

Aconselha ele: com as mulheres é preciso estar dois passos à frente delas, saber o que elas querem e — a sutileza do conselho — não revelar de forma alguma. O não revelar, aí, é fundamental, porque imagine um homem ter a pretensão de saber o que uma mulher quer. Se ele cair na armadilha de revelar que acha que

---

[1] Mulher camponesa do Maranhão.

sabe, ela já cai numa insatisfação — e quer uma outra coisa. Mas que outra coisa? Onde estará?

Talvez, na casa de uma vizinha, conforme a lembrança me traz uma frase de uma analisanda que me contou que sua mãe, numa ocasião, quando ganhou um presente, recebeu o seguinte comentário de seu pai: *ela gostou do presente até ver o da vizinha*. As mulheres têm essa história com as outras mulheres.

Inicialmente, quero falar daquela vaidade que é efeito de uma imagem narcísica, especular mesmo. Aquela que encontra como resposta um efeito hologramático. Alguma coisa que arruma os pedaços da imagem com graça. A vaidade estaria nessa graça, filha da harmonia e testemunha da beleza: "Olha que coisa mais linda, mais cheia de graça, é ela menina que vem e que passa num doce balanço a caminho do mar" (Jobim e Moraes, [19--], faixa 02).

A vaidade, aqui, viria *do* feminino, narcisismo primário que produz autocontentamento. Diríamos assim: a vaidade *no* feminino se alimenta *do* feminino, enquanto Uma imagem mítica. Testemunho da tirania da beleza, como se existisse Uma imagem que representasse A beleza, conforme a madrasta de Branca de Neve queria: *Espelho, espelho meu, existe alguém mais bela do que eu?* Sempre haverá, sempre haverá...

Mas, se sairmos do campo das fadas e cairmos na terra, podemos nos dar conta desse engodo necessário. A beleza *do* feminino alimentaria, assim, a possibilidade virtual de um-a-mais que àquela imagem se acrescentaria, dando a ela um efeito ilusório de organização regido pela função fálica.

O significante falo é um conceito em Psicanálise. Não é o pênis, embora construído à sua imagem ilusória do tudo, do Um. É o significante que marca a falta de saber que a condição humana nos impõe; ao mesmo tempo, é o que constrói a ilusão.

Bem, vejamos como consigo transmitir para vocês. Voltemos ao espelho, ou melhor, ao estádio do espelho. Aquele momento fundador que organiza os pedaços da imagem e dá vida ao eu, quando o menininho se vê no espelho belo e jubiloso, e ainda por cima com um nome: aquele ali é você, fulano.

É fato que essa *gestalt* da imagem que aparece como harmoniosa, não se aproxima de seu passo posterior, pois o menininho, por esses tempos, é trôpego em seu caminhar. No entanto, lá estava ele todo esférico, uma gracinha. Sua precária coordenação motora mostra o quanto aquela imagem vacila.

Pois bem, o falo organizou por um lado essa imagem, miragem de completude, e por outro marcou a falta no ser. Se o falo organiza, por um lado, a imagem ilusória de completude, por outro, marca também a falta, pois se o que me organiza é a ilusão, os efeitos da falha na imagem num só-depois advirão.

Às vezes, não dá tempo nem de chegar ao encontro marcado. Sai linda de casa, ainda nem se encontrou com o amado, e a imagem da beleza já se quebrou, ficou tudo fora de lugar conforme a obra *A noiva* de Picasso, com seus olhos deslocados e expressão inusitada. Como num passe de mágica.

Então, se a vaidade *do* feminino se quebra com tanta facilidade, como é que vou fazer? Se a imagem da beleza logo se desvanece e se não existe A mulher, alguma coisa que me defina, como é que faço para do imaginário aceder ao simbólico e cair na rede dos significantes que podem falar do meu desejo?

O imaginário e o simbólico são formas de organização psíquica. Estamos no registro do imaginário, quando o objeto fica fixo, é sempre o mesmo. Por exemplo, se sonhamos com barco, para o registro do imaginário barco será sempre barco, mas para o registro do simbólico, que exige fundamentalmente deslocamento, substituição, possibilidade de passar para outra coisa, barco sempre pode lembrar Noé, que pode trazer Noemi, nome daquela que sonhou.

Por exemplo, se saio linda de casa, crente que sou a tal e por azar a mulher ideal passa esvoaçante em seu carro esporte de última geração, a tal moça que a madrasta da Branca de Neve queria ser, perto dela quem sou? Eu não sou nada.

Será preciso, então, fazer alguma coisa com esse nada, colocar alguma coisa no lugar de coisa alguma. Vou precisar saber que, mesmo não sendo homem, mesmo não sendo a mulher esvoaçante do carro esporte, eu posso. Mas.... posso como?

Posso, porque estou movida pelo complexo de masculinidade que diz para mim que tenho que poder de qualquer jeito? Imperativo que só me leva a dar com os burros n'água, mostrando que a intenção quase sempre não corresponde à ação adequada. Movida pelo ressentimento ou influenciada pelas novas sugestões dos manuais de autoajuda saio por aí bradando e repetindo, não sei quantas vezes, que posso, porque posso, que sou uma mulher moderna, a Barbie de nossos tempos e pum, rapidinho já estou quebrando a cara de novo, porque a coisa não é por aí.

Nem se tornando homem, ou colocando um pênis de silicone, eu poderia. Por quê? Porque a resolução enigmática dessa questão não vai se resolver pela reivindicação, ou pela vaidade *do* feminino, protótipo do padrão de beleza. Vou precisar saber disso, que essa vaidade não passa de um alento, de um "retorno de uma parte da libido sobre o próprio eu, na forma das identificações materna e paterna, e da formação dos ideais" (Khel, 1996, p. 38). Uma negociação que faço com mamãe para poder dela pegar um pouco do narcisismo dessa que me apontou a falta, que me mostrou que ela não tinha, mas que papai era apaixonadão por ela ou por uma outra, tanto faz.

Ou seja, já que tenho a falta marcada em meu corpo, vou precisar simbolizar essa falta de algum jeito. Vou precisar dar um sentido ao fato de ser uma mulher, vou precisar construir a minha história, esquecendo aqueles ditos imaginários que a civilização construiu para esse ser meio estranho que, como diz Rita Lee, todo mês sangra.

Vou precisar dar outro sentido aos ditos públicos que colocam a mulher no lugar do silêncio: "Não carece da mulher falar não, na fala dele já tem a fala dela" (depoimento)[2]. Mulher quando é bonita é burra, ou então: se não sou a tal, não posso nada, ou então, se fosse homem até que eu faria; como não sou, vai passando.

Trata-se, então, de uma passagem, cujo passe é se desgarrar dessas cristalizações que no decorrer da história foram coladas ao feminino — como se a ele correspondessem —, acedendo assim ao campo do simbólico, fazendo algum Outro sentido; dando oportunidade para o sujeito do inconsciente — aquele que é efeito dessa dupla marcação — aparecer. É porque falta algo em mim que posso tentar dizer algo de mim. "Esse objeto que falta, o falo, organiza, como símbolo, todo o jogo significante" (Nazar, 1996, p. 10).

Sabemos que, quando falo de uma vaidade *no* feminino, não se trata apenas de mulheres e sim de um campo de saber. Mas acrescento também uma questão, as mulheres habitam com muito mais frequência esse campo?

É fato que essas que portam a falta em seu próprio corpo têm uma relação imaginária que não pode ser idêntica a desses que carregam em seu corpo esse objeto tão interessante, conforme Camile Paglia diz: o pênis.

Inclusive, uma escritora americana teve a saborosa ideia de escrever um livro a partir de uma pergunta que fez principalmente para as mulheres heterossexuais: como se comportaria uma mulher que, num dia qualquer, acordasse pela manhã e descobrisse que tem um pênis para fazer o que quisesse por 24 horas? As respostas foram no mínimo surpreendentes. A maioria não queria um pênis para transar, mas para vários outros fins.

---

[2] Mulher camponesa do Maranhão.

Uma grande maioria respondeu que gostaria de fazer xixi em pé desenhando seu nome. Outras disseram que gostariam de ter um pênis bem grande, e que fariam questão de mostrar para todo mundo. Camile Paglia disse que, se tivesse um, iria correndo procurar a Catherine Deneuve. Madonna disse que não precisaria de um, pois já o tinha na cabeça.

Ou seja, faz diferença, como aquela historinha conta, quando o pai perguntou se a menininha queria um menininho de chocolate ou uma menininha, e ela respondeu que queria o menininho porque tinha mais chocolate. Agora, é claro, essa diferença não se resolve pelo tamanho, porque, se eles têm um bem grande, é sinal de que também podem perdê-lo. Ou seja, vivem sob essa ameaça. Podem perder porque não se trata do pênis e sim de uma outra coisa que a teoria psicanalítica nomeou como falo. Mas, mesmo assim, conta.

Se não ter um pênis promove significações, quais seriam elas? O fato é que há uma falta no próprio corpo. Falta essa que muitas vezes demanda dos outrinhos uma hostilidade. Falta essa que promove efeitos de falta de valor. Falta essa que comporta uma falha em sua significação. O que significa ser mulher? Falta essa que por isso tudo, por ser um buraco, precisa ser ornado. Mas... ornado com o quê?

Com a vaidade da beleza *no* feminino. Não se trata de atributos, de ter as coxas torneadas ou a bundinha da garota de Ipanema, trata-se de se ver e, ao se ver, se encantar com a vaidade *do* feminino e daí ir *mais além* para poder pegar alguma coisa tipo um significante fálico que me dê algum sentido e portanto condições de ir em frente com possibilidades.

Esse ir *mais além* é da ordem do simbólico, derivado de um narcisismo primário, próprio às mulheres, como dizia Freud. É da ordem do necessário que, numa contingência qualquer das esquinas da vida, pode propiciar um acesso a alguma significação para uma mulher, porque ela, ela não pode se dizer toda, não pode ser A mulher. Esta? É claro que não existe! Não haveria palavras suficientes para tal.

Porque quais mulheres? As do Irã, que são proibidas de ir ao estádio de futebol torcer por seu país? As americanas, que carregam malas nos aeroportos, mostrando que mulher é pau pra toda obra? Ou aquela que me sorriu com os dentes brancos e a pele marrom lá na beira do rio Gurupi? Ou aquela que passa com graça fingindo inocente? É por isso, também, que não pode haver um objeto tal que dê conta de tudo aquilo que exige a vaidade *do* feminino.

Voltando ao mais além... Sua operação primordial então será aquela que pode propiciar a uma mulher se beneficiar de algum equívoco da ordem da contingência. Ou seja, me aproveito de algum vacilo imaginário do tipo: chego ao encontro toda desmilinguida, e mesmo assim ele me quer — surpresa total! —, ou então estou crente que sou a tal, a radical chic do momento, e isso não rende nada. Então, se mesmo desmilinguida, ele me quer, ou mesmo sendo *the best of the best* isso não rende, é sinal de que eu enquanto mulher sou, o quê? O quê?

Aproveito-me disso, dessa fissura imaginária, para ir mais além pela via do simbólico. Pego minha insígnia — efeito de uma marca — e parto para o mundo das possibilidades. Quero recortar, neste texto, as possibilidades de aceder a uma significação pela via da feminilidade, visto que o passe de entrada para esse significante tão misterioso é fazer diferença entre pênis e falo. Sair do imaginário e cair no simbólico. Se eu não tenho um pênis, tenho e não tenho um falo. Ou seja, não tenho um pênis, mas não será na questão anatômica que essa questão se resolverá. Não tenho pênis, mas tenho simbólico e a possibilidade de reconstruir minha história.

Mas antes, é preciso que algum fetiche da feminilidade dê aquele sinal, de que posso ir em frente. De que posso cair na relação de objeto com graça: alguém vai me querer, alguém vai gostar de mim. Pode não me idolatrar, mas pode me amar e, conforme seu reverso, me odiar. Pode me amparar e um dia quem sabe me desamparar, mas se estiver com as pedrinhas que indicam a trilha do meu sujeito (Bittencourt, 1999).

As mulheres, carentes assim de simbolização, vão precisar estar, numa vertente, articuladas à Lei e, na outra, fazer uma suspensão não-toda dessa mesma Lei. Ou seja: suspender a Lei parcialmente, permanecendo, no entanto, enganchadas nessa mesma Lei. A dificuldade maior será dada pelos embaraços e as dificuldades que cada mulher — uma a uma — terá na articulação com a Lei.

É preciso um bom ancoradouro para poder navegar por aí, sem cair no breu das tormentas. É preciso estar articulada ao campo do masculino, reino do Um, lugar do código, para poder atravessar os mares da criação, sob pena de se escorregar para o infinito, lá onde não há mais bordas.

Como diz Khel (1996, p. 42), é preciso roubar o fogo paterno, que afinal não é de ninguém. Ela chama a atenção e faz uma diferença entre o crime e a transgressão que tem sua referência dada pelo que coloquei acima como a suspensão não-toda da Lei. É preciso um pouco dessa potência da transgressão para ir adiante. No nosso caso, trata-se de uma transgressão necessária, inclusive porque esse fogo paterno nada mais é que o simbólico: o campo das palavras que pode dizer de mim.

Aliás, o sublimar tira sua força do enigma. Quem é que pode saber de mim? Quem sabe por que Picasso desarticulou a expressão feminina, dando a ela um caráter de estranheza, que à primeira vista nos espanta? Mas logo nos damos conta de que cotidianamente essa estranheza de fora do lugar, sem definição ou contorno, aparece no espelho, essa superfície traidora dA Verdade. Talvez, porque o ser mulher, ou melhor, A mulher é quase tão enigmática quanto Deus, quanto A verdade.

As criações girariam em torno desse enigma. Tentativas de respostas. Agora, já podemos ousar perguntar: elas produzem aos montes, mas haveria alguma marca indelével que as colocaria no lugar de parceiras bem particulares no mundo do universal?

Uma insistência em se contar, "busca da qualidade do que se é" (depoimento)[3], marca a obra feminina. O subjetivo está sempre presente, como se estivéssemos num estado sempre à beira de enfim nos dizer. Tarefa do impossível que insiste em nossas escritas.

Freud (1930/1976), no texto "Mal-estar na civilização", diz que as mulheres são as fundadoras da cultura. Mortificadas pela enorme quantidade de crianças que morriam, exigiram que os povos deixassem de ser nômades. A partir daí, toda uma organização social se construiu, por essa demanda de amor. No texto "A feminilidade" (1933/1976), ele afirma que as mulheres fizeram poucas contribuições para as descobertas e invenções na história da civilização. Sua contribuição teria sido a de tecelã, ornando, assim, sua própria falta. Ressalta que muito cedo sua libido ficava fixa, tendo pouca possibilidade de deslocamento:

> Um homem, nos seus trinta anos, parece-nos um adolescente, um indivíduo não formado, que esperamos faça pleno uso das possibilidades de desenvolvimento que se lhe abrem com a análise. Uma mulher da mesma idade, porém, muitas vezes nos atemoriza com sua rigidez psíquica e imutabilidade. Sua libido assumiu posições definitivas e parece incapaz de trocá-las por outras (Freud, 1976, p. 165).

Essa fixação é uma das formas de a libido se cristalizar, fazendo com que mulheres permaneçam infantis pelo resto de seus dias. Freud distingue essas mulheres de outras que têm inten-

[3] Mulher camponesa do Maranhão.

sa vida sexual. Segundo ele, a passagem por uma vida erótica faz com que elas se identifiquem com diversos traços de seus parceiros. Essa mulher não estaria numa posição de cristalização conforme aquelas outras que aos 30 anos já haviam encerrado sua existência.

Sabemos que nos dias atuais o feminino tem outras possibilidades de expressão, de identificação, o que levanta questões que envolvem aquilo que é da ordem do imaginário, da repressão e aquilo que é da ordem do recalque que emana da estrutura. Já que surgiram outros ideais, outras articulações se colocam entre esses dois campos?

Mas, apesar de as mulheres do tempo de Kant e Freud apresentarem diferenças em relação às mulheres de hoje — afinal, daquele tempo para cá as conquistas e perdas foram muitas, entre outras coisas que se conservaram —, há algo que permanece, que é o "belo, gracioso e ornado [...] se comprazendo em ser ornamentado" (Kant, 2000, p. 48).

Freud (1914/1976), no seu humorado texto do *Narcisismo,* diz que as mulheres são como os gatos, os assassinos e humoristas. Estes têm um grau tão alto de satisfação interna que não amam os outros, só a si mesmos.

A essa forma de amar, que ele chama *escolha objetal narcísica,* opõe-se a *escolha objetal anaclítica,* em que o objeto, o outrinho, estaria incluído, ou melhor, incluído em alguns termos. Ou seja, o narcisismo primário da criança transferiria sua libido para o objeto. Essa seria a forma de amar mais comum entre os homens e possível em algumas mulheres, apesar de que eles sempre resistem a amar.

Diz ele que no início da puberdade, no amadurecimento dos órgãos sexuais, antes no estado de latência, ocorre uma intensificação do narcisismo primário, próprio das crianças, ficando prejudicada uma "escolha objetal com a concomitante supervalorização sexual" (Freud, 1914/1974, p. 105).

Os homens teriam uma relação de amor mais *verdadeira*, no sentido de uma *compulsão neurótica*. Não se esqueçam de que o amor é um sintoma sem cura! Os homens, quando amam, todos os seus atos seriam oferecidos a sua amada.

Os triunfos da guerra só valeriam pelo que poderiam ter de valor para a sua amada. As mulheres não: quanto mais seus colares de cristais brilhem, ofuscadas por seu próprio brilho, não conseguem realmente se mirar neles. Mas... eles, quem são eles? Eles são o outro, e deste nada se sabe mesmo. Elas presentificariam, então, essa certeza de que o outro não passa de uma ilusão.

Freud chama a atenção para as mulheres belas, estas, então, que não estariam interessadas em alguém. Segundo ele, essa seria uma compensação à vida restrita à qual estavam submetidas. Mas sabemos que hoje a restrição diminuiu e nem por isso elas ficaram menos narcisistas, até pelo contrário.

A questão é que Freud viu no narcisismo feminino uma espécie de protótipo do próprio narcisismo. Ícone da imagem de nossos tempos. Ele fala da verdadeira mulher: "Rigorosamente falando, tais mulheres amam apenas a si mesmas, com uma intensidade comparável à do amor do homem por elas" (Freud, 1914/1974, p. 105).

Não deixa de ser curioso o fato de Freud aproximar as mulheres belas aos assassinos. Afinal, há uma diferença qualitativa entre esses contentamentos. Talvez, penso eu, ele quisesse falar daquilo que nas mulheres ganha potência, que as faz ceder quase sempre, diante de uma elegia a seus belos dotes, à sedução do brilho do narcisismo: a vaidade da beleza.

Shakespeare, que muito sabia da alma feminina, escreve uma cena mostrando o quanto essa sedução que vem pela fala enaltecendo a beleza *do* feminino é uma "cama de gato" para as mulheres belas. De repente, na peça, a cena sofre um corte abrupto que nos deixa de boca aberta, numa demanda de elos intermediários nessa revirada de sentido, para uma melhor compreensão. Revela algo do feminino. Diz do feminino.

Na tragédia Ricardo III (Shakespeare, 1989), há uma cena em que Glocéster faz parar um cortejo fúnebre de um homem que ele próprio mandou assassinar. Ana, a viúva, faz um discurso indignado, mas diante das palavras sedutoras de Glocéster, futuro Ricardo III, que louvavam sua beleza, muda de campo, como se não houvesse diferença entre o ódio e o amor. É quando o ódio se inebria com a sedução do amor, e faz do objeto de sua conquista um objeto apenas.

Nossa viúva acusa Glocéster de ser o causador do "efeito maldito" que vivia pela morte de seu esposo. Assim, nosso futuro rei responde a ela: "Foi vossa beleza a causa desse efeito! Vossa beleza que me incitou, enquanto dormia, a empreender a destruição de gênero humano, contanto que pudesse viver uma hora em vosso seio encantador" (Shakespeare, 1989, p. 585).

A viúva resiste por um tempo e, diante do apelo de arrependimento do assassino, joga uma outra luz na cena e atenua a grave situação, deixando uma porta aberta de possibilidades, querendo apenas saber se ele era sincero. "Quisera conhecer teu coração./Está representado por minha língua./Temo que ambos sejam falsos!" (Shakespeare, 1989, p. 585).

Mas, logo depois, quando Glocéster lhe pergunta se fizeram as pazes, ela responde: "Isto só sabereis mais tarde./Mas posso guardar esperança?/Todos os homens, acredito, vivem de esperança" (Shakespeare, 1989, p. 585). Em seguida o cortejo fúnebre segue seu destino...

Apesar de outras cristalizações imaginárias narcísicas contemporâneas, são as mulheres que encarnam em seu próprio corpo o trabalho, o dinheiro, o prazer: o supremo do narcisismo. É nesse corpo, desprovido de um suporte imaginário, que surge o belo como uma marca, um estilo, para além de modelos. Não importa se o nariz é grande, o da Sofia Loren sempre foi.

Porque a questão é, se as mulheres se comprazem em se ornar, os rapazes se comprazem em olhar "moça do corpo dourado do céu de Ipanema..." (Jobim e Moraes, [19--], faixa 02). Assim os dados do jogo começam a rolar. Diga-se de passagem que se não rolarem a coisa complica *mais-ainda*.

O corpo que não tem um pênis — único pedaço de carne desarticulado do corpo — não tem um objeto para simbolizar a própria falta, para representá-la; a falta, então, passa a ser nela. Ela é um buraco escuro e cheio de surpresas: Alice caindo no túnel das maravilhas. Buraco que precisa de recheios. Estes, atualmente, não faltam; no entanto, o recheio, que é sempre imaginário, para valer, para ter alguma eficácia, vai precisar que um Outro olhar se dê sobre esse aí que está querendo apenas viver com alguma satisfação. Olhar que requer uma outra ordem, a quebra da ilusão de que pelo especular vou encontrar a trilha da feminilidade. Esta, na verdade, está alhures...

Como, então, as mulheres, que não portam em seu corpo um objeto capaz de simbolizar a falta, fazem para aceder à feminilidade?

A resposta que me apraz dar, diz que elas vão precisar de uma vaidade *do* feminino, vão precisar estabelecer alguma relação com o espelho, o especular, narcisismo primário, para num só-depois, enlaçadas pela sua própria palavra, elaborar que pênis é diferente de falo e aí sim, só aí, entrar no complexo de Édipo, dando uma outra significação a essa falta que ecoa em seu corpo.

Vai precisar se olhar, não para ser a *Greta Garbo, quem diria?, acabou no Irajá*. Vai precisar se olhar para achar algum fetiche — "Quando eu me senti moça arrochava os meus vestidos tudinho" (depoimento)[4]. Vai precisar se interessar por sua ima-

---

[4] Mulher camponesa do Maranhão.

gem. Qual o padrão? É uma pergunta que nos interessa apenas para poder dizer que essa história de padrão é papo furado, mas cada uma das mulheres vai precisar se encantar com sua própria imagem.

Olhar para si própria pode levá-la, de uma satisfação imaginária, ao simbólico. Como uma farsa, como se ela tivesse mesmo alguma coisa para dar a um outro. Farsa necessária para ela se entregar — sem esquecer as pedrinhas — à relação de objeto. Para passar para a libido objetal, a mulher precisa conservar certa porção de narcisismo primário.

Essa passagem vai encontrar muitas dificuldades para se efetivar, porque a mulher terá que abandonar o amor total que tem por papai. Mas a troco de quê? Ou melhor, em troca de quê? Os meninos esquecem mamãe porque descobriram que no corpo dela falta alguma coisa e aí caem na ameaça de castração: temem perder algo que eles pensam que têm. Além do que, mesmo sendo idêntico a papai, não vai adiantar ficar nesse jogo de quem tem mais, ele ou papai? E as meninas, que não têm nada a perder? Mas... como assim?

Esse nada-a-perder passa, então, a ter um significado: a perda da ilusão de que pela via do amor, que é sempre narcísico, ela poderá ter algum valor, alguma significação. É isso que as mulheres têm a perder. Se os homens temem perder aquilo que eles supõem ter, para as mulheres, trata-se de perder a ilusão de que, se elas *se entregarem de corpo e alma*, eles, maravilhosos amantes, darão um sentido a ela.

Ele me faz sentir mulher, somente, porque já tenho as pedrinhas da trilha do meu sujeito (Bittencourt, 1999), pedrinhas essas que sempre poderei perder, mas a lembrança de sua existência já traz um alento de saber, que se puder esperar, enfrentar um desprazer, um mal-estar, posso ter prazer de desejar, conforme a ética do erótico de que Lacan (1959-60/1988) nos fala no *Seminário 7*.

Desisto de papai porque traio o amor que tenho a ele em nome de um desejo particular, o de amar. Ou seja, o de chegar àquela relação que Freud chamou de objetal, de supervalorização do objeto, acedendo a isso que é da ordem da feminilidade, que tem como condição de existência uma exigência de simbolização.

Será preciso, então, um ato de renúncia a esse amor edipiano. Mas de onde tirar potência para tal? Será preciso uma transgressão? Será que esse narcisismo primário que as mulheres precisam conservar em doses pequenas — o tamanho da dose aqui é essencial — daria potência ao ato de renunciar a esse amor tão perfeito com papai?

Será que Freud, quando falou do autocontentamento das mulheres, dos humoristas e dos assassinos, não estava supondo nestes, em algum nível, para aquém do crime, uma possibilidade de que, para aceder a um Outro lugar, para sair dessa historinha é preciso algo da ordem de uma transgressão? Esquecer um pouco a menininha educada que em mim mora? Dizer alguma coisa, contrariar o outro. Será que seria daí que tiro minha potência para desistir de papai?

Uma coisa é certa, a promessa de amar um outro e de ser amada por ele — "Se entregar de corpo e alma ou de corpo com alma?" (Bittencourt, 1999) — é uma imagem que me arrasta e que me empurra na demanda de saber o que é a feminilidade. E, detalhe, se entro numa de que aquele objeto era o que me faltava — pronto! — caio de novo naquela ilusão de que ele é que vai dar sentido a minha vida.

Tal missão é impossível, nem o guerreiro mais bravo aguenta carregar tal fardo. E, aí, não adiantou nada desistir de papai, porque novamente caio nas malhas da ilusão de que, por um amor que tem como fundo um ar de totalidade — *totalmente demais* —, vou poder ser a mulher maravilha. Passo a ser aquilo que suponho que ele quer de mim... e me quebro.

Freud tenta contornar esse excesso que a todo momento aparece pela demanda de amor. Ele pergunta se esse a-mais de amor que as mulheres demandam não se articula com aquilo que ele chamava de carência objetal. Carência essa que aparece dissimulada, pois o narcisismo tem o poder de, no que o buraco aparece, dissimular a falta com brilhos, lantejoulas...

E aí? O que acontece com elas? Elas caem na pantomima, ao se deixar transformar naquilo que elas supõem que eles querem; enfim, o amor eterno chegará. De um dia para outro, transfiguram-se em bonequinhas como a Barbie — levanta a mãozinha, abaixa o pezinho —, ou em outros ícones em voga, tanto faz. Nesse momento, diz Khel (1996), alguma coisa nela se esvazia: "Quando o amor e o desejo da mulher se libertam de seu aprisionamento narcísico e repressivo para corresponder aos do homem, parece que alguma coisa se esvazia no próprio ser da mulher" (Khel, 1996, p. 27).

Esse é o desafio, porque se caio nas malhas da neurose do outro, como seria o caso na neurose obsessiva, e passo a ser a Barbie, alguma coisa dentro de mim vira vazio, me perco do meu sujeito — onde estão minhas pedrinhas? *Se essa rua se essa rua fosse minha...*

Já me encaminhando para o fim deste trabalho, creio que chegou a hora de voltarmos à nossa heroína que suportou tantos pesares por recusar o incesto. Sim, porque, se bem me lembro, ficamos naquele momento mágico em que ela, iluminada por sua beleza que a fonte refletia, tomava uma decisão fundamental para que cheguemos ao fim de nossa história.

Naquela noite, quando chegou em casa, Pele de Asno se permitiu uma ousadia, uma transgressão. Já que estava destinada à solidão mesmo — quem ia querer alguém tão sujo com aquela pele? —, resolveu abrir seu tesouro. Logo saltaram aos seus olhos aqueles vestidos maravilhosos que só existiam por conta dos pedidos impossíveis que fez a seu pai.

Resolveu vestir um deles e se admirar no espelho, mostrando a nós o quanto a beleza do feminino importa num primeiro momento. Enquanto isso, já que estamos num conto de fadas e não numa tragédia — em que a ameaça do incesto resulta sempre em morte, maldição de gerações —, um príncipe passa próximo ao pequeno casebre de Pele de Asno. A intensa luminosidade da cena em que ela se admirava no espelho lhe chama a atenção e ele se aproxima, olha pelo buraco da fechadura e é tomado de imediato pelo efeito de encantamento. Apaixona-se e nem é preciso dizer que eles se casam e são muito felizes para sempre...

E nós, que não somos Pele de Asno, ou Juliette Binoche ou outra qualquer, mitos que o feminino exige para se dizer, o que podemos fazer a não ser, como nossa heroína, nos alimentar de uma certa dose da vaidade *do* feminino e ir adiante, enlaçadas por algum sentido que nos indique que, para o laço do simbólico se sustentar, vai precisar de mais uma pitadinha de potência. O ato da ousadia precisa desse a-mais para acontecer.

Contudo, Freud nos adverte do quanto é difícil para os humanos abandonarem antigos amores. Mas já sabemos que só com esse abandono e mais uma pitada de narcisismo primário podemos chegar à sublimação, indo assim em busca das invenções que possamos, uma-a-uma fazer. Identificando-nos com os restos que ficam de nossa história, habitando o campo *no* feminino, máximo de particularidade que uma obra exige para ter uma autoria nesses tempos que marcam a possibilidade de podermos nos deslocar com mais largueza. De poder criar coisas maravilhosas para além dos 30, conforme as mulheres de Freud padeciam, em sua grande maioria.

Elas padeciam não só de um significante como nós todas padecemos até hoje, padeciam pela restrição social imposta. Neste início de século, trata-se então de ocupar discursivamente um lugar no campo do feminino descoberto por Lacan e, quem sabe, ousar pensar uma ética que venha do particular, marca fundamental desse campo de saber. Campo no mínimo enigmático, que não se diz todo, acolhendo homens e mulheres, regido pelo gozo do Outro, garantia de impossibilidade de transcrição. Afinal, vocês gozam, mas não dizem com o quê?

E, para terminar, Orlando, personagem de Virgínia Woolf. Orlando era um cavalheiro inglês que existiu durante séculos e que muda de sexo pelas vias da literatura, tornando-se uma bela mulher. A cada novo dia, a mulher Orlando se espanta com o novo lugar que passa a ocupar, fazendo descobertas surpreendentes sobre a qualidade dos sexos. O feminino lhe é desconhecido, mas lhe parece delicioso:

> Um pouco de gordura senhora? — perguntou. — Permita-me lhe servir uma fatia fininha como a sua unha. A essas palavras, percorreu-a um delicioso tremor. Cantaram pássaros, precipitaram-se torrentes. [...] Qual o êxtase maior? O da mulher, ou o do homem? Não serão talvez o mesmo? Não, pensava, este é o mais delicioso (agradecendo ao capitão, mas recusando); recusar e vê-lo entristecer. Bem, aceitaria, se ele o desejava, um pedacinho pequeno, o menorzinho possível. Isto era a coisa mais deliciosa: ceder e vê-lo sorrir. "Pois nada", pensava, voltando ao seu lugar no convés, e prosseguindo no seu raciocínio, "é mais divino do que resistir e ceder, ceder e resistir. Decerto, nenhuma outra coisa nos pode arrebatar em êxtase igual". De modo que não sei bem, continuava, "se não me atiraria de bordo, pelo simples prazer de vir a ser salva por um marinheiro" (Woolf, 1978, p. 86).

Referências

BITTENCOURT, Elisabeth. Se entregar de corpo e alma ou de corpo com alma?. *In*: Fórum brasileiro de psicanálise. Psicanálise e desamparo, 5, 1999, Recife (PE). [*Trabalhos apresentados*]. Recife: Círculo Psicanalítico de Pernambuco, 1999. 1 CD-ROM.

FREUD, Sigmund. Sobre o narcisismo: uma introdução (1914). *Obras psicológicas completas de Sigmund Freud*, v. 14. Tradução sob a supervisão de Jayme Salomão. Rio de Janeiro: Imago, 1974

———. O mal-estar na civilização (1930). *Obras psicológicas completas de Sigmund Freud*, v. 21. Tradução sob a supervisão de Jayme Salomão. Rio de Janeiro: Imago, 1974.

———. A feminilidade (1933). *Obras psicológicas completas de Sigmund Freud*, v. 22. Tradução sob a supervisão de Jayme Salomão. Rio de Janeiro: Imago, 1976.

IBSEN, Henrik. *Casa de bonecas*. Tradução de Maria Cristina Guimarães Aranyi. São Paulo: Veredas, 1990.

KANT, Emmanuel. *Observações sobre o sentimento do belo e do sublime. Ensaio sobre as doenças mentais*. Tradução de Vinícius Figueiredo. Campinas: Papirus, 2000.

KHEL, Maria Rita. *A mínima diferença: masculino e feminino na cultura*. Rio de Janeiro: Imago, 1996.

LACAN, Jacques. *O Seminário, livro 7*: a ética da Psicanálise: (1959-60).Versão brasileira de Antonio Quinet. Rio de Janeiro: Jorge Zahar, 1988.

NAZAR, Maria Tereza Palazzo. Feminilidade e a questão do masoquismo. Rio de Janeiro: Escola Lacaniana do RJ, 1996 (Cadernos, 1).

PERRAULT, C. Pele de Asno. *In*: *Contos de Perrault*. Tradução de Mônica Stabel. São Paulo: Martins Fontes, 1997. p. 4-19.

SHAKESPEARE, William. *Ricardo III*. Tradução de Oscar Mendes. Rio de Janeiro: Nova Aguilar, 1989.

WOOLF, Virgínia. *Orlando*. Tradução de Cecília Meireles. Rio de Janeiro: Nova Fronteira, 1978.

Fonografia

BEN, Jorge. Por causa de você menina. Intérprete: Jorge Ben. *In*: *Personalidade.* Rio de Janeiro: Philips/ Polygram, 1987. 1 CD. Faixa 01.

JOBIM, Antonio Carlos; MORAES, Vinicius. Garota de Ipanema. Intérprete: Nara Leão. *In*: LEÃO, Nara. *Nara Leão*. São Paulo: Philips, [19--]. 1 CD. Faixa 02

Trabalho apresentado a partir do filme "A dupla vida de Veroniqué" do diretor krzysztof kieslowski no encontro de Psicanálise e Cinema promovido pela Escola de Psicanálise do Maranhão. Yazigui. São Luís, Maranhão, novembro de 1995.

A delicadeza de um feminino contemporâneo pelas lentes de Kieslowski

Para além de Véronique[1] e sua quase intocável beleza, quero inicialmente dar destaque a algo que, desde a primeira vez que vi um filme de Kieslowski — "Não amarás"[2] —, em mim ficou fortemente marcado.

Kieslowski constrói suas personagens, mostra algo de um feminino que é contemporâneo a nossos dias e que pode ser vislumbrado pelo significante delicadeza. Este, no final do século XX, pode se articular com sentidos que delineiam uma possibilidade de expressão de um feminino.

---

[1] Véronique é uma personagem do filme "A dupla vida de Véronique" (1991) dirigido por Krzystof Kieslowski, cineasta polonês morto em 1996.

[2] Filme "Não amarás" dirigido por Krzyztof Kieslowski, 1988.

Um feminino articulado pelo significante delicadeza que num deslocamento de sentido pode promover outras significações desse significante que estava, digamos assim, no degredo; como uma certa sagacidade, que traz à cena aquilo que se chama *delicadeza de espírito;* e que se casa muito bem com uma estética do feminino...

A impossibilidade de um feminino que conjugasse talento e beleza durante um tempo se cristalizou numa imagem constante de uma mulher meio bobinha: a beleza como casca. Uma vacuidade cheia de pensamentos tolos — femininos, é claro —, sempre a falar leviandades e fora de contexto. Uma espécie de personagem tola e sedutora...

O bobinho da moça despertava uma fantasia masculina de que eles, os homens, resolveriam tudo por ela. Elas não precisariam se preocupar com as agruras da vida. Elas poderiam ficar pensando somente em brincadeiras, digamos assim, sensuais.

Alienada da realidade, a personagem seguia seu caminho exageradamente frívolo. A arte dos diretores das comédias americanas estava em dosar esse excesso de cor-de-rosa. O feminino disso também se constrói, e tais personagens femininas deram testemunho de sua potência; inúmeras vezes elas arrebatavam o brilho da cena.

Ao que parece, a tentativa de desimaginarização do significante "mulher" deu algum fruto, estilhaçando sua unidade de sentido, construindo várias vias para que o feminino se colocasse e as mulheres pudessem existir.

Kieslowski me dá esse presente, apresentando um feminino delicado, sustentado por uma beleza cheia de frescor, entre a meninice e a idade adulta. Ninfas de peles frescas e pensamentos graves e complexos, que sustentam a vivência de situações ousadas e profundas. A elas se entregam, correndo o risco que a vida exige, colocando em cena o desejo, campo no qual o olhar tem privilégio.

Um feminino grave, grave e delicado, abrandador de uma angústia que não é recusada, mas é vivida, apesar das resistências. Estas, como se sabe, são também vias de acesso, inaugurando uma experiência marcada pela profundidade reveladora de alguns caminhos íntimos que o feminino toma numa mulher. Sim, porque o feminino não é "A Mulher".

Coragem e frescor dados pelas mais diversas superfícies refletoras: cristais, poças d'água, venezianas, janelas. Vários planos óticos. Uma luz que ilumina Véronique, como se o sol estivesse entrando, anunciando o nascimento de alguma coisa da ordem da suavidade. Mas não se trata de uma suavidade apaziguadora de efeitos; muito pelo contrário, trata-se de uma delicadeza que traz o estranho, trazendo à tona outro sentido da delicadeza, como a de uma situação delicada em que há um embaraço.

Véronique se confronta com o estranho de um duplo com todas as consequências estranhas que advêm dessa marca: efeito da divisão psíquica que descentra o homem, subjugando-o ao inconsciente. Não se chega ao mundo já sabendo. É só num só-depois, efeito de verdade, que um sujeito pode aparecer *ali*, se particularizar.

Duplo que tem na sua fonte o desejo de reconhecimento: eu sou esta e não aquela. Mas como assim? Não ser esta e sim uma outra é uma via das mais legítimas de expressão do feminino naquilo que esburaca o todo, sonha com um sentido inaudito. A "Outra", matriz da mulher ideal, que povoa os sonhos de rivalidade das mulheres, é constitutiva para sua estruturação psíquica.

Se o estranho ronda o feminino, trazendo à cena o enigma do reflexo, é porque ele é campo fértil para tais efeitos. Ambiguidades, caminhos enviesados que levam a uma verdade que, como a mulher, é não toda, porque "A mulher", esta que encerra um sentido em si mesma, não existe.

Quando vacilo ao me perguntar quem sou é porque meu reflexo me engana; não se sustenta numa imagem ou numa palavra qualquer. O sentido fica suspenso vagando por aí..., pronto para se revirar numa outra coisa. Sempre foi assim, desde as fadas e as bruxas...

Se me reviro em outra coisa e me perco — onde é mesmo que estou? — surge a angústia de ser que Kieslowski trabalha como um fio tenso que ele estica conforme a cena: Véronique fazendo seu teste de canto espreitada por seu mestre que se delicia com o que há de vir no porvir, esquecendo que a morte existe, pede carona e não avisa quando chega. Com ela, pela via do cinema, Bergman[3] pode jogar xadrez, mas a morte nunca perde; o máximo que se pode esperar dela é seu adiamento, lucro que o personagem de Bergman conquista. Conquista meio vã, visto que, devorado pela sede de saber o que é a morte, esta não deixou de acompanhá-lo, arrastando-se ao seu lado pela vida inteira.

Mas sim, Kieslowski constrói uma angústia que imobiliza o ar, tudo em redor para. Produz uma tensão que se estica num espanto contínuo, sustentada por um fio de beleza leve, primaveril e sonora: vozes perdidas, ecos que querem falar de algo que não se diz, que é estranho, mergulhado nos mares de não-saber.

Véronique vira uma menina que é adulta, que suporta a existência de um certo estilo feminino, na qual a delicadeza fornece o fio para uma coragem que nós, mulheres, precisamos ter. Afinal, quem somos? Se, diante do espelho, este não nos responde, se em mim não há um sinal definitivo do que eu sou, se não posso ser outra e eu mesma não sou, qual a minha possibilidade?

Como Véronique, nos vemos nos destinos espalhados pelas tragédias que os escritores escrevem e os atores representam. Estes, por obra de algum milagre, entregam-se a um Outro que não é seu duplo, é outro. Entregam-se a esse Outro sem respeito. Entregam-se apenas porque o ofício de representar assim o exige e porque a "ética do artista é seu estilo" (Ariel, 1974, p. 18, tradução nossa).

---

[3] "O sétimo selo" de Ingmar Bergman, 1956.

E assim podemos nos ver, nos rever naquilo que praticam, o ato de representar um outro, de encarnar seus gestos, de assassinar com mãos que não são suas. E para quê? Para que nós, espectadores, possamos surpreender-nos com as inúmeras possibilidades de construção de um estilo de existência. Para que possamos, através do horror e do êxtase, suportar a radical falta de saber que nos constitui.

Hoje, os tempos indicam uma maré a favor daquilo que é da ordem do feminino, podendo este conjugar-se com outros significantes que trazem a marca de uma brandura, acompanhada de uma coragem insistente, campo do masculino, de ir, ir indo. Afinal, o que mais podemos fazer?

Referências

ARIEL, Alejandro. *El estilo y el acto*. Buenos Aires: Manantial, 1994.

Filmes

A DUPLA vida de Véronique. Dirigido por Krzysztof Kieslowski. Polônia: Sideral Productions, 1991. 1 DVD.

NÃO amarás. Dirigido por Krzysztof Kieslowski. Produção: Ryszard Chutkowski. Polônia: TOR; Zespol Filmowy, 1988. 1 DVD.

O SÉTIMO selo. Dirigido por Ingmar Bergman. Produção: Allan Ekelund. Suécia: Svensk Filmindustry, 1956. 1 DVD.

Palestra proferida para comemorar o dia da mentira, na Escola de Psicanálise do Maranhão. São Luís, 1° de abril de 1996.

Lorotas do masculino e do feminino ou um trote na fantasia do homem ou uma travessura com o conto do príncipe...

> Mas a visão de duas pessoas entrando no táxi e a satisfação que isso me deu levaram-me também a perguntar se haverá dois sexos na mente, correspondendo aos dois sexos do corpo [...]. E continuei amadoristicamente a esboçar uma planta da alma, de tal modo que, em cada um de nós, presidiriam dois sexos, um masculino e um feminino; e no cérebro do homem, o homem predomina sobre a mulher, e, no cérebro da mulher, a mulher predomina sobre o homem.
>
> (Virgínia Woolf, *Um teto todo seu*)

Começando pela lorota. Será que o sexual não é mesmo uma lorota que temos todos de engolir? Causa um mal-estar, digamos assim, contemporâneo, que adiante pretendo melhor precisar.

Por enquanto, vamos pelos sentidos que o Aurélio aponta para lorota. O popular escracha e diz que é uma mentira. Mentira naquilo que se confunde com criação, invenção. Criação é uma palavra teológica, supõe tirar do nada. Invenção pode ter um sentido mais degradado quando referenciada a um sistema de verdade, confundindo-se com a mentira. Afinal, quando se inventa é pressuposto o novo, alguma coisa que nunca foi dita e que por isso mesmo pode ser uma lorota, no sentido da fanfarronice (Ferreira, 1986).

Conversa fiada é o sentido que vem a seguir. Quando se trata do mal-estar amoroso, em que o desejo estanca e o não-saber se radicaliza, a conversa é sempre fiada e nos joga direto na dívida impagável que temos com as palavras. Talvez porque não consigamos nos deslocar e pensar o campo do sexual e do amoroso a partir de uma outra tópica? De uma outra possibilidade de leitura para o milagre do amor desejante?

Mas isso não é possível! Ora, o amor quer o Um e o desejo se alimenta da falta, do resto da satisfação: um-a-menos, um-a-mais. Qual seria, então, a possibilidade de articulação desses campos? Não é possível amar e desejar ao mesmo tempo?

Pergunta insistente. Quem sabe um de vocês se interessa em investigar o tema, porque eu preciso seguir adiante, para comemorar o dia da mentira. Não como aquilo que caracteriza uma falsidade ou uma má intenção de enganar o outro, quando supostamente pensamos saber da verdade.

A verdade, o que é A Verdade? Se ela é não-toda, haverá sempre uma sombra de não-saber que a acompanha e que pode escorrer pelas imagens e palavras: ficções da realidade.

Quero comemorar o dia da mentira para falar de nossos enganos, de nossa insistente ignorância em não nos darmos conta de que o sexual é aquilo que tem sua representação maior, descolada da anatomia. Não se trata de órgãos e sim de posições dentro do campo do sexual, masculino e feminino: duas formas de o gozo se expressar.

Para o inconsciente não há homem ou mulher. Isso significa que, apesar de as mulheres e os homens existirem, no inconsciente, não há marcas suficientes que delimitem esses seres opostos: homem/mulher. Como agarrar então um sentido que diga alguma coisa de mim: "eu sou neguinha?".

Não se trata então de oposição e sim de duas posições perante o sexo, cujo passe de circulação é marcado pelo falo, conceito inspirado no símbolo de fertilidade grega. Não é o pênis! O falo é um significante que marca um sujeito, nomeando algo ali, onde não está. Tem uma função imaginária e simbólica. Em sua dimensão imaginária tem uma tendência de se colar ao pênis: quanto maior, melhor, quanto mais, mais ainda...

O falo apresenta a dimensão simbólica da palavra: presença na ausência e ausência na presença. Por isso mesmo tem a potência de nomear coisas do arco-da-velha. Ao mesmo tempo que marca um sujeito, o falo circula, passa de mão em mão, como nos jogo dos anéis: agora comigo, logo ali, com você.

Se o sujeito é apenas efeito de significante, isso significa que está marcado pelo simbólico. O que há então não são os seres opostos — homem/mulher — e sim duas posições perante o sexo. Os sujeitos se escolhem a partir dessas posições que não estão atreladas à anatomia, apesar de com ela fazerem articulação; do resto, é o imaginário que dá conta.

Se o sexual é aquilo que pode se satisfazer com qualquer objeto, meros semblantes — qualquer coisa serve —, estamos então diante de uma disposição perversa que nos arrasta para o futuro. Masoquismos e sadismos, surpresas e mais surpresas que o percurso do Édipo apresenta, revelando que o desejo é aquela potência inconsciente que, movida pela falta, focaliza objetos surpreendentes, na sua grande maioria inadequados, sustentados pelos fantasmas das verdades que pensamos saber sobre o amor e o sexual.

Arrastados pelo gozo indecifrável do Outro, os amantes sofrem e se surpreendem. Dil, personagem de "Traídos pelo desejo", instigante filme de Neil Jordan (1992), presentifica a fascinação da surpresa. Dil, uma mulher num corpo de homem.

Numa dada cena do filme, Dil atende ao pedido de seu amor. Sem perguntas, corta os cabelos, acata o pedido que dissolverá sua imagem. Ela não existe mais. Dissolve-se naquela imagem que mostrava o travestimento de seu desejo impossível: o de ser uma mulher amada por um homem.

Dil conseguiu realizar seu desejo de ser amada? Afinal, seu amor foi para a prisão em seu lugar. Esta não seria a maior prova de amor que um homem poderia dar a sua amada? Poderíamos dizer: não! — esse amor não existe — ele, o personagem de nosso filme, o tempo todo se comporta como se não a amasse. No entanto, fica bastante problematizada essa questão se pensarmos que grande parte dos homens ama sem reconhecer que ama. Pode-se dizer também que ele foi enganado, não sabia que Dil se travestia, mas sabemos que quase sempre o *ele me enganou* esconde o *eu me engano*. O preço destes enganos é sempre alto. A recusa custa o preço da carne.

Mas... para colocar um pouco de humor em nossa comemoração, vamos brincar com o saudoso cineasta Arnaldo Jabor que disse que o que um homem quer não é uma mulher e sim um travesti: "O travesti sabe tudo que um homem quer. Como o desejo do travesti é masculino, ele conhece a mulher ideal" (Jabor, 1993, p. 29). Seria esse o trote? O que um homem quer mesmo é um travesti?

Segundo ele, só um travesti ama escandalosamente. Um amor sem limites. Ele é um escândalo. Não há como vê-lo como alguma coisa da ordem do dia. Vai além dos esquadros do cotidiano e impõe uma outra ordem, ordem do sexual, cadeia de significantes, cuja fantasia fundamental insiste numa repetição absurda, fixação a um objeto impossível: "O travesti não quer ser mulher. Ele quer muito mais. O travestimento é um desejo do homem, que numa cascata para cima de insatisfações sucessivas vai recompondo as possibilidades de um buraco vazio" (Jabor, 1993, p. 27).

Os travestis escancaram a mentira que define a heterossexualidade como a atração de um sexo pelo outro. A heterossexualidade para a Psicanálise é a possibilidade de transitar do campo masculino para o feminino e vice-versa.

No filme "Madame Butterfly" do diretor David Cronenberg (1993), o maoísta que se traveste de mulher para o funcionário da embaixada americana em Pequim diz que só um homem sabe como uma mulher deve ser. Só um homem sabe a medida do ideal masculino. E elas, as mulheres, estão sempre prontas a vestir a pele desse ideal, mesmo que o custo seja o do seu próprio desaparecimento.

E o travesti? Este sabe o que um homem quer? Se a medida do outro for o ideal da feminilidade, saberá ele produzir tal objeto? O travesti tem esse liame na fantasia? Diante de tantas perguntas, posso apenas afirmar que o travesti tem o papel social de escancarar a mentira entre os sexos.

Mas como? Estaria eu dizendo que os homens não querem as mulheres cujas curvas indicam que o mistério está sempre adiante? Os homens as desejam, gostam de suas curvas, mas querem também uma outra coisa. Que outra coisa seria essa? A coisa não é sempre outra? O que aparece é o fantasma do homem contemporâneo, que quer da mulher o impossível de sua fantasia; da fantasia dele.

E elas? Elas se veem desfocadas e nem por isso acertam o foco. Elas também querem outro: esse não serve. Elas também querem o impossível, que ele seja uma ama e um guerreiro ao mesmo tempo. Delicado e viril, uma fantasia contemporânea?

Mas o que é a virilidade? Foram as mulheres que inventaram esse mito e os homens tentaram dar conta? O que é isso? Um homem que é uma dama, que a respeita, mas que também, com um ímpeto, saiba arrebatá-la? Um homem que seja masculino e feminino ao mesmo tempo?

Se o que vale é que qualquer objeto serve, não importando o órgão, a escolha do objeto vai depender então apenas do fantasma que constitui esse sujeito. Fantasia inconsciente que sustenta uma articulação significante, fantasia fundamental que o empurra para cá ou para lá. É isso que Dil nos interroga: por que um homem não pode querer um travesti? Afinal, nós o que somos?

Os homens tanto quanto as mulheres, apesar de fazerem série, não são afinal tão sérios: "O travesti é perigoso, você pode virar mulher dele" (Jabor, 1993, p. 28). Os homens tentaram se colar numa imagem que seu tempo construiu para eles. Ou seja, somos máscaras de nós mesmos, nossos sexos são a nossa fantasia, nossas roupas garantem o mínimo de diferença.

Com certeza, as coisas estão bem diferentes do século XIX, quando Freud descobriu a Psicanálise. Naqueles tempos, o ser mulher marcava uma diferença tão grande que se poderia adivinhar pelo som se os passos eram de uma dama ou não, dado o arrastar de suas vestimentas, que, por baixo. revelavam um verdadeiro arsenal, entre espartilhos e colchetes, que quase as impedia de se deslocar.

Transformadas em bonecas imóveis, cujos passos pareciam mais um levitar, elas viviam no ar, viviam da fantasia. E se havia algo a ser mostrado eram os seios, ou melhor, um tufo de peitos. Efeito do espartilho e que apontava neles um desejo, somente elas tinham peito, reminiscência do sonho dourado do amor materno.

Cem anos depois, Calligaris ([1993]) faz uma brilhante reportagem com mulheres musculosas. Seu luxo são seus músculos. Não se trata de mulheres querendo outras mulheres, ou que supostamente estejam se fazendo de homens, não, elas querem ser amadas como mulheres, pelos homens.

Elas desejam que os homens beijem seus músculos e sua pele delicada. Para isso se vestem com sedas finas. A imagem estética é surpreendente, lembrando as pinturas de Lucien Freud em que o grotesco se mistura ao surpreendente.

As mulheres musculosas escancaram que a diferença entre os signos sexuais pode se reduzir a uma mínima diferença. Como diz

Maria Rita Khel (1991), Isso causa problemas. Um dia — quem sabe? — poderemos melhor articular tal questão; agora, quero é brincar com o dia da mentira contando mais uma lorota do sexual para vocês.

Se o homem quer um travesti e a mulher um homem que habite ao mesmo tempo o campo do masculino e do feminino, há mulheres transexuais que extirpam seus órgãos, colocam um pênis que nunca vai funcionar digamos assim, a contento, nem mole nem duro, mas ali presente. E mais, depois, sua escolha recai num outro homem, como se ela pudesse ser um homem que deseja outro homem: "O travesti que se opera fraquejou; não teve coragem" (Jabor, 1993, p. 27).

Se o sexual está ligado mais à estrutura fantasmática do que propriamente ao órgão, é Isso que comanda. É a ordem do sintoma que dirige a operação. Poderíamos lembrar do dito popular que pergunta: onde é que essa coisa vai parar?

A coisa não para nunca... Os homens parecem que vão continuar levando um trote; afinal, o que eles querem das mulheres, elas não podem dar, já que eles querem tudo. Que ela seja aquilo que ele quer. É a fome da neurose obsessiva de querer acabar com o desejo do outro.

E nós, mulheres herdeiras do sonho cor-de-rosa, do amor cavalheiresco, vamos ter que aprender a fazer muitas travessuras com nossas fantasias, afinal seria possível articular atributos tão opostos? A gentileza dosada por um certo ímpeto que se faria erótico?

Eu não sei responder, mas sei que a aposta continua meio à nossa revelia. Então só me resta desejar neste dia da mentira que cada um invente sua própria lorota para poder viver, para poder ser.

Que cada um possa tecer sua própria máscara com fios de uma fantasia generosa capaz de promover pelo menos fissuras, fazendo brotar da brecha, possibilidades, já que, conforme disse dona Ambrósia (depoimento)[1], na beira do rio Gurupi, numa manhã friinha: "A gente nunca sabe os caminhos do coração do outro". Eta trilha difícil e sedutora...

Referências

CALLIGARIS, C. Mulheres musculosas. *Folha de São Paulo*, São Paulo, [1993]. Caderno Mais!

FERREIRA, Buarque de Holanda. *Novo dicionário Aurélio da língua portuguesa.* 2. ed., rev. e aum. Rio de Janeiro: Nova Fronteira, 1986.

IBSEN, Henrik. *Casa de bonecas*. Tradução de Maria Cristina Guimarães Aranyi. São Paulo: Veredas, 1990.

JABOR, Arnaldo. *Os canibais estão na sala de jantar.* São Paulo: Siciliano, 1993.

KHEL, Maria Rita. *A mínima diferença*. *In*: Anuário Brasileiro de Psicanálise, 92-93, p. 50-52). Rio de Janeiro: Relume Dumará, 1991.

Filmes

MADAME Butterfly. Direção de David Cronenberg. [Estados Unidos]: The Geffen Film Company, 1993. 1 DVD.

TRAÍDOS pelo desejo. Produção de Neil Jordan. Inglaterra: Channel Four Films, 1992. 1 DVD.

[1] Mulher camponesa do Maranhão.

Palestra proferida para comemorar o mês das noivas na Escola de Psicanálise do Maranhão. São Luís, 10 de maio de 1996.

Nas águas do amor e da conjugalidade...

Para o Agostinho, pelas possibilidades...

Levada pelas águas do amor, encontro diques, correntes marítimas que me arrastam para o campo das possibilidades e das impossibilidades: paredão de concreto. Perdida em águas turvas, inconformada com a maré contrária, pego minha vela, aproveito o vento a favor — que por aqui, no Maranhão, é abundante — e lá vou eu em busca, mais uma vez, de possibilidades no reino do amor desejante. Amor desejante? Isso insiste!

E dessa vez parece que a coisa é mais complicada. Afinal, como manter o desejo, naquilo que comumente se chama *relação amorosa sexual duradoura*? Aquela que resiste às marés de águas contrárias, ao revés dos tempos, resiste aos conflitos, passa pelos ódios. Como diz Lacan, só pode ser um milagre.

Se a relação amorosa sexual não existe, se ela quer uma coisa e ele outra, como é que pode durar? Sim, porque o que aparece o tempo todo são os logros. Ilusões que vertiginosamente desmoronam em nossos cotidianos, mostrando que a tese de Freud se mantém: o amor é sempre narcísico. Ou seja, o que o amor busca é uma espécie de si-mesmo, ilusão imperceptível e não demonstrável.

O outro — aquele de cabelos negros, ou aquela de tez dourada que "passa com graça fazendo pirraça, fingindo inocente" (Barroso, 1994, faixa 2) —, mero semblante que seduz os falantes que não se dão conta de que é por falarem que Isso manca; que Isso não é possível. Como se o falar instituísse um amor que em relação não pode constituir-se, porque o narcisismo não quer saber do outro, só de si. Como seria possível então uma relação?

Se uma relação compreende que X se relacione com Y e Y com X, significa que haverá uma relação biunívoca. Os matemáticos que me salvem! Mas se X só aparentemente se relaciona com Y, porque na verdade não consegue estabelecer uma direção para Y, fica ensimesmado em sua fantasia narcísica, como pode haver relação?

Ou melhor, se o olhar do outro me acerta como uma seta, esta faz um rodeio em torno de mim. Eu fico iluminada, mas foi o outro que me iluminou. Eu não passo de um objeto iluminado por este outro, que fica capturado pela luz do objeto que sou eu. Quem vê a luz é ele, mas quem iluminou esse objeto foi também ele. O outro só resplandece às ilusões que ele próprio arquitetou. O que há é então logro e mais logro, quedas de vertigem cheia de dor e ressentimentos que impossibilitam o seguir adiante...

E mais, como que para complicar mais, há a diferença sexual que se presentifica nos corpos, mas neles não se resolve, confundindo seus portadores. Além do que, os pares ímpares se desconhecem. Ela tem certeza de que toda vez que ele transa com outra –conservar - a está traindo. Não acredita quando ele diz que aquela transa não significou nada, só uma transa. Ela considera isso mais um testemunho de que os homens, esses selvagens, são todos iguais, como mamãe dizia.

Eles não aceitam que elas desejem e, cada vez que elas avançam nesse campo, sentem-se ameaçados e reagem agressivamente, urram como tigres de papel. E aí? Bem... Se elas se assustarem muito com os urros e desistirem de suas preferências — pera, uva ou maçã? Pronto! Adquirem logo seu passaporte para a morte.

Sim, porque se elas pararem de desejar, viram objetos do desejo desses que tanto as amam e as querem só para si. Eles podem até não saber bem o que fazer com esse troféu conquistado e, na maioria das vezes, tripudiam. E elas, mais uma vez, confirmando a tradição, morrem, morrem de amor, morrem por não desejar.

E nestes tempos, em que a diferença sexual se dilui cada vez mais, ficando reduzida a uma nuance? Sim, porque elas rasgaram a cortina de Ibsen e saíram com Nora por aí... Deixaram de ser bonecas e, logo nos primeiros passos de uma possível autonomia, já se viram novamente logradas.

Quem são estas que hoje em dia entre um amor e um trabalho escolhem o segundo? Basta ler os jornais com suas alarmantes pesquisas estatísticas. Basta escutar o que se diz nos divãs. Ameaçadas pela possibilidade de se transformarem em objetos, elas sabem que precisam ganhar seu dinheiro, escapar do domínio econômico do marido, cair no mercado de capitais, mas o que fazer? O preço é alto, e isso sem esquecer que a conquista traz no seu interior uma perda.

Mas estas mulheres poderosas que podem escolher com quem casar, com quem namorar, atiradas em seus desejos, lançam-se, sem perceber que eles se assustam. Afinal, quem são elas? Devoradoras da masculinidade alheia? Mais identificadas com traços da masculinidade, elas avançam. Algumas sabem equilibrar de maneira deliciosa o masculino e o feminino. O que faz retornar a pergunta: quem são elas?

Algumas se atiram nos braços de outros, convictas de sua magnitude sustentada pela iniciativa, e tomam a frente da conquista. Mas quem são elas? Elas mudaram, bastaram cem anos para que a propalada *incapacidade de sublimar* suspeita por Freud tenha caído por terra? A ampliação do universo feminino contribuiu para isso?

Mudar não traz consigo um paraíso; pelo contrário, o que a ordem do desconhecido traz é uma outra ordem, cheia de véus, nos quais o conflito rege as vitórias e os fracassos. As mudanças tão evidentes no campo do social e do político, que alargaram o universo feminino, remeteriam a interrogações na articulação entre recalque e repressão? Se mudam as normas, mudam os ideais. Ou seja, se as identificações mudam trazendo outros ideais à ordem social, isso influi na relação consciente-inconsciente?

Se mudam os modelos, isso atinge o supereu, instância na qual o eu ideal e o ideal do eu se confrontam. Consequentemente, os sintomas, que são a expressão da articulação do desejo com sua interdição, sofrem um deslocamento. Ou melhor, algumas representações regidas pelo recalque secundário se deslocam. Não é à-toa, conforme nota Khel (1996, p. 22), que a queixa amorosa feminina apresenta uma inversão à observação freudiana de que seria próprio do feminino fazer-se amar, e próprio do masculino, eterno guerreiro fracassado do amor, amar e amar e amar aquela que saberia os caminhos de sua cura; ele, eterno narciso ameaçado.

Pois bem, o que se escuta nos consultórios são queixas de mulheres *sempre insatisfeitas*, que já não sabem se fazer amar e desejar, e homens que já não amam mais como antigamente. Afinal, quem são elas? Novos sujeitos? O que estas mudanças trazem são questões para a teoria psicanalítica.

E eles nessa história, quem são eles? Afinal, as fórmulas antigas vêm falindo. O que eles podem fazer nesse terreno, no qual elas se atiram e eles se inibem? Eles, que têm alguma coisa a perder e por isso mesmo permanecem em estado de alerta. O que fazer agora, quando a ameaça parece real, tem consistência? Afinal, quem é ela? Ela pode ir embora, pode ficar. Ela pode!!

Se houve deslocamento dos significantes do campo do masculino e do feminino, é sinal de que as diferenças entre os sexos foram reduzidas a uma "mínima diferença" (Khel, 1996, p. 21), apresentando uma maior complexidade e, diria eu, uma maior rivalidade. É certo que a rivalidade atinge potência máxima quando as diferenças são mais próximas, algo que Freud brilhantemente enuncia na "Psicologia de grupo e análise do ego" (1921/1976).

Se ele é um grosseirão e encontra uma moça de fino trato, ou se ela é uma toupeira e ele fino pensador, a rivalidade vai dar-se num certo plano. Mas se ele e ela são tão parecidos, compartilhando o mesmo gosto e, é claro, apesar disso, muito diferentes, essa rivalidade vai ganhar um tom a mais, decibéis que podem ser fatais para a partitura do amor desejante.

Mas, se os desenganos e os empecilhos são muitos, mesmo assim eles insistem, revelando-nos a potência do amor tanto em sua maré a favor como em sua corrente de puro revés mortal. E mais, aqueles que estão sem alguém estão à procura de alguém. Se querem assim ou assado, amigos coloridos, só ficar, só uma transadinha, não importa, a questão do outro sempre se coloca.

Há aquelas que desistiram e, como diz Lou-Andréas Salomé, "feneceram" (Peters, 1987, p. 158). Há aqueles que não querem mais saber desses assuntos e vão ficando esquálidos, sem potência para nada. Sem potência de desejar. Transformam-se em anjos que caem nos galinheiros, lembrando de um personagem de Gabriel Garcia Márquez. Deslocados e sem desejar, arrastam seus chinelos pela casa assustando os insetos que se aninham em suas gretas.

E como o que a Psicanálise indica é a insistência, *cair sete vezes e levantar dez*, pegando esse mote vou adiante, servindo-me da teoria psicanalítica que, como um leme, pode ajudar-nos a navegar nos mares do amor. O preço é a perda de ilusões, efeito de castração, impossibilidade de totalidades.

Se não há relação sexual, há amor e desejo e eles trazem uma possibilidade. O que é impossível é a relação sexual e amorosa, já que o narcisismo só concerne a ele próprio. É como navegar em mares diferentes estando no mesmo barco. Como assim?

É como se cada um pudesse fazer sua própria viagem, que em determinados momentos coincide com a do outro, produzindo um encontro que logo se desfaz. É fundamental que cada um esteja na sua viagem. Ou melhor, viajando ora por aqui, ora por ali, ocupando a posição de sujeito, deslocando-se constantemente do campo masculino para o feminino e vice-versa, apostando que repentinamente possam encontrar-se, para logo depois — como no caso da verdade lacaniana — esvanecer à espera de uma nova abertura...

Calligaris (1994, p. 13) produziu uma alegoria para bem dizer isso que se presentifica no amor e no desejo, impossível de se articular enquanto relação. Ele pede que imaginemos uma situação absurda, um paredão de treino contra o qual seja possível jogar de ambos os lados. Sendo assim, de cada lado, joga um jogador. Suponhamos que eles resolvam jogar uma partida. Cada um com o seu paredão obedeceria às regras do jogo e contaria os pontos *como se* estivessem jogando juntos. Essa seria uma metáfora do laço conjugal.

O jogo com o paredão seria um recurso imagético e metafórico para os amantes, sempre carentes de recursos. O paredão teria a função de substituir o campo da relação sexual amorosa desejante, já que esta é impossível. A relação seria substituída pelo paredão que configura um campo, no qual cada um dos amantes joga regido pela sua estrutura desejante, que é sempre particular. Aqui e ali, a bola escapa, os olhares se cruzam e eles se encontram.

Substituição é da ordem do sintoma, substitui alguma coisa do recalcado, mas nesse caso não se trata de um sintoma que tenha cura. Entre mim e ele está o discurso, materialidade que presentifica o heterogêneo; o estranho, campo fértil para o sintoma do amor sexual reproduzir-se, contaminando os amantes com os impasses do sintoma.

Assim, entre mim e ele, está o discurso, realidade material que indica minha posição e influencia minha forma de amar e desejar. Eu sou efeito de uma relação, só que discursiva, esta é a única relação que apresenta possibilidades.

O laço conjugal seria, então, uma formação substitutiva de algo impossível da ordem do sexo e do amor, desde que as regras sejam observadas. Desde que os amantes se engajem no sentido de que nas águas do amor o barco é o mesmo, mas os mares do desejo é que dão as possibilidades. Se ele acertar o leme, conforme o vento, se ele *fizer de conta* que está jogando com ela, sustentar essa farsa, quem sabe?

E para terminar e não nos afogarmos nas águas em que nos metemos, lembro Narciso perdido em suas águas espelhadas...

> Narciso, seduzido pela fonte amena,
> se inclina, vai beber, mas outra
> sede o toma: enquanto bebe o embebe
> a forma do que vê.
> Ama a sombra sem corpo, a imagem,
> quase corpo.
> Não sabe o que está vendo, mas no
> ver se abrasa: o que ilude seus
> olhos mais o açula ao erro.
> Crédulo buscador de um fantasma fugaz!
> O que buscas não há: se te afastas,
> desfaz-se.
> Esta imagem que colhes é um reflexo:
> foge, não subsiste em si mesma. Vem contigo.
> *Fica se estás. Se partes -caso o possas-*
> ela esvai-se (Ovídio, p. 407-510).

Referências

CALLIGARIS, Contardo. O grande casamenteiro. *In*: CALLIGARIS, Contardo et al. *Laço conjugal* (p. 11-23). Porto Alegre: Artes e Ofícios, 1994.

FREUD, Sigmund. Psicologia de grupo e análise do ego (1921). *Edição standard brasileira das obras psicológicas completas de Sigmund Freud*, v. 17. Tradução sob a supervisão de Jayme Salomão. Rio de Janeiro: Imago, 1976.

IBSEN, Henrik. *Casa de bonecas*. Tradução de Maria Cristina Guimarães Aranyi. São Paulo: Veredas, 1990.

KHEL, Maria Rita. A mínima diferença: masculino e feminino na cultura. Rio de Janeiro: Imago, 1996.

OVÍDIO. A morte de Narciso. *In*: *Metamorfoses*, III, p. 407-510. Disponível em: <http://pessoais.digi.com.br/~monalisa/Metamorfoses.htm>. Acesso em: 15 abr 1996.

PETERS, H. F. *LOU minha irmã, minha esposa*. Tradução de Waltensir Dutra. Rio de Janeiro: Jorge Zahar, 1986.

Fonografia

BARROSO, Ary. Mulata assanhada. Intérprete: Elis Regina. *In*: REGINA, Elis. *Elis Regina no fino da bossa*. São Paulo: Vela, 1994. 1 CD. Faixa 2.

Trabalho apresentado por ocasião do V Fórum Brasileiro de Psicanálise. Psicanálise e Desamparo. Coordenação geral: Círculo Psicanalítico de Pernambuco. Recife/PE, 1999.

Se entregar de corpo e alma ou de corpo com alma?

Ao meu pai, com quem aprendi que para amar é preciso saber renunciar...

Peso é o que esta pergunta me sugere. Peso de viver. Viver para morrer. Viver para perder. Perder que significa a entrância na dialética das possibilidades e das impossibilidades. Coisa de suma importância. O que está em jogo é ganhar, perder, substituir, dois passos para frente, dois passos para trás. Traz, um, dois, três e já!

Coisas da dialética da possibilidade da entrega. Para se entregar tem que perder? Tem que se perder? Homens e mulheres, posições masculina e feminina, qual a diferença no se perder?

Isso porque depois que se cai — feito um patinho ou um cisne — na dialética das possibilidades — efeito de desrecalcamento —, é preciso ir para além do achar um objeto. Se perder para se achar em um Outro lugar. E aí? Ele ou ela passa a ser a minha possibilidade?

A fatalidade começa a mostrar sua cara. Quem é ele? Quem é ela? O desespero ameaça chegar. Havia chegado o momento fatal e irremediável de amar com possibilidades? O que fazer? Mas que poder é esse? A possibilidade advém então de onde? Dele? Dela? O que o sujeito com possibilidades vê no outro? Afinal, como minha possibilidade pode advir de um outro?

Ai, quanta pergunta!!! O outro... abre os sonhos. Traz a inspiração e conspira. Traz a pira, uma "febre terçã" (Jobim, 1974, faixa 01).

Bem, mas de que se trata em se entregar? Dá certo se entregar? Após a entrada do dar, para se entregar é preciso dar, se dar. E um amor dá certo? Dá certo se dar? E posso acrescentar: e não dar, dá certo?

Soa sinistro. Para falar de entrega é preciso falar do se perder. Lembro de Noel Rosa: "quem acha vive se perdendo..." (Rosa, 1991, faixa 12). O próprio verbo dar sugere o peso. O sentido do doar parece indicar o se entregar. Lembro logo de Santa Teresa d'Ávila e de Adélia Prado. A primeira se entregou a Deus de tal forma que queria saber para onde seu olhar se deslocava. Queria acompanhar o olhar de Deus. Adélia, mais humana, menos doida do que Teresa, mas mesmo assim "dona doida", esta o que queria era uma espécie de amor carnal com Deus.

Mas como é para os seres falantes se entregarem, por exemplo, ao fruir da vida? A cor de uma maçã reluz. Como uma primeira vez. Sem ligação com o saber. Traz o infantil. Aquilo que traz uma inauguração. Nunca se viu. Isso pode dar obra de arte ou não.

Essa maçã amanhece diferente e produz um afeto em que a existência parece se abrir, se desvelar. Se entregar, então, tem a ver com o perder, o dar, o dar-se, e alguma coisa que abre, trazendo a dimensão de uma Outra experiência: "Mas sentia uma pressa por dentro: havia alguma coisa que ela precisava saber e experimentar, e não estava sabendo e nunca soubera" (Lispector, 1969, p. 64).

O abrir então tem um tempo, a pressa de não perder o outro de vista. O tempo passa então a contar. Tempo para se abrir e não perder o outro de vista. É trazido à cena o tempo da fenda do inconsciente, pois se o que se quer é uma outra experiência, a fenda do inconsciente que descentra o eu traz à cena uma outra cena. Quero dizer que "registro o desejo", mas digo sem querer que "resisto ao desejo", ou seja, que só gozo a partir do obstáculo.

Necessária pressa se não se quer ficar no tempo para compreender e perder o outro de vista. Lembrando Renato Russo: "é preciso amar as pessoas como se não houvesse amanhã..." (Russo; Villa Lobos; Bonfá, 1995, faixa 2).

Abrir a carne. Esgarçar a pele que vira outra. Entremear pele nova com sentidos outros. Palavras que vão surgindo e construindo o encontro. "As coisas não precisam de você", canta Marina (Lima, [19–], faixa 6). Dá para ser feliz sem o outro?

Quer dizer que para abrir é preciso se abrir. Primeiro abre para dentro e só depois para o outro, que está ilusoriamente suposto fora. O objeto daquela essencial ilusão narcísica daquilo que nos envaidece?

Seria ótimo se assim pudesse ser, mas o amor anuncia medidas que nunca são razoáveis. Não segue roteiros pré-estabelecidos, a não ser aqueles que os fantasmas neuróticos impõem mostrando que quanto mais intenciono... tudo, tudo, tudo vai dar certo... vou lá na mesma posição, repito o que sempre faço, dou com os burros n'água, fico mal, esqueço, repito e novamente dou com os burros n'água e assim por diante...

Portanto, se abrir e se abrir para o outro não obedece a uma cronologia. Mas é certo que, se o amante cair todinho na de um outro sem sequer ter ocupado o lugar do desejo que é sempre particular, se não souber alguma coisa de seu sujeito, o desastre aumentará.

E se um outrinho aparece e eu me entrego a ele sem ficar com nada, como é meu nome mesmo? Ah, sim, de que eu gosto? "Gosto de morder a língua de Luís de Camões" (Veloso, 1984, faixa 11).

Ou seja, se não consigo ocupar uma posição subjetiva, Cupido me leva em suas asas. Para onde? Mares de delícias e tormentos onde o amor com sua delicadeza furiosa e cheia de enganos me leva. Imagine se eu não levo nem uma boia. Se não levo nenhuma nomeação, minhas insígnias paternas. Se não crio uma ilha nesses mares tormentosos.

O certo do dar traz o tortuoso do dar-se. A rota é incerta. É certo que o certo é incerto. Dar-se, para uma mulher, pressupõe se entregar. De corpo e alma? E ficar sem nada? É certo que Isso dá certo? Mas é certo que para dar certo é preciso dar-se. Essa que é a jogada.

Não pensem que não sou a favor do amor. Sou. Mas se entregar de corpo e alma? Lembro-me delas, as outras mulheres. As famosas. De madame Bovary inadaptada aos tempos daquele amor. Queria viver na própria pele as aventuras dos folhetins romanescos e foi em busca de um amante. Confundiu tudo. Não sabia o que era um amante. O que é um amante?

As mulheres têm mania de exagerar no amor. Um amante é um amante. Mas isso também não é verdade. Um amante pode ser definitivo. Marca a carne e a memória para a eternidade. É isso que é uma eternidade: dura até a morte. Dura enquanto objeto perdido, enlutado, trazendo então a dor ao nosso texto.

A dor, elemento essencial ao amor, tem um lugar excepcional entre as relações. É a relação com a alteridade, com o mistério, quer dizer, com o porvir, com aquilo que, num mundo onde tudo está aí, não está nunca aí.

Lembro-me das mulheres de todo dia, que fazem parte do estranho cotidiano da vida. Estranho ninguém se espantar. O espanto é nossa esperança para o futuro! Lembro aquela que morava no enésimo andar do meu prédio e se jogou da janela, dizem as más línguas, só para chamar a atenção do marido. Só, apenas só.

Aquelas que, diante de traições amorosas, assassinam, matam seus próprios filhos e aquelas que, se não assassinam, enlouquecem:

> Briga no beco
>
> Encontrei meu marido às três horas da tarde
> com uma loura oxidada.
> Tomavam guaraná e riam, os desavergonhados.
> Ataquei-os por trás com mão e palavras
> que nunca suspeitei conhecer.
> Voaram três dentes e gritei, esmurrei-os e gritei,
> gritei meu urro, a torrente de impropérios.
> Ajuntou gente, escureceu o sol,
> a poeira adensou como cortina.
> Ele me pegava nos braços, nas pernas, na cintura,
> sem me reter, peixe-piranha, bicho pior, fêmea
> ofendida, uivava.
> Gritei, gritei, gritei, até a cratera exaurir-se.
> Quando não pude mais fiquei rígida,
> as mãos na garganta dele, nós dois petrificados,
> ou sem tocar o chão. Quando abri os olhos,
> as mulheres abriram alas, me tocando, me pedindo graças.
> Desde então faço milagres (Prado, 2002, p. 99).

Aquela que me disse numa tarde ardente de tristeza que tinha perdido o gosto pela vida. Ou aquela que parou o meu olhar, com a cara toda aberta num sorriso debochado e triunfante de alguém que acertou na tática: "Eu esperei dez anos por um homem. Depois disso ele ficou bom" (depoimento)[1]. Foi dizendo isso, que ela esperou dez anos por um homem, que Seu olhar atravessou o meu. Vi que o amor vem de tempos imemoriais quando não havia fala, quando não havia memória.

Talvez o amor seja mesmo um exagero sustentado por um precário equilíbrio do estar à beira de... À beira do abismo. Isso porque, para uma mulher amar, ela precisa se entregar. A porteira da entrega do homem é diferente? Na mulher, é preciso que ela se abra, se escancare com riscos a perder as distâncias de si. Perde-se de si para se entregar?

Para uma mulher se entregar, é preciso se perder... se desgarrar dos pensamentos e correr o risco de, como numa fatalidade, se perder para poder amar, correndo o risco de perder o fio.

Já começa que para uma mulher se entregar é preciso que ela seja um buraco, uma fenda. Mas como é que faz? Ninguém pode ser um buraco. Ficar sem atributos, ser nada. E depois como é que faz. Palavras mágicas: fecha-te, sésamo. Ou então, ou então... Como é que faz?

A doença da dor e Hiroshima

A entrega acontece como uma descoberta. Mas... como foi mesmo que aconteceu? Ou melhor, já aconteceu. A descoberta traz a alegria e o trágico, a possibilidade do abandono. Traz os primeiros momentos da vida, quando a fragilidade do rebento ilumina a existência do abandono que leva à morte.

Quando o bebê vem ao mundo, já chega sem condições de por si só viver. Chega reduzido a uma situação de pedinte; sem o outro, ele sucumbe. Desde então fica colocado o outro enquanto lugar constituinte.

É com este outrinho do qual ele aprende a demandar cuidados e atenções que é estabelecida uma relação de trocas, na qual

---

[1] Mulher camponesa do Maranhão.

o símbolo é conclamado a aparecer. Palavras que permitam a expressão de pedidos.

Quer dizer, é através desse outrinho que o imaginário se constitui e clama pelo simbólico no sentido de poder viabilizar um acesso, um lugar nesse mundo ao qual está irremediavelmente submetido e ameaçado pela possibilidade de desagregação, de desaparecimento.

O percurso então fica delimitado; após o nascimento, este ser do desamparo se defronta com uma ruptura brusca em sua antiga unidade, dando origem a uma brecha, um furo que apresenta uma das questões mais paradoxais da humanidade — a incompletude, a falta, que é constitutiva do ser humano: *somos feitos de falta.* Esta é constitutiva e tem em seu bojo a articulação com o Outro do simbólico, enquanto fundante do sujeito do desejo.

Mas como esse pequeno ser pode passar desse estado de desamparo e chegar a constituir-se enquanto sujeito do desejo? Lacan nos apresenta o estádio do espelho como essa passagem fundamental ao simbólico e reenfatiza o *Fort-Da* como possibilitador da capacidade de substituir coisas por palavras, de manejar a ausência com presença.

Após esse momento fundante, esse pequeno ser começa a se separar do mundo, a se circunscrever, a ter um limite, uma forma, inaugurando a possibilidade de existir enquanto único, diferenciado, possuidor de um conteúdo que o separa do vasto continente, sem nele se perder.

Estes são os primeiros passos na dialética do dentro e do fora. Constituição do imaginário. Registro fundamental para que esse pequeno ser não se perca no indiferenciado da natureza e possa se constituir enquanto sujeito simbólico, podendo se valer das palavras para pedir. Lembrando dona Deuzarina[2], que dizia: "aquela alma está é querendo..." (depoimento).

---

[2] Mulher camponesa do Maranhão.

É isso que a trágica experiência da vida mostra. Se podemos pedir, há sempre a possibilidade de sermos rejeitados. Não atendidos. De perdermos. De sermos abandonados. Esse é o risco da entrega. Mas... e não se entregar? Viver no limbo das paixões, dos desejos? Viver apenas o amor contido?

> [...] para os homens o que é mais inconcebível no ser mulher não são os pensamentos ou sentimentos supostamente distintos, nem sequer estes famosos orgasmos subsequentes de que ao que parece desfrutam, mas antes a sensação de se sentir indefesa e de desamparo, de extrema fragilidade com que devem seguir pelo mundo, sabedoras de que num mau encontro com um ou mais homens quase não poderão opor resistência. Diz ele: Eu suponho que se fosse mulher seguiria pela vida com um medo suplementar que me é difícil imaginar e que deve ser insuportável. Por isto, creio que uma das maiores vilezas é bater numa mulher, materializar e confirmar este intolerável medo (Marias, 1996, p. 5).

O abandono traz uma espécie de invisibilidade. Uma sombra que se enfia pelas gretas do amor e contamina a dialética das possibilidades. Sua possibilidade traz o horror, impossibilidade de palavra que encontra ninho na dor psíquica. A dor como uma repercussão íntima e inevitável. Invisível, quase irrepresentável, que nos rodeia, como um grito que não sai, só seu grunhido.

Em Hiroshima amanhecia. Ela se perguntava: pode um amor dar certo? A melancolia aliada ao horror desses tempos. Entre tantos, escolhi Hiroshima por puro gosto. Inspirada por Marguerite Duras, quero dar destaque à dor, velha aliada do amor nestes tempos de radical crise de significação, em que a ética parece ter se deslocado para um lugar inacessível.

A dor invade nossas casas e é vivida passo a passo, subjetivamente. A vida para. A dialética das possibilidades se congela: "Não sei. Só sei alguma coisa sobre a imobilidade da vida. Portanto, quando esta se quebra eu o sei" (Duras, 1986, p. 97).

Limites perigosos em que a identidade do sentido desmorona. Passa a faltar alguma coisa ali. O discurso é de uma dor. Dor que não grita, que não chora. Dor que está embotada. Retendo uma paixão que não tem como escorrer, a dor profunda da impossibilidade do luto, do não poder renunciar. Como matar alguma coisa antes mesmo de nascer?

A dor ligada à impossibilidade do luto. Novas forças aos afetos feridos que surgem num lamento como impossibilidade de enlutar. "Quero o amor morto motor da saudade" (Duprat; Veloso, 1969, faixa 11). Quem tem mais poder: o amor ou a morte?

Dor cuja fonte revela aquilo que o amor em sua face de tragédia exibe zombeteiramente, como num teatro de máscaras. Abandono impossível de ser assumido como um dos riscos da entrega.

Em "Hiroshima mon amour", filme de Alain Resnais com roteiro de Marguerite Duras, Nevers, personagem feminina, continua amando seu primeiro amor morto. Agarrada nele até os últimos momentos da morte, não sente diferença entre aquele corpo que morre e o seu. Ele era alemão e seu primeiro amor. O tempo era de resistência francesa e ele foi morto de uma maneira bem simples, com um tiro, quem sabe da mesma sacada de onde militantes comemoravam a morte de um inimigo. Apenas um inimigo que era seu primeiro amor.

E assim, antes mesmo que seu sorriso pudesse se lembrar, antes mesmo que sua alegria de amar pudesse virar lembrança de felicidade, antes mesmo que sua descoberta pudesse virar certeza de um amor, ele foi morto.

O arco-íris da dor tremula. Ele morreu, mas o amor parece mais forte do que a morte. Ela ama um morto. Vive o drama de seu tempo. Contempla, cúmplice e voluptuosa, a permanência do sofrimento. Uma certa paixão pela dor parece ser um par perfeito nesses tempos, em que uma certa avidez pela morte revela em preto e branco — como em Hiroshima — o drama de nosso tempo: "Era o coração que estava ausente?" (Duras, 1987, p. 8).

Esse sentimento de abandono inevitável que aparece no mesmo tempo da descoberta traz à cena a separação, a morte real dos amantes. Parece uma fatalidade do se entregar. Mas de corpo e alma?

Abandono que mostra sua ligadura com a figura materna. "Tornei-me louca em plena razão" (Duras, 1985 *apud* Kristeva, 1989, p. 207). Se o laço com a mãe traz uma antecedência, ele anuncia a dor. Não como causa ou efeito. A dor se alimenta de si própria trazendo o vampiro à pauta. E com ele o desejo. Mas como assim? Seria a dor o último limiar do desejo? Desejo que não demanda um objeto?

É por isso então que se entregar traz a dimensão da tragédia, da perda, porque o que o encontro anuncia é a possibilidade do amor, e com ele a da perda, a do abandono e da dor. É necessário então se demarcar fronteiras?

Coisa difícil de responder, porque, em se tratando de amor, estamos diante daquilo que insiste em não se deixar metrificar. E mais, se o encontro com o amor traz a possibilidade da dor e do desamparo, é daí que ele nasce. Do próprio desamparo.

Sim, mas e o corpo? Esse monte de carne para virar corpo precisa de muita coisa. Do olhar da mãe. De palavras, nomeações, cuidados, toques, vozes, entoações, cores, luz e som para se tornar um corpo. Corpo que Freud tentou decifrar através do rasgo da sexualidade, entre o somático e o psíquico. Brechas das quais brota o erógeno. Às vezes em excesso, como no autoerotismo.

Tensões excessivas vindas de onde? Dentro ou fora? Fora, dentro, a pressioná-lo. Ele não sabe de que se trata. Marcas sem palavras com a única possibilidade da ressignificação num só-depois, temporalidade mor da Psicanálise, regedora do aparecimento do significante.

Corpo que, como diz Marguerite, é sem defesa, liso da cabeça aos pés: "O corpo é sem defesa alguma, é liso desde o rosto até os pés. Ele chama o estrangulamento, a violação, os maus tratos, os insultos, os gritos de ódio, a descarga de paixões inteiras, mortais" (Duras, 1987, p. 21).

Corpo que, para se entregar, depende da posição: masculino e feminino. Polaridades do campo sexual que não se confundem com homem e mulher, apesar da preferência de ambos. Masculino faz relação com a lei, com aquilo que fecha e é da ordem do universal. Feminino suspende a lei apesar de a ela estar articulado. É da ordem do particular. Mas se a entrega do corpo depende de uma posição sexual que abre ou fecha, e a alma?

Alma, de que se trata? Freud chama o psíquico muitas vezes de alma, mas se ele nomeou o inconsciente é porque encontrou significantes mais adequados na construção de seu saber. Nesse terreno não há muito que avançar: a alma habita as profundezas da condição humana, que, por ser imemorável, não se diz. Suas significações pairam sobre nós.

A mim o que interessa são as fronteiras, senão não chego na barra, naquilo que barra, naquilo que indica a impossibilidade da totalidade eterna. Aquilo que impede a devoração, possibilita a circulação. Articulação em vez de devoração, pois se não sei nem do meu desejo, quanto mais do desejo do outro: ela é minha, eu sou dele. Logo eu, que nem minha sou: "Vivo sem em mim viver" (D'Ávila, [15–] *apud* Estrada, 1997, p. 9).

Estou atrás dos significantes da falta. É porque algo falta que posso desejar. Essa é a Lei do simbólico, do sujeito do desejo que aparece entre significantes. Mas... desejar o quê? Aí é que é o negócio: o objeto do desejo nunca satisfaz totalmente. Não há suporte que dê conta disso, por isso mesmo posso desejar um outro.

Essa é a cruel realidade do amor que se pretende sexual. Há outros. Por isso há o abandono e é por isso também que é preciso barra, limite à entrega do amor. Medidas e regras que cada um vai precisar inventar. Invenção difícil!

A medida será efeito daquilo que a Psicanálise apresenta: a possibilidade de uma construção a partir da castração. Ou seja, a partir da minha possibilidade de transar com a falta e com a dor da perda. Isso porque, se não quero perder de jeito algum, crio medidas preventivas e perversas que querem impedir-me de desejar, de ser aquilo que posso ser enquanto possibilidade, enquanto um sujeito desejante. Posso querer, por exemplo, que ele se perca do seu estilo. Ou então através de medidas preventivas, aquelas que supostamente possam evitar as tentações. Voltemos ao século XIX, quando as moças não podiam ler romances ou conversar sobre amores e sexo. Estes, impedidos na realidade, viraram realidades psíquicas, fantasias cuja vivência a realidade insistia em recusar. No final dessas medidas preventivas, elas não mais desejam. Mas isso não importa muito... Ou melhor, depende do gosto de cada um. Posso ver graça em uvas murchas!

E mais: se posso ceder em várias coisas, recuos necessários na dialética das possibilidades, Outras são inegociáveis. Porque se negocio com o outro aquilo que é minha marca, aquilo que me marca em troca de noites de amor e cumplicidade, o que pode acontecer?

Com o tempo posso me perder. Me perder de mim. Me perder daquilo que é precioso, da ordem do simbólico — capaz de me sustentar —, que me indicava com uma luz, trêmula, que o caminho era por ali. Como as pedrinhas de João e Maria que, se não os salvaram do enfrentamento devorante com a bruxa que tinha uma casa cheia de chocolate, bem na horinha eles se salvaram e não viraram biscoito como a bruxa queria. As pedrinhas serviram para que outrinhos os achassem e eles se livrassem dessa fantasia de horror que é a devoração.

É preciso achar pedrinhas, demarcações daquilo que indica o sujeito do desejo, que é sempre inconsciente, da ordem do particular e que aparece e desaparece. Só a alguns é dado o gosto e o saber de pegar essa verdade não-toda, que mal aparece e já quer desaparecer. A gente pega pelo rabo, pelo rastro de seu brilho.

É preciso, então, se entregar para amar, mas isso é diferente de entregar minha alma e meu corpo condensados por uma máscara de um amor sem limites a um outro. Só se for para o outro me devorar, e me autodevorando. É a crença absoluta de que é o outro que pode me salvar, me fazer ser, me fazer ter. Crença que lembra os vampiros. Sim, porque se há vampiros é porque há cúmplices. Diz a lenda sobre vampiros que eles nunca entram na casa sem serem convidados...

Na neurose obsessiva, estrutura que parece gostar mais da pele dos homens, os vampiros vivem o dilema de nunca achar o pescoço perfeito e vivem querendo vampirizar as moças. Querem eliminar a diferença fundamental para a sua particularidade. Isso para que elas fiquem como as bonecas japonesas de vinil, um modelo amoroso e sensual com o qual eles sempre sonharam.

Elas, que em sua grande maioria habitam a neurose histérica, oferecem o pescoço na ilusão de poder cumprir com essa fantasia deles. Entregam sua alma e seu corpo sem se aperceberem, embriagadas pela ilusão de que um dia, um dia... Um, dois, três e já!

Referências

DURAS, Marguerite. *O deslumbramento*. Tradução de Ana Maria Falcão. Rio de Janeiro: Nova Fronteira, 1986.

————. *A doença da morte*. Tradução de Jorge Bastos. Rio de Janeiro: Taurus, 1987.

ESTRADA, Dulce Duque. Vivo sem em mim viver. Escola Lacaniana de Psicanálise. *Revista Dizer*, 9 (p. 9-12), Rio de Janeiro, mar. 1997.

GRIMM, Jacob; GRIMM, Wilhelm. *Os mais belos contos de Grimm*. Traduzido por Maria José Costa. Portugal: Civilização, 1992.

KRISTEVA, Julia. A doença da dor: Duras. *In*: *Sol negro: depressão e melancolia* (p. 199-231). Tradução: Carlota Gomes. Rio de Janeiro: Rocco, 1989.

LACAN, Jacques. O estádio do espelho como formador da função do eu (1949). *In*: *Escritos* (p. 96-106). Tradução de Vera Ribeiro. Rio de Janeiro: Jorge Zahar, 1998.

LISPECTOR, Clarice. *Uma aprendizagem, ou O livro dos prazeres*. Rio de Janeiro: Livraria Olympio, 1969.

MARIAS, Javier. A dor na mulher. *Folha de São Paulo*, São Paulo, 4 fev. 1996. Caderno Mais, p. 5.

PRADO, Adélia. *Bagagem*. Rio de Janeiro: Record, 2002.

Filmes

HIROSHIMA mon amour. Direção: Alain Resnais. Roteiro de Marguerite Duras. Paris: Argos Films, 1960.

Fonografia

DUPRAT, Rogério; VELOSO, Caetano. Acriliríco. Intérprete: Caetano Veloso. *In*: VELOSO, Caetano. *Caetano Veloso*. São Paulo: Polygram, 1969. 1 CD. Faixa 11.

JOBIM, Tom. Águas de março. Intérpretes: Elis Regina e Tom Jobim. *In*: JOBIM, Tom; REGINA, Elis. *Elis & Tom*. Philips: Rio de Janeiro, 1974. 1 CD. Faixa 1.

LIMA, Marina; CÍCERO, Antonio. Virgem. Intérprete: Marina Lima. *In*: LIMA, Marina. *Minha história*. Polygram: São Paulo, [19–]. 1 CD. Faixa 6.

ROSA, Noel; VADICO. Feitiço da Vila. Intérprete: Ney Matogrosso. *In*: ROSA, Noel. *Songbook*. Rio de Janeiro: Lumiar, 1991. 1 CD. Faixa 12.

RUSSO, Renato; VILLA LOBOS, Dado; BONFÁ, Marcelo. Pais e Filhos. Intérprete: Renato Russo. *In*: LEGIÃO URBANA. *As quatro estações*. São Paulo: EMI, 1995. 1 CD. Faixa 2.

VELOSO, Caetano. Língua. Intérprete: Caetano Veloso. *In*: *Velô*. São Paulo: Polygram, 1984. 1 CD. Faixa 11.

Trabalho apresentado no dia internacional da mulher, na Escola Lacaniana de Psicanálise do Maranhão. São Luís, 8 de março de 1998.

Por que as mulheres estão tão sozinhas ou eles vão atrás da bola enquanto elas dão bola?

A vida moderna cada vez mais irá separar o homem da mulher

(Rainer Maria Rilke)

Estava eu a me iniciar nas minhas homenagens ao dia que comemora o dia internacional da mulher, num clima de "Oba lá vem ela, estou de olho nela" (Ben, 1987, faixa 4), entre comentários sobre este tão ardente e polêmico assunto, em que algumas diziam que eles... eles não estão com nada.

E elas, coitadas, que se esmeram em se enfeitar, se embelezar, como se aí estivesse a chave do mistério do desejo, afinal o que é que eles querem? Firmes na convicção de que a beleza ainda é o melhor fetiche para que eles as desejem, elas continuam se queixando e, meio indignadas, apontando que... Eles? Eles nada, eles não querem nada, quando de repente ouvi João Gilberto cantar: "Haja o que houver, há sempre um homem para uma mulher" (Jobim; Moraes, 2002, faixa 2).

Surpresa com esse sentido inaudito, tão pouco dito nos tempos atuais, sorri com este alento dos anos 60 e sigo adiante no meu périplo em busca de significantes que digam do desejo de amar a vida, que "vai, mas vem vindo" (Rosa, 1967 *apud* Riedel, 1980, p. 58), como o mestre Guimarães Rosa nos diz, como um presente, um ramalhete de flores silvestres e cruas...

Mas, para início de conversa, voltemos à nossa fonte de inspiração, a bola, ou melhor: eles vão atrás da bola, enquanto elas dão bola... Mas... como assim? Eu diria que o de que se trata é que a bola não está rolando. Ou melhor, elas dizem que eles não querem mais jogar, elas dão bola, eles olham, mas não vão atrás da bola...

Logo no início de sua existência, o menino chuta a bola e um milagre acontece: a bola rola. Esse objeto erótico, sólido, redondo, desde o início dos tempos espontaneamente foi eleito pelos meninos como objeto siderante, representante da habilidade e do poder de saber dominar, entre outras coisas, a bola como objeto perdido, para, depois do passo acertado, logo já precisar de novo reconquistá-la.

Alain Didier-Weill (1998, p. 41-50) destaca a bola como aquele objeto com o qual o menino ensaia a conquista e a perda de um objeto precioso. A graça da bola é que ela vai e vem, criando um ritmo em que o menino experimenta o prazer de dominá-la e a angústia de se separar dela, precisando apostar que, no próximo lance, ele vai acertar. Ele tanto pode acertar como errar o alvo da boa jogada. Sem dúvida alguma, trata-se de um ótimo treino para a vida. E elas?

No que se refere ao jogo amoroso, a bola anda quadrada. Parece que elas estão totalmente demais... É como se elas fossem o gol, de tão maravilhosas que estão. Por que será que a bola anda tropeçando tanto para rolar no campo do amor?

Elas não entendem. Ora, se são belas, inteligentes, independentes economicamente, por que eles não andam se interessando por elas? "Você passa e não me olha, mas eu olho para você. Você não me diz nada, mas eu digo pra você" (Ben, 1987, faixa 1).

É como se as qualidades certeiras da moça prendada do passado tivessem sido substituídas por outras mais contemporâneas, mas ainda enquanto restos de ilusão da moça prendada, renovando a fantasia de que os atributos contemporâneos — independência econômica, sensualidade e atitude — seriam suficientes para que um homem ame e deseje uma mulher. Qualidades que por si só garantiriam este caminho. Ora, se somos tão interessantes, passamos com graça: "Olha essa mulata quando samba é luxo só. Quando seu corpo se embalança é luxo só. Tem um não sei quê que faz a confusão" (Barroso; Peixoto, 1996, faixa 15).

Só que, ao que parece, o jogo está impedido. A bola não rola. Ou melhor, mudaram os ideais e as regras do novo jogo estão confusas. Eles ou se ressentem das prerrogativas perdidas ou buscam ajuda para salvar a espécie. Cansados da função de provedor e vencedor, os homens, como no tempo do feminismo, se agrupam para saber: de que se trata a masculinidade?

Sentindo-se meio desajeitado, ele não sabe o que fazer com a demanda que a família lhe faz. É questionado pelos filhos, que demandam dele uma maior presença, ou melhor, presença. Sem o hábito de perguntar sobre si, desconhece seus afetos, não conseguindo assim compartilhar uma intimidade, ou, pelo menos, uma aproximação com os filhos.

Segundo alguns, quando tentam dividir as tarefas domésticas, atendendo ao pedido das mulheres, atrapalham. Ralph, professor, 49 anos, casado, numa tentativa de se adaptar às novas demandas, diz que a cozinha é dele e não gosta que sua mulher nela entre, além de já ter criado algumas ferramentas próprias para as tarefas domésticas, como por exemplo: um chinelo só para matar baratas.

Outros homens contestam. Não querem fazer valer o dito raivoso feminista que pregava: *homens na cozinha e mulheres na sala*. Cientes da inversão mecânica desse dito raivoso, os homens, segundo reportagem da *Folha de S. Paulo,* estão vivendo um momento de dúvida e questionamento, agravado pelo diagnóstico da Sociedade Brasileira de Psiquiatria, que considera que:

> Ser homem é um fator de risco. Pertencer ao sexo masculino é tão perigoso quanto morar em grandes cidades ou ser dependente de álcool ou drogas. Bate o sexo feminino em alcoolismo, suicídio e no desenvolvimento de várias doenças, incluindo as mentais (Homem..., 1998, p. 2).

Vítimas da síndrome contemporânea do desemprego, sem trilha própria, eles buscam novas identificações, a princípio aprovadas pelas mulheres, como, por exemplo, uma certa delicadeza. Mas se a delicadeza é ansiada, o que dizer daquela agressividade necessária e própria ao macho? Uma certa agressividade não seria o principal ingrediente responsável pela criação do ímpeto e das condições de ir atrás e conquistar a bola?

A mágica que elas desejam está na "temperança", uma espécie de medida certa que faria um balanceamento entre o ímpeto da conquista e uma delicadeza no trato. Nada de imposições! Qualquer coisa, a gente cai fora da área do jogo onde a bola rola... Afinal, já conquistamos o direito de ganhar nosso próprio dinheiro, então...

Uma mulher do século XIX, num artigo chamado "A humanidade da mulher. Esboço de um problema" (Salomé, [19–]), traça tessituras radiais, colocações fundamentais para pensarmos o início deste novo milênio. Brilhante intelectual que fascinava Freud, Lou Andreas Salomé, amante do grande poeta Rilke (1993), que dedica a ela o seu belo e inquietante livro de poesias *O livro de horas* com as seguintes palavras: "Deposto nas mãos de Lou Andréas Salomé" (Rilke, 1993, p. 1).

Amada por Nietzsche, recusou seu pedido de casamento. E é interessante observar que, quando se fala de Lou, há sempre alguma alusão aos amores e admirações que fizeram sua história aparecer. A personagem em seu mito inclui a história de seus amores.

É como se daquele tempo ela vislumbrasse o que uma certa tendência do futuro apontava: a quebra de grilhões que amordaçavam o desejo das mulheres. E, se ela considerava esse cabresto como a morte para uma mulher, pois impedida em sua subjetividade, ela pergunta pelo preço que teríamos que pagar para ganhar nosso próprio dinheiro.

Vendo as mulheres como seres constituídos por um interior laborioso, cheio de vias tortuosas que, em curvas (ou melhor: nas curvas que estas voltas promovem), vão se tornando sedentas de erotismo — gozo do feminino —, defende teses nas quais valeria a pena mergulhar.

Segundo Lou, cada mulher precisa ser, viver o seu ser minuciosamente, apesar do que Santa Teresa D'Ávila nos diz: "Vivo sem em mim viver" (D'Ávila, [15–] *apud* Estrada, 1997, p. 9). É como se neste interior caprichoso houvesse *um lugar* — topologia da subjetividade — em que cada mulher pudesse recortar seu "íntimo" (Ferreira, 1986): lugar interior que fica dentro dela e que serve de borda, beira, boia para aqueles instantes, átimos de segundos, quando ela se perde nos mares da dessubjetivação. Uma espécie de porto interno ao qual ela sempre precisará estar ligada, para não se perder em seus mares de fantasia e gozo.

O "Intimus" vem do latim e nos oferece um semblante que indica o interior, aquilo que repousa num nicho, recôndito, secreto de um ser. O "Intimus" traz a noção topológica de lugar. Ele inaugura um lugar que abre a possibilidade de um sujeito irromper e se reconhecer: hoje eu estou sendo Isso ou Aquilo — tanto faz, mas hoje: sou.

Um lugar que indica uma rota, uma espécie de passe, que dá permissão para que, *meio diariamente*, ela se ressignifique. O diário indica a temporalidade necessária para uma mulher, uma-a-uma, conectar-se com a sua subjetividade, seu "intimus": "É no interior destas funções que ela metamorfoseia o seu mundo [...] uma existência [...] a partir da qual tudo deve voltar a ser novo, infantil e inocente como nos primeiros tempos, como no primeiro dia do mundo" (Salomé, [19–], p. 25).

Apesar da topologia moebiana, onde o fora já estaria no dentro, as mulheres estariam mais voltadas para o mundo interior, nicho protetor e cheio de labirintos e os homens, para o mundo exterior, da objetividade: "A mulher nunca está suficientemente presente para si mesma", diz Lou (Salomé, [19–], p. 25).

Por isso mesmo, elas vão precisar estar sempre, pelo diário, diariamente retornando a este polo simbólico, de onde elas extraem um sentido, nem que seja o do dia: "Não há A mulher, artigo definido para designar o universal. [...] — por sua essência ela é não-toda" (Lacan, 1972-1973/1985, p. 98). Ou, como canta Caetano, "como encadernação vistosa feita para iletrados, a mulher se enfeita, mas ela é um livro místico, e somente a alguns a quem tal graça se consente é dado lê-la" (Cavalcanti; Campos, 1989, faixa 6).

Por isso mesmo, diz Lou, a mulher é, deste ponto de vista, o ser humano que melhor usufrui de uma existência: "Precisam se entrincheirar em pensamentos que podem ter valor para elas, vivê-los intensamente, tecer em volta delas e a partir deles um universo de calor" (Salomé, [19–], p. 23).

O "Intimus" enquanto um lugar topológico, matéria laboriosa em que um dia ainda mergulharei. Por enquanto, apenas pistas frágeis, linhas, traços como os da artista plástica Mira Schendel, fios que tento tecer na composição dos significantes do desejo do enamoramento, erotismo e emoção...

Assim, cada mulher, uma-a-uma, precisa recortar o seu "íntimo", naquele sentido que indica o máximo do interior, que por ser tão interior se oculta até para ela, como uma urgência própria ao feminino de dar um sentido à sua existência.

Com quem ela conversa?

As mulheres, efeito de uma estrutura psíquica, como os adolescentes, são muito perguntadoras, mesmo que a rota dessas interrogações circule apenas dentro do seu pensamento, que logo se mostra dividido, conforme a Psicanálise indica. Com este suposto — ela mesma —, ela conversa, pergunta, se angustia, anseia por respostas e frequentemente se perde, mas quem não arrisca, não petisca!

Não querendo teorizar muito e já prevendo trabalho para o futuro, vamos adiante, porque, afinal, preciso voltar à bola. Ou melhor, à ginga do jogo da bola do amor quando eles vão atrás da bola, enquanto elas dão bola...

Ser fascinado pela bola e dar bola

As meninas não são fascinadas pela bola? As meninas são fascinadas em dar bola. Alain Didier-Weill (1998) diz que há uma diferença fundamental na maneira de os meninos e meninas viverem a perda do objeto impossível e ilusório da totalidade. Eles têm a bola que vai e vem. Enquanto isso, segundo ele, elas a vivem no próprio corpo: "Ela tende antes a separar-se, ela própria, do chão, brincando de saltar no ar, de pular corda. É muito diferente lançar-se no ar e lançar, no ar, uma bola" (Didier-Weill, 1998, p. 44). Segundo ele, nesse jogo precoce "A menina inventa a dança, ou seja, inventa o ato de aliviar seu corpo, torná-lo leve, retirar-lhe o peso" (*ibid.*).

Pois bem, Lou vislumbrou que as mulheres poderiam tomar um caminho no qual, mais identificadas com ideais masculinos, cairiam numa "concorrência intelectual e prática" com os homens. Profetiza que "[...] esse modo de querer provar que é seu igual [...] é uma verdadeira monstruosidade" (Salomé, [19–], p. 21). E nos dias atuais em que muitas mulheres — sem se darem conta, mas pagando a conta — ficam querendo virar homem?

Conformar-se nessa fôrma! Elas correm o risco de se perder por aí...

Segundo Lou:

> Só o homem possui autenticamente esta abnegação objetiva de si, que persegue um fim, uma obra, uma profissão particular em que sua humanidade se encontra talvez mutilada [...] e no entanto persegue-os, até o sacrifício de si mesmo; [...] a causa que ele coloca tão alto mutila-o por vezes e é precisamente o fato de ter sido capaz de o aceitar que lhe confere uma grandeza viril (Salomé, [19–], p. 22).

Ou seja, o preço é da ordem da extorsão...

Lou profetiza prejuízos, caso as mulheres renunciem a Isso que vem do seu "Intimus": "Ela pensa de modo individual, cada caso por si, mesmo quando se submeteu à lógica" (Salomé, [19–], p. 23). A lógica é do campo do feminino, só serve se for uma-a-uma. E pergunta: "O que será mais forte? A mulher ou o que ela arranca de si mesma de não feminino? Só o tempo poderá responder-nos" (Salomé, [19–], p. 26).

Segundo Lacan, qualquer deslocamento significante na estrutura social e política promove lucros e prejuízos. Isso é da ordem da estrutura. Ele dá como exemplo a passagem do servo para o operário. Enquanto o servo teria um lugar, o operário nem lugar tem, é mero resto de um meio de produção. E o que dizer agora da grande massa dos excluídos do neoliberalismo?

Com as lutas micropolíticas que fissuraram nosso tempo, as coisas não poderiam ser diferentes. Estamos pagando o preço de alguns privilégios, moedas de carne que os obstáculos de uma nova ordem sexual e amorosa exigem como tributo para este ir adiante.

Para os homens as coisas ficaram menos pesadas, pelo menos é o que parece. Afinal, quem é que acha hoje em dia que deve se mutilar para pagar o tributo do herói macho e provedor, sem direito a visitar o campo do feminino onde o sentido único se estilhaça?

O campo do feminino é um campo de saber propício a emoções mais macias, próprias a este campo que se constitui de caminhos enviesados que se bifurcam, fazendo com que muitas vezes as mulheres se percam e eles também, visto que feminino e masculino são dois campos de saber, acolhendo homens e mulheres. O paraíso e o inferno é poder frequentar ambos.

O lucro e os prejuízos

Em princípio, o mundo do trabalho objetivo exige um descentramento do ser. Isso trará consequências para uma mulher, pois se uma mulher "nunca está suficientemente presente para si mesma", como diz Lou (Salomé, [19–], p. 25), ela vai precisar então estar sempre retornando àquele "polo íntimo", de onde se tece com sentidos inauditos, novos, infantis, obra de arte, se nomeando.

Detalhe: se nomeando, sabendo que uma parte de si restará velada, ou seja, que ela nunca vai estar com a bola toda. Aliás, se ela entrar numa de que está com a bola toda, para que vai querer que algum moço vá atrás da bola que ela pensa dar?

"Dar bola", no sentido que estou querendo inaugurar, não tem a ver com uma exibição de dotes bem torneados e sim com um "olhar de querer o outro". Eles, ao que parece, mas não gostamos de admitir, são atraídos por um-a-mais ou pelo menos por algum sinal de desamparo. Ou melhor, para que ir atrás de uma bola que é a própria encarnação do gol? Tão bonita e poderosa que...

Afinal o que fomenta o jogo da bola no amor? Será que aquela que está com a "bola meio vazia" e que acredita que, alimentada pela vaidade *no* feminino (Bittencourt, 1998), um outro possa encher mais a sua bola, cria mais jogadas no campo amoroso do que aquela que pensa que está com a bola toda?

Será que no campo da conquista do amor, a bola precisará estar sempre, digamos assim, meio vazia, inclusive porque seres humanos são sempre meio desamparados, ora aqui, ora ali...? É isso que alimenta o jogo da bola no amor?

Mas... afinal... o que seria estar com a "bola meio vazia", em tempos em que a "bola da vez" é "estourar a boca do balão"? Precisaríamos de *nos fingir*, de *nos fazer* de desamparadas? Ai, ai, ai... Parece com a mascarada que Joan Rivière criou e Lacan atualizou!

Se nos fazemos de desamparadas, não somos? Isso fica para outra ocasião, agora o sentido que quero fazer escorrer é aquele que nós mulheres, mesmo nos achando as tais — a garota de Ipanema dos dias atuais, douradas como a luz —, vamos precisar nos tocar que não estamos com a bola toda, senão por que sentiríamos falta de alguém?

É por saberem que o desamparo é condição para a ordem do humano e que Narciso se petrificou ao se apaixonar por sua própria imagem, sua fantasia, que as mulheres podem apitar um novo jogo, em que seu saber lhes indica que ninguém está com a bola toda, nem é o dono da bola, a não ser no momento em que o gol se espanta no ar em berros de comemoração. Imagina então se ela se torna a própria encarnação do gol? Não há berro nem fôlego que resista!

Ao mesmo tempo, as mulheres precisaram aprender a ganhar seu dinheiro para poder sair de uma situação de dependência infantil, em que é o outro que dá as cartas: "Mulher pra mim é como galinha numa arapuca, não é nem solta" (depoimento)[1]. Dependendo sua sobrevivência de um outro, ela fica sujeita à condição de ser presa da neurose desse outro. Mas, perguntaria Lou, o que custaria mais caro: custear seu próprio desejo, com

[1] Camponês do Maranhão.

moedas de ouro, disputáveis no mercado, metal precioso, ou perder o contato com esse tal "Intimus"?

Se ela não tiver um saber sobre essa torrente de mais-ainda, que nunca termina de querer significá-la, que a pressiona na urgência da pressão de se significar? Se ela não construir uma represa para essa fonte de gozo excessivo que dela brota?

As mulheres têm uma tendência para se narcisar, ou, como não poderia deixar de ser, seu inverso, seu avesso enviesado que se mostra por linhas tortas que sofrem muitas interrupções, quebras de sentido que trazem o estranho. Enfim, uma tendência inversa para se depreciar. Portanto, se elas não conseguirem colocar um basta nesta torrente, podem ser arrastadas pela ilusão de que elas são o gol ou o buraco. Ou é o barato ou é o buraco que é total. O total é a medida preferida das mulheres.

É um joguinho miserável, um reme-reme que nos reduz a um resto sem sentido e sem cor quando ele, aquele que nos rejeita... ele não nos quer mais e isso nos joga no lixo das nossas ilusões, como se tivéssemos perdido o passe do amor. É como se nem bola houvesse mais. É como se ela tivesse rolado para longe, jogando estas que caíram no jogo da menos-valia no buraco. Ela não vale nada, ninguém vai querê-la.

É fato que atrás destas alguns loucos vão, mas é fato também que a vida passa a rolar como num jogo em que só há um vencedor: ele, herói daqueles tempos em que Lou nos coloca. Disposto a renúncias e a carregar pesos excessivos, ele está pronto, tem músculos suficientes para carregá-las nas costas... Mas... até quando?

É fato, conforme Freud nos adiantou, que Isso não pode durar muito. O ganho secundário que a doença aí quer promover não dura muito tempo, ainda mais nestes tempos, então... Mas é claro, Isso sempre vai depender do tamanho da neurose de cada um, que, pergunta Luis Melodia, "nos persegue há quantos anos?" (Melodia, 1997, faixa 2).

Entre Lou e as mulheres de hoje

É certo que Lou escreveu tal artigo em 1897, mas isso o torna ainda mais interessante para nosso tempo. É como se, daquele tempo anterior à reviravolta nunca dantes vista que ocorreu no século XX com as relações parentais — da autoridade paterna à engenharia genética —, ela tivesse condições de vislumbrar o porvir, recortando alguns prejuízos fatais, preço necessário a ser pago pelas conquistas.

As mulheres não teriam como não entrar na disputa, com seus supostos iguais — os homens —, pelo mercado de trabalho. Não só porque o neoliberalismo não permite que haja um chefe de família provedor, como também porque elas precisavam ganhar seu próprio dinheiro, aproximando-se assim de uma lógica fálica.

Mais identificadas com ideais masculinos, elas se tornaram, aos olhos deles, objetos ameaçadores: afinal, elas podem. Segundo a revista "Veja", o dilema atual das mulheres é amar ou mandar. Sim, mas e daí?

Daí que elas estão ridiculamente sozinhas. Algumas reclamam coisas risíveis: "Há três anos não beijo na boca" (Moraes; Ferraz, 1999, p. 109). Outras "xurumelas"[2] são comuns, mas é fato que quando eles aparecem, alguma coisa da ordem de uma superexigência no que se refere à condição humana é demandada deles.

E, o que é pior, na maioria das vezes, reivindicar ou exigir de alguma forma quebra o fascínio do feminino, campo que privilegia os caminhos enviesados, regido pela lógica do não-um, não-todo, que quebra o sentido, mas não mostra o pau, metonímia da linguagem, das quais elas são campeãs.

Será que Lou tem razão? Ou seja, um mal monstruoso acometeu as mulheres depois que elas tiveram que *cair de boca* no mercado de trabalho, colocando o jogo do amor em estado de

[2] Conforme Lícia Marques: "Xurumela fica entre o choramingar e o blablablá". Uma espécie de nhenhenhém (depoimento).

impedimento? Talvez Lou não se desse conta de algo que tem tendência a se expandir cada vez mais no mercado, conforme os especialistas do assunto. Segundo eles, há uma tendência ao *tornar-se mulher* no campo do trabalho, no sentido que a subjetividade aponta.

Segundo a *Folha de São Paulo* (Negri, 1998), as mulheres se divertem no trabalho — algumas, é claro — e isso é fator de longevidade, porque, conforme sabemos, a mulher de trinta de Balzac não tinha mais nenhuma chance para a vida. Ultimamente tenho escutado que os quarenta são a melhor fase da vida e que as avós de sessenta são gostosas.

O que passa então a importar não é mais a Faculdade que você fez e sim sua formação cultural: "Teatro, cinema, qualquer prazer não satisfaz" (Melodia, 1997, faixa 9). Aquilo que dá estilo. Aquilo que marca um sujeito, que potencializa suas qualidades, dando-lhe condições para inventar saídas, é o que passa a interessar. E Isso tem a ver com o feminino, com o "Intimus", esse lugar, *topos*, que homens e mulheres podem recortar dentro de si, como o mapa da mina.

Agora... que elas estão muito sozinhas é um fato. Inclusive já existe todo um humor em torno dessa situação regida por todas essas mudanças que a reviravolta do século nos fez herdar. Eu, que também me sinto autora dessas mudanças, desejaria que todas nós pudéssemos dar um passo atrás, reencontrar a bola, para com ela voltar a brincar pelo campo do amor.

Nós todos nascemos pedindo. Se mamãe ali não estivesse, morreríamos de fome. Agora, se insistirmos nesse caminho de renomear o feminino com laços e fitas, canetas e delicadezas, fios e computadores, geladeiras cor de rosa, "frágeis badulaques", conforme compôs Zeca Baleiro (Baleiro; Ribeiro, 1999, faixa 10), talvez possamos reencontrar o *swing* do feminino.

Quem sabe, talvez com outras medidas — conforme uma amiga nomeou, "nem tanto" —, mais algum dinheiro e as pedrinhas que indicam a trilha do meu sujeito na bolsa, possamos reconquistar a brejeirice com que o feminino presenteia o mundo. Quem sabe, talvez possamos voltar a dançar, enquanto eles vão atrás da bola...

Referências

AS AVÓS. *Jornal O Estado do Maranhão*, São Luís, 20 set. 2001. Caderno Família, p. 4.

BITTENCOURT, Elisabeth. *A vaidade no feminino.* Maranhão, 1998. Trabalho apresentado no dia dos namorados, na Escola Lacaniana de Psicanálise do Maranhão — 12/06/98.

DIDIER-WEILL, A. *Lacan e a clínica psicanalítica.* Estabelecimento do texto e tradução Luciano Elia, Rio de Janeiro: Contracapa, Jorge Zahar, 1998.

ESTRADA, Dulce Duque. Vivo sem em mim viver. Escola Lacaniana de Psicanálise. *Revista Dizer*, Rio de Janeiro, 9, p. 9-12, mar. 1997.

FERREIRA, Aurélio B. de Holanda. *Novo dicionário Aurélio da Língua Portuguesa.* 2. ed., rev. e aum. Rio de Janeiro: Nova Fronteira, 1986.

HOMEM busca ajuda para salvar a espécie. *Folha de São Paulo*, São Paulo, 14 jun. 1998. Caderno Cotidiano, p. 2.

LACAN, Jacques. *O seminário, livro 20: mais, ainda...* (1972-1973). Versão brasileira de M. D. Magno. Rio de Janeiro: Jorge Zahar, 1985.

MORAES, Rita; FERRAZ, Eduardo. Mulher solteira procura. *Revista Isto é*, São Paulo, 30 jun.1999. Disponível em: <http://www.terra.com.br/istoe/capa/155234.htm>. Acesso em: 20 jun. 2008.

NEGRI, Antonio. A feminização do trabalho. *Folha de São Paulo*, São Paulo, 14 jun. 1998. Caderno Mais!, p. 5.3.

RIEDEL, Dirce Côrtes. *Meias-verdades no romance.* Rio de Janeiro: Achiamé, 1980.

RILKE, R. M. *O livro de horas.* Tradução de Geir Campos, Rio de Janeiro: Civilização Brasileira, 1993.

SALOMÉ, Lou Andreas. *Eros*. Tradução de Manuel Barreto. Leblon: Relógio D'Água, [19–].

TRABALHO prolongou a jovialidade feminina. *Folha de São Paulo*, São Paulo, 16 maio 1999. Caderno Cotidiano.

Fonografia

BALEIRO, Zeca. Muzak. Intérprete: Rita Ribeiro. *In*: RIBEIRO, Rita. *Pérola aos povos*. São Paulo: Polygram, 1999. 1 CD. Faixa 10.

BARROSO, Ary; PEIXOTO, Luiz. É luxo só. Intérprete: João Gilberto. *In*: GILBERTO, João. *Performance*. São Paulo: EMI, 1996. 1 CD. Faixa 15.

BEN, Jorge. Oba, lá vem ela. Intérprete: Jorge Ben. *In*: *Personalidade*. Rio de Janeiro: Philips/ Polygram, 1987. 1 CD. Faixa 4.

———. Por causa de você menina. Intérprete: Jorge Ben. *In*: *Personalidade*. Rio de Janeiro: Philips/ Polygram, 1987. 1 CD. Faixa 1.

CAVALCANTI, Péricles; CAMPOS, Augusto de. Elegia. Intérprete: Caetano Veloso. *In*: VELOSO, Caetano. *Cinema transcendental*. São Paulo: Polygram, 1989. 1 CD. Faixa 6.

JOBIM, Antonio Carlos; MORAES, Vinicius. Garota de Ipanema. Intérprete: Nara Leão. *In*: LEÃO, Nara. *Nara Leão*. São Paulo: Philips, [19–]. 1 CD. Faixa 2.

———. O grande amor. Intérpretes: Paula Morelenbaum, Jaques Morelenbaum e Ryuichi Sakamoto. *In*: MORELENBAUM 2, SAKAMOTO. *Casa*. São Paulo: Universal Music, KA+B, 2002. 1 CD. Faixa 11.

MELODIA, Luís. Congênito. Intérprete: Luís Melodia. *In*: *Luis Melodia ao vivo convida*. São Paulo: Universal, 1997.1 CD. Faixa 09.

———. Ébano. Intérprete: Luís Melodia. In: *Luis Melodia ao vivo convida*. São Paulo: Universal, 1997. 1 CD. Faixa 2.

II° Congresso Internacional de Psicopatologia Fundamental e VII Congresso Brasileiro de Psicopatologia Fundamental. Belém/Pará, setembro de 2006.

A mulher (des)iludida: no meio da vida?

> Certo dia, já na minha velhice, um homem se aproximou de mim no saguão de um lugar público. Apresentou-se e disse: Eu a conheço há muito, muito tempo. Todos dizem que era bela quando jovem, vim dizer-lhe que para mim é mais bela hoje do que em sua juventude, que eu gostava menos de seu rosto de moça do que desse de hoje devastado.
>
> (Duras, 1985, p. 7)

Bela, mas que bela, como era mesmo o nome dela? É assim sem nome que uma mulher pode ficar: bela e sem nome? O belo não a nomeia? Ela fica bela e mesmo assim sem nome?

É que... imersa no assunto do belo, não é propriamente dele que quero falar, mas sei também que com ele se confunde. Mais uma vez, o belo se mete em minhas letras, querendo confundir minha questão, que vem do belo, mas a ele suplementa?

Trata-se de algo da ordem da suplência? Eu confesso a vocês que não sei de nada, apenas estou começando a escrever este texto que beira o belo, mas um outro ponto quer recortar e iluminar: como um enfeite incandescente numa árvore de natal.

Antes do belo vem o tempo, ou melhor, o Meio da Vida, uma espécie de marco zero, mas como assim? No Meio da Vida? E por que não e por que não?

Afinal, que tempo é este: o Meio da Vida? Alguns dizem: mas como você vai mudar a sua vida agora: no Meio da Vida? Outros já dizem o contrário: você ainda está no Meio da Vida, ainda dá tempo...

O certo é que no Meio da Vida a morte nos encena numa tela que, mexicanamente, nos sorri: cores de Frida Kahlo? Mas... ainda dá tempo?

Com o meu analista aprendi que o tempo precisa ser tratado enquanto antecipação: há pressa! Não se trata de precipitação e sim de antecipação. Ponto este que venho tentando nodular em meus trabalhos. Ponto que demarca um antes da tragédia se deflagrar, como em *Medeia*.

Assim, o Meio da Vida traz um tempo em que é preciso se apressar na vida e na clínica... Como sempre, não pode ser na moleza, como se a morte não existisse, muito menos na carreira, na correria, e sim na pressa... Bem... mas o que é *Isso*? De que se trata?

O *Meio da Vida*

O Meio da Vida inaugura-se encenando uma trama em que algo desconhecido chega e confunde, mistura os sentimentos e humores, encobre os sentidos. Algo que parece vir de um território desconhecido, deixando esta mulher que começa a trilhar o Meio da Vida sem pés para tocar o chão — exilada em sua própria terra: "As duas imagens que eu tinha [...], a do passado e a do presente não se ajustavam. Algo estava errado. Este instante mentia: não era ele, não era eu, essa história se desenrolava em outro lugar" (Beauvoir, 1986, p. 40).

O corpo passa a se manifestar a partir de variáveis desconhecidas, demandando a construção de referências — novos saberes — que demarquem a trilha que começa a se desenrolar. Trata-se de um momento que lembra a adolescência: vão acontecendo coisas que não aconteciam antes...

Trata-se então de tecer uma tessitura cujo fio urde um tempo, em cujo final, a morte acena: "Não há meada, só o fio"[1] (Calcanhoto, 1992, faixa 11).

Mas como não estamos no tempo de Antígona — entre-duas-mortes — é preciso trabalho e sorte. Sorte porque se não rasgarmos o véu e desvendarmos o que o tempo da menopausa nos revela, tanto subjetiva quanto culturalmente, estamos perdidas!

Porque... como me disse Dona Maria, lá em Luis Domingues, no meio do mato do Maranhão: "Velha não é mulher! Porque se não, como é que o povo diz: lá vai uma mulher e duas velhas?". É assim que é... Se não tivermos sorte e trabalho, no sentido do *arbeit* freudiano, podemos perder esse estirão da vida que nos resta — antes de que mesmo? Antes de envelhecermos? Antes de a morte chegar...

Marie-Christine Laznik, em seu instigante livro *O complexo de Jocasta*, diz que: "A capacidade para procriar — enquanto existe na mulher — constitui fantasmaticamente obstáculo à morte" (Laznik, 2004, p. 22). A menopausa traz um tempo em que não há mais um "anteparo para a morte", ela está ali, a nos espreitar; mas lembra-nos também do logro das crenças que não querem levar em consideração que, dos 50 aos 70 anos, vamos assim demarcar, ainda faltam pelo menos 20, e nesta conta maluca, se pensarmos que 50 — 20 = 30, então a conta fica bem doida, como Dona Doida de Adélia Prado, porque, afinal, que conta é essa já que ninguém sabe quando vai morrer?

Conta maluca, porque não se sabe o que há de vir! Mesmo assim, fazemos nossas continhas na hora de dar sentido à fantasia

---

[1] Letra da música "O nome da cidade", de Caetano Veloso, cantada por Adriana Calcanhoto, 1992.

que há de vir... Afinal, existe um imaginário prolífero construído para este tempo em que há a interrupção da menstruação. Tal imaginário, por si só midiático, vem promovendo efeitos desde o início dos tempos, carregado por aquilo que o fluxo menstrual em sua estranheza demanda.

Não é só Dona Maria que diz que velha não é mulher; pois se não há um traço simbólico que garanta para uma mulher, em primeiro lugar, que ela será "uma para sempre", e segundo, que ela "é uma mulher", Isso terá consequências subjetivas e culturais. Invenção de histórias, crenças, representações para aquilo que ninguém sabe mesmo o que é: o Meio da Vida de uma mulher.

Dona Maria diz isso porque ela recolhe da tradição o saber que alguns significantes quando a mulher fica velha desaparecem — como o desejo sexual e até mesmo o desejar. Lembro-me de que em Fala-só, um povoado do Maranhão, Dona Sabina, diante da pergunta de como era a vida de quem se sentia velha, assim me respondeu: "Ah! é muito ruim!". Desconfiada, resolvi então lhe perguntar sua idade: "Tenho 30 anos". Acho que Balzac, o da mulher dos 30, morou em Fala-só.

Já Clarice Lispector presenteia-nos com Dona Cândida, que tem 81 anos, personagem que vive mais imersa no seu próprio mundo do que no da família, que vive a dar palpites que ela sabe que não devia fazer isso, que aquilo é besteira, e dona Cândida lá, "nem aí pro seu Souza", somente no mundo das flores, do ar da manhã, e de suas lembranças amorosas e eróticas... O certo é que o seu corpo sexual funcionava e ela não sabia o que fazer com Isso. Resolve então ir ao médico. Envergonhada, pergunta: "Quando é que passa?". "Passa o que, minha senhora?". Dona Cândida tenta esclarecer: "A coisa". E ele responde: "Minha senhora, lamento lhe dizer que não passa nunca". Dona Cândida ainda tenta argumentar: "Mas eu tenho 81 anos de idade!". Num comentário derradeiro, o médico arremata: "Não importa minha senhora. É até morrer. [...] É a vida, senhora Raposo" (Lispector, 1991, p. 75-76).

A resistência ao tema

Algo que fica bem claro desde o início da obra *O complexo de Jocasta* (Laznik, 2004) é a resistência ao tema da menopausa. Psicanalistas, a mídia, as próprias mulheres, todos em uníssono não querem saber nada sobre Isso. Todos são tomados pelo horror.

A reposição hormonal muitas vezes expressa esse horror, dissimulando a falta da menstruação, confundindo-a com a menstruação. O que aparece naqueles famosos dias em que se estava *incomodada* não é mais o fluxo menstrual. Não adianta querer tamponar o tema... O tempo existe e a morte também.

Lembro de um episódio de Freud com o poeta Rilke: "Sobre a transitoriedade" (1916/1974). Os dois passeando por um jardim vislumbram belas flores: "O poeta admirava o belo cenário à nossa volta, mas não extraía disso qualquer alegria. Perturbava-o o pensamento que aquela beleza estava fadada à extinção, de que desapareceria quando sobreviesse o inverno" (Freud, 1916/1974, p. 345). Freud discorda do poeta: "Não deixei, porém, de discutir o ponto de vista pessimista de que a transitoriedade do que é belo implica uma perda de seu valor. Pelo contrário, implica um aumento. O valor da transitoriedade é o valor da escassez do tempo" (*idem*, p. 345). Ou seja: para as flores não dá tempo...

A queda da imagem

"Meu relógio parou? Não. Mas os ponteiros parecem não andar. Não olhar para eles..." (Beauvoir, 1986, p. 9). Permito-me uma licença para uma revelação íntima. Tinha eu 15 anos de idade quando li esta frase, que apenas inaugurava em mim a leitora de Simone de Beauvoir. Foi com ela que percebi, sem me dar conta, que queria escrever.

Esta frase abre uma coletânea de histórias escritas por Simone sob o título de *A mulher desiludida* (1986), em que ela aborda com maestria, beleza e coragem o momento em que o tempo mostra sua fatalidade: ele passa e ficamos mais velhos. Mas... o que Isso significa?

O marcante desta leitura quando a li, foi a indicação de que uma mulher não podia apenas viver para amar um homem: "Eis-me aos quarenta e quatro anos, as mãos vazias, sem profissão, sem outro interesse na vida que você" (Beauvoir, 1986, p. 189).

Mas... é claro, o trabalho, seja ele qual for, inclusive o da sublimação, não abarca todo o ser de uma mulher. É claro que é coisa de suma importância, senão o desamparo seria total. Continua valendo a frase de nossa personagem principal.

Mas... existe uma mulher para além daquela que em mim teve a felicidade de encontrar as letras e a escuta. Ela em mim é aquela que precisa de um olhar Outro que a sustente? Mas... como assim?

Freud e o climatério

Freud cedo escreve sobre a menopausa; chamou-a de climatério. Em 1895, na busca da etiologia da neurose de angústia, postula a abstinência sexual como um *pro-motor* da angústia: "A abstinência consiste no refreamento da ação específica que ordinariamente decorre da libido" (Freud, 1895/1987, p. 107). Isso vai ter consequências psíquicas para os diversos casos de incidência de uma não-satisfação sexual, entre elas, as do climatério.

Observa que tanto no climatério masculino quanto feminino: "não há diminuição da libido" (Freud, 1895/1987, p. 107). Muito pelo contrário: "ocorre um aumento tão grande na produção de excitação somática que a psique se mostra relativamente insuficiente para manejá-lo" (*idem*, p. 108). Como na adolescência, o aparelho psíquico produziria um a mais de libido para que a mulher possa se recolocar psiquicamente neste momento crucial de sua história.

Uma das consequências é que se: "a excitação somática se acumula; é então desviada por outros canais, que se mostram mais promissores em termos de descarga do que a via que passa pela psique" (Freud, 1895/1987, p. 107). Ou seja, prazer no trabalho, no voluntariado, nas caminhadas, na academia. E na cama? Podemos voltar aos tempos da repressão sexual de antes da revolução?

Argumenta ele que se não ocorrer uma descarga sexual: "a libido então termina por soçobrar e a excitação se manifesta subcorticalmente como angústia" (Freud, 1895/1987, p. 107). Ou então: "quando a libido não diminui, ou quando a excitação somática [...] realmente cessa, segue-se toda sorte de coisas que não uma neurose de angústia" (*ibid.*). Ou seja: uma outra série de percalços acontece...

A excitação somática pode então, pela via da regressão, produzir uma psicopatologia em que o corpo adoece e o mal-estar psíquico ganha terreno neste momento da vida. Acrescenta ele:

> a questão do recalcamento intencional do círculo das representações sexuais, à qual a mulher abstinente deve estar atenta com frequência em sua luta contra a tentação. O horror que, na época da menopausa, a mulher em processo de envelhecimento sente diante do aumento indevido de sua libido pode agir de maneira semelhante" (Freud, 1895/1987, p. 108).

Ou seja: "a excitação sexual não consumada" (Freud, 1895/1987, p. 100) tem consequências. Essa afirmação de Freud causa espanto; não é o que o social divulga. Quer dizer então que a perda da libido — tão propalada por aí — não é então a principal responsável pelo afastamento da vida sexual que geralmente acontece com as mulheres no Meio da Vida?

Marcos teóricos

Freud e Lacan me dão o passe para que siga adiante, colocando logo como marco teórico a primazia do falo enquanto significante que nomeia algo ali, onde não está. Em seguida, o campo do masculino que abarca o reino do *um*, primado do código, e o campo do feminino, do *não-todo*, algo ali escapa — falta um que diga de que se trata — mesmo assim enganchado não-todo pela Lei.

A partir daí então posso começar a pensar sobre a queda da imagem no Meio da Vida. É a beleza que se vai? De que se trata?

Uma analisanda de 57 anos me fala de seus cachos de cabelo. Toda beleza nela se concentra neste traço: se seus cachos de cabelos estão belos, ela também estará. É claro que ela também é uma bela, mas se seus cachos de cabelos não estão belos diante do espelho, ela fica "esquisita"; não é feia. Aliás, diz que sempre se sentiu bela. Ela me leva uma foto de quando tinha 9 anos; está lá a bela princesa que ela sempre soube encarnar, até hoje.

Aquilo que quero recortar é parente da beleza — da qual nada sabemos —, mas a ela suplementa, no sentido de que é preciso saber mais. A imagem, enquanto um invólucro imaginário, simbólico e real, me dá um suporte mais afeito ao que quero interrogar.

O que acontece com uma mulher no Meio da Vida, em um momento em que sua existência está florescendo em diversos sentidos e que alguma coisa, que tem a ver com este momento de passagem, atinge a sua imagem narcísica? Aquela que na "Vaidade *no* feminino" ela construiu com graça e foi adiante, toda prosa, mascarada, sabendo que não era a tal, mas era ela, uma dentre tantas, encarnando em seu corpo os encantos e graças que a feminilidade, enquanto mascarada, exige.

Num grupo de mulheres do Rio de Janeiro, que se reunia para estudar, mas muito mais para contar seus espantos da menopausa, numa espécie de *revival* rápido dos tempos do feminismo, uma amiga contou que havia se tornado invisível. Ela passava com graça, como sempre passou, mas ninguém olhava para ela. Uma outra do grupo resolveu pôr à prova esta crença. Um dia no metrô resolveu observar se eles olhavam para ela. Ficou espantada quando constatou que eles não haviam olhado, mas, certa de sua graça, pensou: "Vou me arrumar melhor e tirar a prova". E assim fez, o espelho confirmou sua graça e ela saiu por aí... Eles olharam! Curiosa, perguntei: "e você o que fez?". Ela respondeu: "virei de costas".

O riso explodiu... O chiste havia metido suas caras trazendo o humor: ríamos de nós mesmas. Começávamos bem! Quem sabe um certo supereu mais afável que Freud tira do degredo começava a se iluminar, possibilitando a nós — em fugidios momentos — usufruir da economia psíquica agenciada pelo humor: pouco gasto, disponibilidade para ir adiante. Vantagens de sua maleabilidade que, como diz Freud, tem uma dignidade e rebeldia diferente das outras formações ditas espirituosas como o chiste, o cômico etc...

A condição de faltante

Lacan, com seu texto "O estádio do espelho" (Lacan, 1949/1998), dá consistência à teoria de Freud sobre o falo enquanto uma *Gestalt* deste significante, efeito da assimetria entre os sexos. O júbilo de um primeiro momento deixaria um rastro simbólico, sinalizado pelo falo, no sujeito que dali se constitui.

Tratando-se de uma mulher, e de todas as vicissitudes que ela terá que passar, concordamos com Melman. Uma mulher, por não ter um traço definitivo que a reconheça, vai depender sempre de um Outro que a assegure de seu ser: "A dor essencial, é o caso de dizê-lo, gira em torno da privação do traço que poderia garantir sua feminilidade, protegê-la do capricho do interlocutor, das circunstâncias e da idade" (Melman, 1986, p. 62).

Esse estado de desamparo faz parte de seu périplo. Apenas para lembrar, um dos pontos de Freud que mais causa espanto até hoje é ter considerado durante toda a sua obra o *penisneid* como um patamar a partir do qual a feminilidade pode crescer e aparecer. É a partir desta condição que ela vai precisar aprender a se virar, revirar, ou melhor, lembrando uma canção da infância: "vai ter que aprender a rebolar, rebolar, rebolar..."[2] (Cardoso & Monteiro, 1992, lado 2, faixa 8).

Mas... se sua condição é essa, a de faltante, sem uma marca que lhe diga "eu estou hoje uma mulher". Isso não significa que ela não possa se assenhorear de alguns sentidos, se valer das pedrinhas simbólicas que veio construindo — a partir de seu Édipo — no percurso de sua história. Pedrinhas conquistadas e guardadas na sua bolsa de uso diário.

Como disse minha amiga invisível, eles não olham para ela, mas ela não se acha feia, e não é mesmo; ela diz que tem atrativos. Tais atrativos teriam sido tecidos como uma renda que, ao contornar os buracos, construiu seu Ideal do eu? Insígnias que se colaram em seus pés e que dela ninguém tira? Pés revestidos de renda de bilros?

Uma mulher, então, em seu início de percurso, primeiro vai precisar construir uma imagem narcísica, especular mesmo. Aquela que encontra como resposta um *efeito holográmático*. Alguma coisa que arruma os pedaços da imagem com graça: "Oba, lá vem ela, estou de olho nela" (Ben, 1987, faixa 4).

Ao mesmo tempo, ela não pode se deixar levar por tal imagem holográmática, em que aparece inteira. Trata-se de mais um paradoxo do feminino na Psicanálise: ela não pode acreditar que é a tal e ao mesmo tempo se mascara, fingindo que é. Mas... de que se trata nessa farsa?

A farsa da mascarada

A farsa da mascarada vem do próprio corpo feminino: quanto mais velado, fetichizado, mais desejado? Como se fosse constitu-

---

[2] Letra da música "Tem que rebolar" de José Batista e Magno de Oliveira cantada por Elizeth Cardoso e Ciro Monteiro, 1992.

ído de uma matéria heterogênea que contém em si um entreaberto que ora se mostra — pelo buraco de uma fechadura — ora se esconde — envolto em uma renda —, fazendo entrever um mistério cujo desvendar inclui divisões psíquicas e uma multiplicidade de posições no campo do sexual?

A mascarada é efeito de uma divisão radical em que uma mulher, mesmo não sendo uma, vai precisar se dividir. Em quantas? Naquela que tem prazer na vida, que conhece o gosto da sublimação, da beleza e do horrível, o suor do trabalho, a dor de existir e em tantas outras como a mascarada: uma mistura de bobinha com sabida, de seduzir ao se deixar seduzir, pronta para enganar e ser enganada.

Para o jogo do amor e do desejo — este impossível que me persegue — rolar, o fundamental, a despeito dos ditos feministas, é que a falta esteja na gira, que um precise do outro, mas ao mesmo tempo, digo eu, prescinda dele: "Se entregar de corpo e alma ou de corpo com alma?" (Bittencourt, 1999).

Estas que suportam a condição de ser no feminino, trilha estruturada por eixos que sinalizam as diversas posições sexuais que precisarão sustentar, quem são elas? Seres meio extraterrenos que suportam tudo Isso em nome do amor? "Em todo o caso, a prevalência numa mulher da demanda de amor justifica-se pela preocupação de ser reconhecida como uma, ou mesmo única (isto é, 'a' uma)..." (Melman, 1985, p. 62).

É porque é fundamental para uma mulher ser amada, ter o reconhecimento de um outro, é para não ficar sem o amor que as mulheres que saíram às ruas para fazer a revolução sexual continuam insistindo nas interrogações sobre o amar. Cometemos muitos equívocos, o maior de todos era a suposição de que éramos iguais aos homens. Cruz credo! Já pensou deixar de ser mulher? Outro, era a suposição de que se nos fizéssemos de objeto de desejo perderíamos nosso sujeito, ficando assujeitadas eternamente a este lugar de objeto que se transveste para um outro? Ou seja, não existiríamos.

Essa questão era muito desesperadora para que nos déssemos conta de que é próprio do jogo erótico uma dinâmica que tem na farsa um de seus fundamentos. Como no amor de transferência? Será que, por mais espantoso que pareça, uma mulher pode se fazer parecer no lugar de objeto para um homem e, ao mesmo tempo, estar sustentada por um eixo próprio que lhe garanta ocupar, mais adiante, o lugar de sujeito?

Foi preciso que escutássemos o eco grave que ressoava das queixas das mulheres de todas as faixas de idade que jogavam em nossa cara a seguinte pergunta: de que adianta sermos independentes, gostosas, interessantes e inteligentes, se estamos tão sozinhas? Somente essa queixa que ecoou em decibéis foi capaz de nos despertar a perguntar se tantos atributos, afinal, não tamponavam a feminilidade — que tem no masoquismo um traço constitutivo, como me disse uma vez Madeleine Gueydan.

O amor precisa da falta para alimentar sua ilusão do Um e o desejo precisa da falta para se constituir. Como pode se dar então um encontro se ninguém precisa de ninguém, conforme o preceito dos tempos atuais. Não somos, todos, totalmente demais?

Para Lacan, a divisão de uma mulher é constitutiva de sua feminilidade, uma espécie de atestado de sua posição feminina, não-toda no campo do sexual. No *Seminário 11* ele dá o estatuto de simbólico à mascarada: ela seria capaz de simbolicamente oferecer sua falta a um outro que ocupa o lugar do masculino — ele tem o falo — e gozar com *Isso* (Lacan *apud* Laznik, 2004, p. 78). Lacan, ao abordar as pulsões parciais, destaca o terceiro tempo do circuito pulsional: o do "se fazer objeto da pulsão de um Outro" (*ibid.*).

E se colocamos na roda a mãe que a mulher também é, recortamos ainda um outro eixo estrutural que vem se destacando nos tempos atuais, depois que o feminismo junto com Simone de Beauvoir quis colocar a maternidade como um desejo subalterno.

As moças quando chegam aos trinta ficam logo preocupadas: é hora de se decidir, se não, pode não dar tempo...

Isso sem falar, já falando, na cisão que também acontece com a sexualidade masculina que divide as mulheres em putas e santas e, o que é mais tortuoso: o desejo de querer reunir em uma as duas. Será que existe Uma que suporte as duas? Isso é possível? Ou tal encarnação seria apenas uma das faces da mulher ideal, construção fantasmática, atrás da qual, todos corremos atrás?

Para encerrar este item, engrossando o caldo das interrogações, transcrevo palavras de Marie-Christine: "Algumas mulheres sabem deixar o falo imaginário no campo do Outro, mesmo quando o adquirem" (Laznik, 2004, p. 69). Mas... como assim?

É possível sustentar a feminilidade no Meio da Vida?

No Meio da Vida há a perda da fertilidade que, se já não parece tão importante, como dizem algumas, se constitui enquanto uma representação que só uma mulher pode encarnar em um terreno estruturalmente escorregadio, onde faltam traços de identificação. É neste tempo que vai acontecer a perda dos efeitos daquela "imagem hologramática" que lhe garantiam a graça de passar com graça como a garota de Ipanema passava?

> Menos eu me reconheço em meu corpo, mais me sinto obrigada a me ocupar com ele. Está a meus cuidados e eu o trato como a um devotamento aborrecido, como a um velho amigo meio desgracioso, meio diminuído, que tivesse necessidade de meus préstimos (Beauvoir, 1986, p. 20).

Na menopausa, as pedrinhas simbólicas que viemos esculpindo pelas trilhas — nos identificando ora aqui, ora ali — desarrumam-se: "Isso parece com o que em matemática chamamos de corte, esse número que não tem lugar em nenhuma das duas séries que separa" (Beauvoir, *apud* Laznik, p. 96). Entretanto, se as pedrinhas desarrumam-se, mesmo assim estão lá presentes, fazendo parte do jogo.

Se uma mulher, como diz Lacan, pode "ultrapassar seu *penisneid*" se fazendo de objeto para um homem, jogando o jogo da mascarada e sabendo que é o olhar dele que a significa; no Meio da Vida, como lembra Marie-Christine, "esse corpo glorioso, fálico, conhece também uma detumescência; a do processo de envelhecimento tão inquietante para as mulheres que souberam jogar com essa mascarada feminina" (Laznik, 2004, p. 77).

Segundo ela, "é apenas no momento da menopausa que o problema da liquidação do complexo de Édipo vai se colocar para muitas mulheres. Até ali as promessas edipianas podiam se sustentar e o Édipo da menina permanecer" (Laznik, 2004, p. 68). Isso já indica a novidade da experiência que está por se inaugurar. As perdas desse tempo aniquilariam a chance de a mascarada aparecer? Ela não tem mais os fetiches necessários para atrair o desejo?

Colocaremos em foco, descartando outras vias, aquelas mulheres que no Meio da Vida apostam na possibilidade de continuar no jogo erótico. Como permanecer neste jogo sem a graça da garota de Ipanema? Tal graça teria sua fonte apenas na imagem graciosa da juventude?

Sabemos de mulheres que se encontram fora de qualquer padrão estético e mesmo assim têm a potência de atrair o olhar do Outro. Sabemos de outras que sempre foram belas e nem por isso conseguem se ver no brilho fálico do olhar do Outro.

Ou seja, como era de se esperar, a possibilidade de uma mulher continuar a encenar o erótico não está somente na graça da Garota de Ipanema e sim alhures, no plano do simbólico. Isso sem deixar de colocar o registro do imaginário no lugar relevante que ele merece. Nós, mulheres, sabemos o efeito devastador de se olhar no espelho e perguntar: de quem se trata?: "Como meu corpo é desgracioso! Desde quando? Em minhas fotos de há dois anos, eu me acho agradável" (Beauvoir, 1986, p. 220).

Lacan nos diz que aquilo que vacila na imagem de si que não é reconhecida vem do Campo do Outro (Lacan, 1962-1963/2005, p. 135). O Outro não atesta o reconhecimento da imagem, fazendo com que a mulher no Meio da Vida experimente o que Lacan nomeia como desrealização. Algo ali não se realiza, não há uma configuração, só sensações dismórficas. Como diz Melman, há uma: "Privação do traço que teria podido assegurar a coesão de uma imagem de si, inquieta e exposta a extravagantes sensações dismórficas" (Melman, 1986, p. 62).

Essa desrealização no campo do feminino ganha um patamar psicopatológico que vai se configurar no dia-a-dia. Traz à cena uma psicopatologia desconhecida e ao mesmo tempo conhecida, que atualiza os momentos já vividos de crise e desamparo. Não podemos esquecer que estamos num terreno muito escorregadio de marcas simbólicas que, no momento do Meio da Vida, vão ser colocadas em xeque.

É hora de apontar os pilares das possibilidades de seguir adiante, bordejada por Eros, e recorrer às pedrinhas que, desde a "Vaidade *no* feminino" (2000), ela vem guardando na bolsa de uso diário. Recursos, expedientes construídos a partir de um meio saber de si. Marcas advindas do olhar de desejo e reconhecimento da mãe; da identificação fálica com o pai; da estruturação do ideal do eu. Boias de salvação simbólicas nestes mares de águas revoltas (Bittencourt, 2000).

Marie-Christine, em seu passeio pela obra de Simone de Beauvoir, recorta de sua obra os momentos em que Simone experimenta a sensação de envelhecer. Já aos 27 anos, coincidindo com o momento em que Sartre vive um *affair* com Olga, semelhante à Dona Sabina do povoado de Fala-Só, Simone vive a angústia de envelhecer:

> Eu tinha uma outra preocupação: eu envelhecia. Nem minha saúde nem meu rosto sofriam com isso; no entanto, de vez em quando, me queixava de que tudo em torno de mim perdia a cor; não sinto mais nada, eu gemia. Ainda era capaz de "transes" e,

> no entanto, tinha uma impressão de irreparável perda (Beauvoir, *apud* Laznik, 2004, p. 92).

A "impressão de irreparável perda" é velha conhecida das mulheres. Desde cedo nos deparamos com ela, mas por que será que Simone a associa com uma velhice inusitada que não maltrata nem a "saúde" nem o "rosto"?

Aos 48 anos, novamente, Simone fala do sentir-se velha: "voltar a ficar só depois de ter conhecido a vida de casal, mas também porque estava velha. Dali por diante eu ficaria só pelo resto da minha vida" (Beauvoir, *apud* Laznik, 2004, p. 92). Não é à-toa que esse momento coincide com o momento em que sua relação com Lanzman termina. Ou seja: os dois momentos de desamparo da mulher Simone coincidem com a cena do abandono do olhar do Outro.

Esta cena aflitiva, "de irreparável perda", em que uma mulher, por não ter um traço que a constitui, não tem como manter uma configuração de sua feminilidade nos momentos em que o olhar do Outro falha, vacila, faz com que ela caia no buraco dos sentidos sem sequer uma palavra para se dizer. É quando ela deixa de ser "a uma" para um Outro que cai na falta radical de sentido, seja na juventude ou no Meio da Vida. Será preciso invocar então a potência do simbólico e as vicissitudes do campo do objeto *a*.

O campo do objeto *a*, em sua relação com o Outro, coloca-nos cara a cara com o patamar da angústia. É desse lugar de causa inapreensível iluminado pelo olhar do Outro que uma mulher pode atestar sua feminilidade: "O olhar desse Outro confere a essa mulher — como objeto *a* — um valor fálico" (Laznik, 2004, p. 94). Mas... é hora de terminar este texto, deixando para um só-depois as questões que no final dele me demandam mais trabalho...

Assim... se a desrealização da imagem narcísica é arrasadora no Meio da Vida, Isso significa que nós, mulheres, vamos precisar invocar — mais uma vez — a potência do simbólico e tecer — ressignificando nosso tradicional ofício de tecelã — uma nova rede de significantes que vão permitir a construção de representações que bem digam de nosso desejo bordejado por Eros. É claro que se trata apenas de uma aposta; quem quiser cair na roda, vai viver as vicissitudes do momento. Trabalho não vai faltar; há muito mistério a se desvendar...

Para terminar, mais uma vez, homenageando o povoado de São Cristóvão, em Viana, Maranhão, transcrevo palavras de Dona Deuzarina: "Aqui em São Cristóvão são as velhas que têm o rojão". Eu, quando ficar velha, é pra lá que eu vou...

Referências

BEAUVOIR, Simone. *A mulher desiludida.* Tradução de Helena Silveira e Maryan A. Bom Barbosa. Rio de Janeiro: Nova Fronteira, 1986.

BITTENCOURT, Elisabeth. *Se entregar de corpo e alma ou de corpo com alma?* Trabalho apresentado no V Fórum Brasileiro de Psicanálise. Psicanálise e Desamparo. Coordenação geral: Círculo Psicanalítico de Pernambuco. Recife/PE, 1999.

———. *A vaidade no feminino.* Trabalho apresentado no dia dos namorados, na Escola Lacaniana de Psicanálise do Maranhão — 12/06/98.

DURAS, Marguerite. *O amante.* Tradução de Aulyde Soares Rodrigues. Rio de Janeiro: Nova Fronteira, 1985.

FREUD, Sigmund. Sobre os fundamentos para destacar da neurastenia uma síndrome específica denominada "neurose de angústia" (1895). *Edição standard brasileira das obras psicológicas completas de Sigmund Freud*, vol. III. Tradução sob a supervisão de Jayme Salomão. Rio de Janeiro: Imago, 1987.

———. Sobre a transitoriedade (1916). *Edição standard brasileira das obras psicológicas completas de Sigmund Freud*, vol. XIV. Tradução sob a supervisão de Jayme Salomão. Rio de Janeiro: Imago, 1974.

LACAN, Jacques. (1949). O estádio do espelho como formador da função do eu. *Escritos*. Tradução de Vera Ribeiro. Rio de Janeiro: Jorge Zahar, 1998.

———. *O seminário, livro 10: a angústia* (1962-1963). Tradução de Vera Ribeiro. Tradução de M. D. Magno, Rio de Janeiro: Zahar, 2005.

———. *O seminário, livro 11: os quatro conceitos fundamentais da psicanálise* (1964). Tradução de M. D. Magno. Rio de Janeiro: Zahar, 1979.

LISPECTOR, Clarice. *A Via Crucis do corpo*. Rio de Janeiro: Francisco Alves, 1991.

LAZNIK, Marie-Christine. *O complexo de Jocasta. A feminilidade e a sexualidade sob o prisma da menopausa.* Tradução de Sandra Regina Felgueiras. Rio de Janeiro: Companhia de Freud, 2004.

MELMAN, Charles. A mulher não existe: leitura das fórmulas de sexuação. Tradução de Analice Palombini. *Che vuoi?*, nº 0, Porto Alegre, 1986.

Fonografia

BEN, Jorge. Oba, lá vem ela. *Personalidade.* Rio de Janeiro: Philips/ Polygram, 1987.

CALCANHOTO, Adriana. O nome da cidade. *Senhas*. Rio de Janeiro: Columbia, 1992.

CARDOSO, Elizeth. MONTEIRO, Ciro. Tem que aprender a rebolar. *A bossa eterna de Elizeth e Ciro.* Rio de Janeiro: Copacabana, 1992.

Capítulo 2

O sagrado e a cultura popular

1ª Ciranda de Psicanálise e Arte promovida pela Escola Lacaniana de Psicanálise do RJ no Museu Nacional de Belas Artes. Rio de Janeiro, setembro de 2003.<

Quando os cazumbás saem por aí...

O Olimpo dos gregos abre a cena apresentando uma teodiceia fértil, em que os deuses habitam o mundo dos humanos.

É pela fala grega que os deuses aparecem reluzentes, cheios de ecos, anunciando a visão que o horror e o belo consagraram da existência humana — transfiguração de "pavores e sustos da existência" (Nietzsche, 1977, p. 201).

Memoriais do horror e do inescrutável que nos ronda no dia-a-dia.

É do mundo intermediário olímpico — do reino do entre — que os gregos tiram o substrato para suportar — ao mesmo tempo — o terror que o absurdo do viver fulgura, e a revelação da eterna alegria, que do fundo a vida nos anuncia, transitória e poderosa, iluminando a tragédia do estar no mundo.

A tragédia de *fazer parte* desse espetáculo desejante que a vida, por anunciar a morte, "resplandece", como diz Lacan (1959-1960/1988, p. 354), fazendo ecoar um travo de amargor que insiste em se insinuar na mais tenra felicidade.

Fio do horror que traz em sua rabiola — saltitante como uma pipa colorida de papel no ar — o horrível. Haveria alguma coisa de belo no horrível?

O horrível traz à cena a estranheza que inquieta. Abre Outro umbral de sensações. Ilumina sombras, suportes, máscaras de que o sinistro precisa para poder se "monstrar"... (Didier-Weill, 1987, p. 11).

O sinistro ganha uma possibilidade de ganhar uma forma, incipiente, mas mesmo assim uma forma, capaz de trazer à tona o que de mais estranho há em nosso "intimus", que em seu superlativo quer dizer o mais interior, profundo, secreto, recôndito, que atua no interior (Ferreira, 1986, p. 961).

Se o belo traz o sentido do absoluto numa sensação que se sente una, harmônica, esférica — experiência que corresponde, que afirma o belo, dissociado do horrível —, a experiência do estranho fissura essa unidade, revelando a falha que o imaginário quer esconder.

Freud, ao recortar o conceito de *unheimlich*, o "estranhamente familiar", expõe uma estética em que o belo perde sua primazia se conjugando com o horrível, trazendo à cena o equívoco (Freud, 1919/1976, p. 277).

O horrível, fruto do equívoco que o "estranhamente familiar" traz, expõe a fenda do inconsciente, divide, duplicando o eu, apresentando um outro patamar do sentir: o horror, como preferem os antigos, ou o terror, como preferem os armamentistas.

Diante do horror, o único recurso possível é o grito, um "som ligeiramente dolorido" (Cunninghan, 2003, p. 50) que ecoa no silêncio do dia. Somente o som do horror ecoa diante do emudecimento do ser que nesse instante padece do significante. A palavra falta...

O equívoco passa a ser então esse lugar topológico que "oculta e desvela o horrível em um só tempo". Lugar de inseminação de interrogações: um querer saber do "enigma da semelhança" e da "diferença do avesso" (França, 1997, p. 131-132).

A arte, este campo de produção ficcional, teima em apostar que é possível criar... rendinhas face ao vazio, como no hipopótamo de Salvador Dali ou em qualquer outra coisa, tanto faz, representações em torno do vazio.

A arte, que se alimenta de equívocos, vive a buscar olimpos, suportes, seres inventados, seres falantes que suportem sustentar a voz dos deuses, aquela que o cristianismo quis exterminar, conforme Lacan anunciou no seminário da ética (Lacan, 1959-1960/1988, p. 314).

No Olimpo da cultura afro-maranhense surge um ser inventado do reino do entre — entre os espíritos e os humanos —, o Cazumbá.

Efeito do equívoco que o "estranhamente familiar" promove no belo, surge esse personagem que, apesar de existir "pra brincar" — como disse "seu" Abel[1], mestre na arte de cazumbar —, ilumina no outro um olhar, uma inquietação, amálgama que reluz uma nuance sinistra, que nos ameaça e nos alegra ao mesmo tempo! (Freud, 1919/1976, p. 277).

Mas... como diz seu Abel, disso ele não sabe não. Para ele, o Cazumbá foi feito pra fazer graça...

E como fui eu que vi, vou precisar me explicar, mas não muito, porque, se explicar muito, é "seu" Abel quem diz, corro o risco de "perder a noção da coisa", que perdida já está. Afinal, a coisa da arte só não pode ser representada por Outra coisa?

Inusitado, nem homem, nem mulher, nem bicho, nem coisa, o Cazumbá é "inédito e é pra brincar". A sua graça vem desse lugar que usa uma "careta" que não se diz totalmente. Nem macho, nem fêmea. Nem bicho, nem gente.

[1] Abel Teixeira nasceu em 19 de novembro de 1939, artista que faz a "careta" do Cazumbá.

O Cazumbá é mais um que habita o reino do entre, entre os humanos e os animais. Entre-duas-mortes. Esse "entre" fomenta a fascinação que habita o campo de transição: entre os homens e os espíritos. Transição dos humanos para o mais-além do saber (Lacan, 1959-1960/1988, p. 327).

De uns tempos para cá, o Cazumbá ganhou o mundo, e as pessoas insistem em querer desvendar seu enigma. Seu Abel, como "não viu o começo", só sabe explicar que o Cazumbá é "pra brincar"; dessa história de espírito que vem da palavra de origem ele não sabe não.

Cazumbi, Zumbi, Nzumbi. Originário do Kibundo Nzumbi (macrogrupo etnolinguístico Bantu), é um espírito que se supõe estar pelo mundo participando com os vivos (Lody, 1999, p. 6).

Mais uma vez, "seu" Abel diz que fui eu que vi que Cazumbá é para fazer graça, daí a careta: "A gente não pode fazer uma graça sem ter uma careta". Ele insiste: "o Cazumbá é pra fazer alegria e medo nas pessoas que estão assistindo, essa história de esprito são eles que dizem".

O Cazumbá provoca nos outros uma espécie de encantamento em que o enigma se conserva: espaço de ficção recheado pela angústia. Não conseguimos decifrar aquela imagem, que se beneficiou do caráter tosco e irregular das máscaras africanas, que nos aparece, inusitada, juntando elementos aparentemente tão dessemelhantes.

A distorção da expressão anatômica e facial da careta do Cazumbá faz com que algo da ordem do estranho se pinte. A brincadeira passa a ser então o espaço topológico que permite uma passagem para a ordem intermediária: entre os humanos e as forças desconhecidas que nos rodeiam.

É isso, essa que é a brincadeira. O Cazumbá, por não ser decifrável, tem na estranheza sua potência. Potência de representar imagens, de colocar em cena o jogo do enigma da semelhança e do avesso da diferença.

O nosso eu, que pensa que é o tal, se assusta. Se assombra. São os fantasmas que habitam o reino do dentro de cada ser. O fantasma de dentro, aquele que cada um de nós criou para traçar sua própria trilha, neste mundo belo e difícil de se achar, num certo lugar.

Mas voltando ao Cazumbá, este, por ser arte, produção da cultura afro-maranhense, revela um estilo. Pegada identificatória que promove circulação no espaço da Brincadeira da nação Brasil. Segundo Hermano Vianna: "Nesse espaço, tudo circula: pedaços de melodias, versos, instrumentos musicais, detalhes de indumentária; trechos de encenações teatrais". (Viana, 2003).

Artefatos da arte popular, matéria-prima na produção da Brincadeira. Brincadeira é uma nomeação que o povo deu aos "folguedos populares, folias, autos e festas". Quem comemora nas praças, ruas e ladeiras da nação Brasil sabe o que é festejar a vida nas ruas, se misturando com os vagabundos que vivem em torno das cidades (Viana, 2003).

O espaço da Brincadeira, como em Rabelais, dissolve as distâncias, permite a entrada dos excluídos, estica os limites do suposto real do cotidiano. Fissura o absoluto, transgride.

Homens podem ser mulheres, mulheres brancas podem se sentir negras pela escravidão do trabalho, gente pode virar animal, Cazumbá pode aparecer para assustar e alegrar. É como diz seu Abel: "Quem dá sentido é o outro. Eu faço a careta, acho que parece com um cachorro, mas não digo nada. Aí quando alguém fala: 'olha, parece um cachorro', aí eu começo a latir"[2].

Com isso, seu Abel já me deu a dica de que, na Baixada Maranhense, o de que se trata é de um estilo que se faz, no qual a troça e a provocação dão o tom da brincadeira. A maneira como cada povo cria a sua arte — e a geografia importa —, quando se trata de recortar territórios culturais da Brincadeira.

[2] Fragmento da entrevista feita com Abel Teixeira.

Uma coisa seu Abel não pode negar: a "careta" do Cazumbá vem da arte negra, berço de onde ele vem, lá de Lajedo, povoado de Viana, Baixada Maranhense, onde o que não falta é magia e brincadeira, e muita, muita arte...

Falta pão, não falta magia que ressoa no corpo, efeitos da percussão dos tambores num corpo que é também brasileiro.

Como falar de um corpo que é também brasileiro? Ou seja, um corpo que já nasceu num certo embalo, da mãe que embala e do ritmo que nossa cultura faz pulsar? E isso só para lembrar que por lá é tempo, todo ano tem, de pandeirões, tempo do bumba-meu-boi, bumbá.

Um corpo que nasce nesse caldeirão de ritmos se particulariza na cultura universal. Joãozinho Trinta (1985, p. 24-25), num encontro com psicanalistas, disse que os que se envolvem de perto com a dança popular possuem seu corpo. Ou seja, não são possuídos pelo corpo. Ou melhor, não são despossuídos.

O Cazumbá existe então para presentificar que nós, os seres humanos, somos feitos de uma mestiçagem de substâncias tão heterogêneas quanto aquelas que constituem nosso corpo. Esse corpo que parece não se acomodar bem nele próprio.

Mas o que o Cazumbá quer mesmo presentificar é a arte, no sentido da catarse, pura descarga, efeito de alegria, meio de produção que por aqui e lá é abundante. Às vezes penso que esta é mais abundante com aqueles que não têm quase nada a perder. Mas sempre concluo que isso é romantismo meu.

O Cazumbá, essa figura especial, nascido na Baixada Maranhense, serve de suporte para dar "forma aos nossos terrores e nossos desejos", cumprindo assim o que Picasso dizia ser o sentido próprio da arte (Picasso *apud* Golding, 1974, p. 158).

Só que — e isso é importante — ele se faz de uma matéria-prima em que a troça, a alegria, a provocação, os tambores e a dança, é claro, são o seu fermento, presenteando-nos com aquilo que há de mais ético num artista: seu estilo.

Para terminar, quero revelar que o maior gosto que o Cazumbá me dá é a possibilidade de me surpreender. De me lembrar da infância, tempo em que a surpresa de viver constrói o cotidiano. Nós, herdeiros da idolatria do saber, tentamos tamponar aquilo de que a surpresa se alimenta: a falta de saber que nos constitui.

Nós, brasileiros, o que podemos então — além de fazer samba nas limitações — é tecer uma disponibilidade interna para a surpresa. Despossuídos de um certo saber, talvez possamos conservar aquilo que considero uma ética para o próximo milênio, a possibilidade de se espantar.

Em um mundo onde a exclusão dos que estão fora do mercado passa a ser uma necessidade do próprio mercado, que reina absoluto, nada mais espanta.

Ainda bem que existem os cazumbás, que, rodopiando, nos prometem que no próximo milênio vão continuar a nos espantar. O espanto é a nossa esperança para o futuro...

Referências

CUNNINGHAM, Michael. *As horas.* São Paulo: Cia. das Letras, 2003.

DIDIER-WEILL, Alain. *Fim de uma análise, finalidade da psicanálise.* Tradução de Vera Ribeiro. Rio de Janeiro: Jorge Zahar, 1987.

FERREIRA, Aurélio B. de Holanda. *Novo dicionário Aurélio da Língua Portuguesa.* Rio de Janeiro: Nova Fronteira, 1986.

FRANÇA, Maria Inês. *Psicanálise, estética e ética do desejo.* São Paulo: Perspectiva, 1997.

FREUD, Sigmund. O estranho (1919). *Edição standard brasileira das obras psicológicas completas de Sigmund Freud*, v. XVII. Tradução sob a supervisão de Jayme Salomão. Rio de Janeiro: Imago, 1976.

GOLDING, John. *Picasso y el surrealismo: Picasso 1881-1973.* Barcelona: Gustavo Gili, 1974.

LACAN, Jacques. *O seminário, livro 7: a ética da psicanálise* (1959-1960). Tradução de Antonio Quinet. Rio de Janeiro: Jorge Zahar, 1988.

LODY, R. *Cazumbá. Máscara e drama no boi do Maranhão*. Museu do Folclore Edison Carneiro, Rio de Janeiro: Ministério da Cultura, 1999.

NIETZSCHE, Friedrich W. *O nascimento da tragédia no espírito da música / O belo autônomo*. Organização e seleção de textos Rodrigo Duarte. Belo Horizonte: UFMG, 1977.

RABELAIS, François. *Gargantua*. Tradução de Aristides Lobo. Rio de Janeiro: Ediouro, s/d.

TRINTA, Joãozinho. *Psicanálise Beija Flor: Joãozinho Trinta e os analistas do colégio*. Rio de Janeiro: Taurus, 1985.

VIANA, Hermano. *Ser outra coisa*. Disponível em: <http://www.mundoaocontrario.com.br> Acesso em: 12 fev. 2003.

V Ciranda de Psicanálise e Arte promovida pela Escola Lacaniana de Psicanálise do RJ na PUC. Rio de Janeiro, setembro de 2007.

Celebrando o sagrado e o erotismo lá... pelas terras do Maranhão

Como disse dona Clotilde em São Cristóvão, terra de herança sem partilha[1], lá em Viana, Maranhão: "O negócio é apurar o critério; nada dessa coisa de pertença, não" (depoimento)[2]. Dona Clotilde diz que, em vez de os brincantes do bumba-meu--boi apurarem o critério, ser, como disse seu Apolônio do boi da Floresta, "um dos melhores", já que o "melhor de todos", segundo ele, "não existe", ficam criando polêmica, porfiando: "Porfiar é aquele que quer chegar primeiro, é aquele que quer vencer uma demanda, é aquele que quer ser o bonitão..." (depoimento)[3].

Essa historinha resolveu principiar meu trabalho, talvez, quem sabe, para abrir as portas do sentido que esse cenário míti-

[1] "Esse grupo, ao conceber a terra como um meio de produção que deve ser usufruído comunalmente, resiste à ideia de partilhá-la individualmente. [...] eles resistem porque, assim, o grupo perderia um dos fundamentos principais que lhe dá identidade e coesão interna: o direito de uso comunal pelos incluídos na categoria da irmandade" (Bittencourt, 1985, p. 126).

[2] Mulher camponesa do Maranhão.

[3] Mulher camponesa do Maranhão.

co, como diz Ferreira Gullar ao falar do Maranhão, me faz vislumbrar. Leva-me de volta para o batuque que vem lá do Maranhão. Com ele, aparece a economia política e libidinal que organiza a vida de comunidades que resistem a formas de convivência mais contemporâneas em que o sonho do consumo dá a tônica do dia. O sonho de consumo persiste, mas o que acaba vencendo mesmo é aquilo que veio dos antepassados: "Isso não pode acabar!".

Dona Mana conta: "Minha vó era escrava e entonces quando os brancos se arretiraram, depois da libertação, dia 13 de maio, venderam pras partes que eram escravos dele. Os pretos se juntaram, quem deu galinha deu, quem deu porco deu, tá vendo?, e compraram o lugar aqui" (depoimento)[4]. Essa é mais uma história das "terras de preto"[5] do Maranhão; o que importava mesmo quando a conheci era saber por que o título dessa terra não teria se perdido como em outras terras próximas de São Cristóvão?

A resposta veio rápida. O que enlaçou as três famílias-tronco de negros de São Cristóvão até os dias atuais, conservando o título de propriedade das terras, foi a sua particular história, enganchada em uma cultura cheia de riqueza e tradições. Isso é o fundamento, sem Isso o povoado em que são "as velhas que têm o rojão" entristece: "O fundamento de São Cristóvão vem da tradição, é por isso que temos que levantar a festa. Essa parte antiga é que eu quero recuperar" (depoimento)[6]. As festas enganchan esses camponeses pretos em sua própria história. É Isso que vale!

A atualização das tradições tem no modo de produção familiar a criação de condições para que aquilo que traz o "funda-

[4] Mulher camponesa do Maranhão.

[5] Os lavradores de São Cristóvão, desde o inicio da pesquisa, se chamavam e eram conhecidos na região como pretos. Suas terras eram chamadas de "terra de preto", que equivalia na região às "terras de herança sem partilha". Esse significante preto caiu num certo desmerecimento. Hoje em dia, quando falo por aí desta experiência, sou questionada pelo uso das nomeações: camponês e preto.

[6] Camponês do Maranhão.

mento" se mantenha, renove-se, agregando outras influências como o *reggae*, que, às 4 horas da manhã, num som alucinantemente alto, seduzia: "Venham, ainda dá tempo para você encontrar um amor". Promove as condições materiais para que a história da comunidade se reavive, celebrada pelas festas que quase todo mês tem: "Só não tem no carnaval, porque morreu o filho de Laurentino. Essa tristeza nunca mais largou a gente" (depoimento)[7].

O modo de produção familiar privilegia a sobrevivência, que inclui alguns confortos como geladeira, bicicleta e televisão em menos da metade do povoado. Eles se excluem e são excluídos do mercado de consumo. Incluem-se naquilo que nomeiam como progresso: "De lá para cá, a brincadeira progrediu".

Como se diz por lá: "Nós vivemos da roça". É o trato com a terra através das várias fases da roçagem que vai determinar o tempo de trabalho, permitindo uma temporalidade própria que dá condições à comunidade de lavrar a terra para comer e ainda fazer circular uma economia própria — que inclui a bolsa-família para cem por cento da população —, reatando em cada festa os laços com o passado de glórias, sempre dado pela qualidade e originalidade de sua cultura popular. O bumba-meu-boi de lá tem um sotaque peculiar e está entre os grandes. Durante os festejos eles são contratados pelo governo para brincarem na capital. É aí que dona Clotilde aponta bem no meio da ferida de todos nós; aí, em vez de apurar o critério, nós porfiamos...

Tempo de trabalho e tempo de festa

O trabalho e as festas recortam o tempo e o espaço em São Cristóvão. É o trato com a terra através das várias fases da roçagem, da queimada à colheita, que vai determinar o tempo de trabalho. Como disse seu Tibério num trabalho antigo: "Tra-

[7] Mulher camponesa do Maranhão.

balho escravo é do operário que tem o tempo governado pelo patrão. O camponês não; tem o tempo mais livre para chafurdar com a imaginação" (depoimento)[8]. Dou-me conta hoje de que esse "chafurdar com a imaginação" abre um tempo e um espaço para que algo da subjetividade compareça não só na imaginação, como diz seu Tibério, como também no estilo de viver dos pretos de São Cristóvão. Chafurdar com a imaginação abre uma brecha para que aquilo que é da ordem do sagrado se chegue, se apresente, manifeste-se.

Há então um tempo de trabalhar e um tempo de celebrar que se abre às manifestações do que enlaça o povo de São Cristóvão: sua história, sua organização política e econômica, que se mantém meio à margem do Estado, apesar da Bolsa-Família e suas festas que, como disse seu Inácio: "São famosas na região".

A roça, apesar de ser um trabalho duro, exaustivo a ponto de ser motivo para migrar para a cidade, não ocupa muito o tempo do camponês: depois de plantar o arroz, ele volta para limpar aqui e ali e depois para a colheita, que envolve vários tipos de contrato de trabalho. O que conta mesmo na economia de São Cristóvão não são as parcas moedas de ouro que esse trabalho rende e sim a celebração de suas festas em que as obrigações são cumpridas à risca, na lei do mandante do boi, conforme seu Ticoco me disse: "No boi tem que ter mandante, senão cada um puxa para um lado".

Tempo disponível, espaços marcados, começamos a delinear o guarnicê do sagrado que insiste em ser erótico, aproximando a santa do sensual, apresentando esse inconciliável que Bataille insiste em traçar: "a unidade de paixões inconfessáveis" (Bataille, 1987, p. 7). Trata-se de adotar como ângulo o erotismo. E como cenário: São Cristóvão?

---

[8] Camponês do Maranhão.

O erotismo

Georges Bataille nomeava-se filósofo, santo, louco, ou ainda como aquele "que pensa da maneira como uma menina tira a roupa. Na extremidade de seu movimento, o pensamento é o impudor, a própria obscenidade" (Lethier, 2007). De 1916 a 1962 não cessou de escrever narrativas, artigos, estudos teóricos. Uma das tríades de seu pensamento versa sobre o erotismo, o sagrado, a morte.

Publica *O erotismo* em 1957, nas edições Minuit. Escrita que foca o erotismo com uma luz lancinante: "O ser, com frequência, parece dado ao homem fora dos movimentos da paixão. E eu direi mesmo que nunca devemos imaginá-lo fora desses movimentos" (Bataille, 1987, p. 12). Veremos o quanto ele é fiel a essa ideia.

É com a paixão dos homens que então teremos que nos haver. Esta trilha já nos coloca à beira do transbordamento como Lacan ilumina no seminário da ética, referindo-se a Antígona. Logo Bataille nos joga em paradoxos mergulhando nosso pensamento em águas revoltas: "se é verdade que o erotismo se define pela independência do prazer erótico e da reprodução como fim, o sentido fundamental da reprodução não constitui menos a chave do erotismo" (Bataille, 1987, p. 12).

É a partir da reprodução sexual e da morte que Bataille quer demonstrar a continuidade dos seres com a morte e seu poder de fascinar, que, segundo ele, domina o erotismo:

> A reprodução coloca em jogo seres descontínuos. [...] Cada ser é distinto de todos os outros. Seu nascimento, sua morte e os acontecimentos da vida podem ter para os outros certo interesse, mas ele é o único diretamente interessado. Só ele nasce. Só ele morre. Entre um ser e outro há um abismo, uma descontinuidade (Bataille, 1987, p. 12).

Com uma simples frase ele expressa os decibéis dessa violência: se você morre, não sou eu que morro. A descontinuidade é total e a solidão, absoluta! Isso nos fascina e marca nossa sina:

“Este abismo, num sentido, é a morte, e a morte é vertiginosa” (Bataille, 1987, p. 13). Mas... para nós que somos seres descontínuos, a morte traz o elo da vida: “põe em jogo sua continuidade” (*ibid.*).

Há então uma passagem fugaz da descontinuidade à continuidade; o rebento ao mesmo tempo é descontínuo: “mas traz em si a passagem à continuidade, a fusão, mortal para cada um deles, dos dois seres distintos” (Bataille, 1987, p. 14). Carregamos o véu — lembro de Medeia — de uma “nostalgia da continuidade perdida” comandada por três formas de erotismo: o erotismo dos corpos, dos corações e o do sagrado (*idem*, p. 15).

A violência da morte que desde cedo se anuncia inaugura um campo de saber que precisa ser desvelado, ou melhor, violado, como Bataille enuncia. O erotismo tem escavado nele uma verdade secreta? E para chegar até ela é necessário ir “ao coração do ser?” (Bataille, 1987, p. 16). E onde é que fica este lugar?

Trata-se de um lugar que abriga “os movimentos do erotismo” e como diz Bataille: “o excesso ilumina o sentido do movimento” (Bataille, 1987, p. 18). O excesso apresenta o monstro humano, no qual não queremos nos reconhecer, colocando em cena uma violência primária que anima a festa dos excessos eróticos, tão comum aos nossos dias: “Essencialmente, o domínio do erotismo é o domínio da violência, o domínio da violação” (*idem*, p. 16). A morte é a constatação inexorável do domínio da violência: “que nos arranca da obstinação que temos de ver durar o ser descontínuo que nós somos” (*ibid.*). Este seria o protótipo do monstruoso que nos cerca e nos habita!

Segundo Bataille, a fascinação fundamental na passagem ao desejo é a morte. O desejo de Outra coisa, a dissolução do que está constituído: “Digo: a dissolução dessas formas da vida social, regular, que fundam a ordem descontínua das individualidades definidas que nós somos” (Bataille, 1987, p. 18).

A violência escancara a desordem do humano. Mostra outra coisa, ilumina o monstro que nos habita: "Sem uma violação do ser constituído — que se constitui na descontinuidade — não podemos imaginar a passagem de um estado a outro" (Bataille, 1987, p. 16). A vida, portanto, está aí, para ser fustigada, desestabilizada, na tentativa de abrir o campo das possibilidades de uma Outra coisa...

Trata-se então de criar recursos — nem que sejam precários como a fala ou ilusórios como as paixões concretas — para fazer todo elo possível com aquilo que é da ordem da continuidade. O erotismo dos corpos, com suas substâncias heterogêneas e seus líquidos sumarentos, carrega seu peso: "Ele guarda a descontinuidade individual, e isto é sempre no sentido de um egoísmo cínico" (Bataille, 1987, p. 18).

O erotismo dos corações, mais leve que o dos corpos, mas a ele ligado, desenha a paixão como uma sina, que pode ser mais violenta que o desejo que atravessa os corpos. A paixão, como a morte, quer a dissolução dos seres; com sua fúria ela implanta a desordem dos afetos, aproximando-nos daquilo de que os humanos mais dizem fugir: o sofrimento psíquico. Segundo Bataille, a essência da paixão venturosa "é a substituição de uma descontinuidade persistente por uma continuidade maravilhosa entre dois seres" (Bataille, 1987, p. 19).

O erotismo do sagrado traz a possibilidade de uma experiência única. Sua única exigência é a fé. É preciso acreditar sem duvidar! Representa o esforço mais bem-sucedido de assegurar uma espécie de continuidade libertadora. Livre do peso dos corpos e dos corações, a alma voa e, como diz uma sentinela cantada num enterro de um líder sindical no Maranhão, ela abre as portas do céu: "Lá vai uma alma voando toda cercada de luz. Vai voando e vai dizendo. Abre as portas meu Jesus" (Wagner e Santos, [198–], p. 31).

A experiência do sagrado seria uma tentativa de: "substituir o isolamento do ser, a sua descontinuidade, por um sentimento de continuidade profunda" (Bataille, 1987, p. 15). Seus recursos são aqueles que os dominicanos já listaram: "São pedras, ervas, bosques, animais, cantos, instrumentos musicais, juntos mais adiante sob o nome genérico de 'ervas e músicas', *melio ancor*. Metade natureza, metade música, assim é a feitiçaria", diz Clément (Clément e Kristeva, 2001, p. 162).

O interdito e a transgressão

O trabalho, segundo Bataille, distingue o homem do animal. Aliás, o trabalho ocupa um lugar de destaque em seu universo teórico — de uma genialidade ainda desconhecida —, servindo de lume não só para as obscuridades do sagrado, como também para questões que envolvem políticas econômicas bastante atuais. Ao mesmo tempo, os humanos impuseram-se restrições, traçando assim uma cartografia de interditos que revelam a matéria humana. Interdições "sobre a atitude para com os mortos" e, ainda, limites à sexualidade: "Ele escapou trabalhando, compreendendo que morria e passando da sexualidade livre à sexualidade envergonhada de onde nasceu o erotismo" (Bataille, 1987, p. 29).

O interdito e a transgressão, este par de inconciliáveis que porfiam a possibilidade de um e de outro, não são suficientes, conforme Bataille, para o conhecimento do erotismo; como na Psicanálise, é exigida a experiência que nomeia como interior, antecipando um outro ensaio seu: *A experiência interior*.

No entanto, a realização dessa dupla experiência — o interdito e a transgressão — é rara: "Mas a transgressão difere da 'volta à natureza': ela suspende o interdito sem suprimi-lo. [...] Aí esconde-se o suporte do erotismo e se encontra, ao mesmo tempo, o suporte das religiões" (Bataille, 1987, p. 33).

Uaau... Vamos por partes. Bataille enuncia que a transgressão — conforme ecoa por aí — não é a volta à natureza. Não se trata de uma feitiçaria: metade natureza, metade música. O mundo do trabalho, desde sua origem, cria marcos de representação que separam o homem da natureza, apesar de que, para os índios, a coisa não role assim.

Em seguida, Bataille revela suas afinidades teóricas: suspender sem suprimir, suprimir conservando, esta é a lei desse duplo — o interdito e a transgressão —, trazendo a lógica da *Aufhebung* de Hegel que inspira a denegação freudiana. A transgressão suspende o interdito para que alguma coisa passe por baixo desse afrouxamento e se realize, mas isso não significa que no mundo dos falantes a coisa fique totalmente solta por aí...

O que ocorre é que há uma profunda cumplicidade da lei e de sua violação, "[...] conciliando coisas cujo princípio é inconciliável, o respeito à lei e a violação, o interdito e a transgressão" (Bataille, 1987, p. 34). De duas, uma, ou o interdito age e a experiência da transgressão não tem como se realizar, ou como diz Bataille, ela: "[...] só se realiza casualmente, permanecendo fora do campo da consciência; ou não age: dos dois casos, este é o mais desfavorável" (*ibid.*).

Bataille argumenta que para a ciência e para a Psicanálise esta experiência não se justifica na medida em que é tomada como da ordem do *pathos*:

> [...] na medida em que o imaginamos doentio, nele vemos um mecanismo exterior que penetra em nossa consciência. Esta maneira de ver não suprime a experiência, mas lhe dá um sentido menor. Assim, o interdito e a transgressão, se são, se são descritos, o são como objetos, o são pelo historiador — ou pelo psiquiatra (ou pelo psicanalista) (Bataille, 1987, p. 34).

A experiência então, nestes casos, realiza-se com certo distanciamento, como não convém. Sabemos que o passe de entrada numa experiência exige entrega e pouca resistência. Segundo Bataille, a experiência do interdito e da transgressão não pode ser encarada à distância e sim dentro de nosso íntimo: esse lugar interior que é tão interior que é desconhecido. Finaliza com a sentença: "Devemos encará-lo como o movimento do ser em nós mesmos" (Bataille, 1987, p. 35).

A topologia de Bataille considera que o campo de batalha dos interditos ocorre dentro do ser: "os interditos não são impostos de fora" (Bataille, 1987, p. 35). Sentimos seus efeitos de angústia quando transgredimos, sobretudo quando ainda estamos literalmente assaltados pela dúvida: cedo ou não? No entanto, sabemos que essa topologia é pobre de recursos quando estamos no campo do psíquico, terreno propício a construções de interdições. Para a Psicanálise já nascemos marcados pela história dos desejos parentais que antecedem a nossa existência. Somos marcados por uma espacialidade em que o dentro e fora se comunicam como uma Banda de Moebius.

O efeito de angústia seria então a prova de fogo da existência do interdito: por algum motivo ele está lá. A transgressão, digamos assim, bem-sucedida é aquela que, realizada, sustenta o interdito "para dele tirar prazer" (Bataille, 1987, p. 36). Essa experiência nos aproximaria daquilo que Lacan destaca como função ética do erotismo?

> É na medida em que se sustenta o prazer de desejar, isto é, para dizer com todo o rigor, o prazer de experimentar um desprazer, que podemos falar da valorização sexual dos estados preliminares do ato do amor. [...] Esse ato, essa fusão, jamais podemos saber se se trata de união mística, de reconhecimento distante do Outro, ou de outra coisa (Lacan, 1959-1960/1988, p. 189).

Sem saber de que se trata nessa outra coisa, entrevejo a experiência da criação que também exige a passagem pelo desprazer em nome do que ela vislumbra. Podemos aproximá-la desse estado de desprazer que Lacan recorta com a angústia que persiste na transgressão?

Bataille lembra-nos que: "A experiência interior do erotismo exige de quem a pratica uma sensibilidade bem maior ao desejo que levou a infringir o interdito que à angústia que o funda" (Bataille, 1987, p. 36). Perguntaria então com Lacan: "O que se trata de projetar assim é uma certa transgressão do desejo?" (Lacan, 1959-1960/1988, p. 189). Esta sensibilidade que excede ao desejo encontra espaço para expandir-se quando se articula com o sagrado, ponto topológico que acrescenta um-a-mais aos afetos.

O sagrado e o profano

Para o sagrado guarnicê[9] em meu texto vou precisar alumiar junto com Bataille outro duplo paradoxal — o sagrado e o profano: "O mundo profano é o dos interditos" (Bataille, 1987, p. 63). E eu que pensava que era o contrário! Segundo ele: "O mundo sagrado abre-se a transgressões limitadas. É o mundo da festa, dos soberanos e dos deuses" (*ibid.*).

Para Bataille, o sagrado e profano são duas formas de manifestação que complementam o mundo do trabalho. A dificuldade dessa concepção consiste em que o sagrado designa ao mesmo tempo duas coisas opostas — é fonte de interdição e de transgressão —, incluindo ainda seu objeto: "De uma maneira fundamental é sagrado o que é objeto de um interdito" (Bataille, 1987, p. 63). A mulher do próximo, por exemplo?

Se o interdito e a transgressão fazem parte do sagrado, incluindo aí o objeto da interdição que é o próprio sagrado, onde se situaria o mundo profano de Bataille? "Só o aspecto econômico dessas oposições permite introduzir uma distinção clara e apreensível dos dois aspectos" (Bataille, 1987, p. 64). Para minha

9 "É o momento de reunir, preparar, juntar os brincantes para começar a brincadeira, o instante em que o apito do amo começa a tocar, simbolizando os últimos ajustes da organização dos integrantes, momento de cada brincante se posicionar dentro do cordão e cortejo de entrada da brincadeira, é a integração dos participantes na formação da brincadeira". Depoimento de Juliana Manhães.

surpresa — apesar de São Cristóvão —, o mundo do trabalho é o espaço profano em que a obediência aos interditos, às regras, garante a produção e a acumulação dos recursos necessários à existência.

Surpresa com a minha surpresa, lembro que em São Cristóvão tal distinção era fácil de encontrar. Por lá havia o tempo de cultivar e o tempo de festejar, alternância que impunha um tempo de trabalhar na roça e um tempo de celebrar. Entretanto, conforme eles mesmos diziam, a festa era uma obrigação para o santo, coisa muito séria e importante. De qualquer jeito, na festa não se trabalha na roça, trabalha-se para a festa, momento de apogeu em que a arte popular transfigura camponeses em imperadores do Divino.

O sagrado

Vozes negras cortam o espaço. Vozes negras me carregam. Mas como assim? Existem vozes negras? Penso logo: de novo meu etnocentrismo? Mas não adianta, vozes negras vindas do ronco da laringe me carregam para um tremular de sensações que beiram... não sei o quê. Seria o sagrado?

Mas por que vozes negras? Uma bela moça branca, tomada pela devoção e cheia de talento, se arrisca a entrar nessa roda. Ela canta. Uma voz branca brilha no ar. Mas como assim?

As mulheres negras insistem. Quanto mais elas cantam, mais acho que estão próximas ao sagrado. Não é o religioso. É o sagrado. Mas como assim?

Alguma coisa que permite cruzamentos, sobredeterminações: o corpo, a sexualidade, o sentir e o sentido? Aquelas mulheres se entregam. Não é à-toa que Freud fala do continente negro como o continente da feminilidade. Desde Medeia que elas usam o poder do sagrado. De novo o feminino?

As caixeiras tocam caixa — esse instrumento que chama o sagrado — e cantam para o Divino. Um estranho invade a cena. Alguma coisa que não se pode dizer, inapreensível, apenas intuída pela experiência. Seria efeito do sagrado essa estranheza que inunda o espaço, preenchendo-o, mas sustentando a falta? Falta, no mínimo, um sentido?

Etimologicamente o sagrado é aquilo que não se pode tocar. Elas tocam caixa. Transmitem uma forma de sagrado rara de se transmitir. Restos daquilo que sobrou do mundo antigo dos deuses. Lacan, no seminário da ética, argumenta que as leis não escritas dos deuses e que o cristianismo quis exterminar são cruéis, e elas resistem num certo lugar do mundo. Ele diz que o de que se trata é de geografia e de exotismo. Não há como escapar do exotismo, quando se vive do lado debaixo do Equador?

Voltando às caixeiras. Elas resistem... Catherine Clément escreve: "[...] imagino uma predisposição particular nas mulheres negras, creio pressentir nelas um acesso fulminante ao sagrado, análogo ao de suas primas afro-brasileiras [...]" (Clément e Kristeva, 2001, p. 13). As Caixeiras do Divino[10], no Maranhão, tocam em sua terra natal esta desordem sagrada que veio da África e que no Brasil se mestiçou com os santos católicos. Insistem em transmitir um sagrado que veio dos antepassados. O Maranhão é um reduto do mundo antigo. Não é à-toa que em São Cristóvão o mundo do trabalho recorta o tempo e o espaço para que o sagrado domine o cotidiano da comunidade.

Como diz Lacan (1959-1960/1988), é uma questão de latitude ou longitude. Basta girar o globo e chegar num país chamado Brasil para encontrar aqueles que pelo "transe" oferecem seu corpo, para que o divino se manifeste pelo concurso de suas vozes arranhadas e roucas, efeito de uma laringe bloqueada em que o canto parece escapar pelos lados...

[10] "Dentre os muitos festejos que fazem parte da cultura popular do Maranhão, a festa do Divino Espírito Santo se destaca como um dos mais importantes, por sua ampla difusão e pelo impacto que tem sobre a população. [...] Entre os elementos mais importantes da festa do Divino estão as *caixeiras*, senhoras devotas que cantam e tocam caixa acompanhando todas as etapas da cerimônia. As caixeiras [...] são em geral, mulheres negras, com mais de cinquenta anos [...]". (Pacheco; Gouveia; Abreu, 2005, p. 2).

Segundo Lacan, a transmissão do sagrado que resta do antigo mundo dos deuses vai depender da

> [...] *epopsia* da qual participaram, o que quer dizer iniciação, no sentido que possui esse termo no mundo antigo, designando cerimônias muito precisas durante as quais se produzem esses mesmos fenômenos que no decorrer dos tempos — e ainda atualmente sobre a superfície do globo — pode-se encontrar sob a forma de transes ou de fenômenos de possessão, em que um ser divino se manifesta pela boca que dá, digamos assim, seu concurso (Lacan, 1988, p. 314).

Ele pergunta: o que aconteceu com essas vozes que os cristãos quiseram calar, estas que vinham dos deuses? O que substituiu essas leis? Seria o desejo enquanto transgressão? O mal natural das coisas? De que se trata? Não sei, mas ouso junto com Lacan sustentar a interrogação: de que se trata, afinal?

As leis dos deuses trazem o excesso de Bataille, alastrando a violência e o erotismo em suas cercanias. Elas veiculam aquilo que se deve evitar, sob o risco de transbordarem e se transporem para um outro eixo em que os deuses, através de iniciados, ainda possam se manifestar.

As festas e o sagrado

Para chegarmos à festa, instante culminante da celebração do sagrado, com a quebra de várias interdições — ainda mais no Maranhão, que imita as homenagens ao deus Dionísio — vamos precisar dizer algo do divino, que guarda em si o poder de fascinar. Como diz Bataille, o divino "é o interdito transfigurado" (Bataille, 1997, p. 64). Transfigurado em luz? Talvez a sua aura venha daquilo que Mircea Eliade adota como uma designação precária — *hierofania* — e que apenas quer dizer: "[...] que algo de sagrado se nos revela" (Eliade, 2001, p. 17).

Ao sagrado não se tem um acesso direto, mas ele veicula uma vibração. A coisa sagrada se "designa negativamente" pelo interdito que ganha poderes espalhando o medo e o terror da cólera divina (Bataille, 1987, p. 63). Tememos o sagrado. Diante desse *mysterium tremendum* "o homem tem o sentimento de sua profunda nulidade [...] de não ser senão cinza e pó", como no Gênesis (Eliade, 2001, p. 16).

Esse sentimento de medo e terror "transforma-se em última instância em devoção; transforma-se em adoração" (Bataille, 1987, p. 63). Adoramos os deuses que tememos. Estamos então "em um mesmo tempo submetidos a dois movimentos: o terror, que intimida, e a atração, que comanda o respeito fascinado" (*idem*, p. 64).

Mais uma vez Bataille quer que achemos vias transversais de mão dupla; "movimentos contraditórios": se, por um lado, o interdito intimida, Isso produz fascinação, introduzindo a transgressão. Fica mais fácil a partir daí vislumbrar sua afirmação de que: "A transgressão não é a negação do interdito, mas o ultrapassa e o completa" (Bataille, 1987, p. 59).

A transgressão traz o excesso. A violência passa a comandar o espetáculo, mas não destrói "[...] o mundo profano de que ela é o complemento" (Bataille, 1987, p. 59). Como diz Bataille, não é só o ciclo produtivo e conservador do mundo do trabalho que existe. A economia já traz nela a necessidade de destruir, de desperdiçar...

Todo verão tem...

A festa é o ponto culminante do sagrado. É o sacrifício e a possibilidade de infração; ao mesmo tempo, traz a possibilidade da vida ordenada pelos interditos do mundo do trabalho. Depois da festa, tudo pretende voltar ao normal.

A última vez que fui à festa do Divino em São Cristóvão, mais uma vez espantada com os excessos da carne, me deparei com a questão: Isso termina como? Ao chegar em casa me dei conta de que havia esquecido a mala no povoado. Haja amor! Precisei então telefonar para Andrelina, a quem perguntei: "E aí, a coisa já acabou?". Ela me respondeu em um tom suspiroso, aliviado: "Graças a Deus. A caixa já parou, o povo já parou de beber, agora, só no próximo verão".

A festa é a prova de que há uma parentalidade entre o ato de amor e o sacrifício, testemunho da existência da carne. Como diz Bataille: "A carne é esse excesso que se opõe à lei da decência" (Bataille, 1987, p. 86). O erótico libera os "órgãos pletóricos" que suplantam as medidas razoáveis, exigindo gastos excessivos: "Uma violência que escapa ao controle da razão anima esses órgãos, distende-os até o limite máximo e, de repente é a felicidade que se atinge ao ultrapassar essa desordem" (*ibid.*).

Pelo ângulo do erotismo, a festa representa o tempo da licenciosidade: "No plano propriamente religioso, ela é particularmente, o tempo do sacrifício, que é a transgressão do interdito [...]" (Bataille, 1987, p. 239). Mas... interdição de quê? Pergunta difícil de ser respondida. Bataille arrisca alguma resposta: "Se há interdito, é, a meu ver, de alguma violência elementar. Essa violência é dada na carne que expõe o jogo dos órgãos reprodutores" (*idem*, p. 86).

No fundamento do erotismo está a experiência da violência que eclode quando a carne entra no jogo. É a sexualidade transfigurando o ser. Dona Bibi, ex-dançarina de Tambor de Crioula, patrimônio imaterial da humanidade, que se converteu à religião evangélica, impossibilitada de dançar, contou-me que quando ouvia um tambor "troar" e ela não podia dançar: "as carnes tremiam tudinho".

As festas populares trazem a possibilidade dessa explosão que alivia os corpos, além de incluir também outra dádiva, que é o pagamento de promessas pelas graças alcançadas, o que significa, ao mesmo tempo, o perdão pelas infrações cometidas. A graça alcançada é a prova do perdão. O apaziguamento inunda o ser com uma felicidade grande. Seria essa a mágica desse circuito que o sagrado enquanto suporte do erotismo promove? São os efeitos da fascinação agindo sobre o sujeito que crê.

A sensação de dever cumprido fecha esse circuito que, no Maranhão, se transmite de geração para geração, garantindo a continuidade perdida, fonte do erotismo do sagrado: "É aí que está nossa força", diz seu Diomar, fiel depositário dos documentos da terra e da valorização das tradições.

A última vez que eu e ele nos encontramos foi no São João, ocasião em que o Boi de São Cristóvão apresentava-se na capital. Na hora em que fui me despedir, disse para ele: até a próxima. Seu Diomar, todo vestido de branco, promessa antiga, assim me respondeu, surpreendendo-me de novo: "Até a próxima, lá no teatro Municipal do Rio de Janeiro, quando o boi se apresentar".[11]

Referências

BATAILLE, Georges. *A noção de despesa. A parte maldita.* Tradução de Julio Castañon. Rio de Janeiro: Imago, 1975.

———. *O erotismo.* Tradução de Antonio Carlos Viana. Porto Alegre: L&PM, 1987.

BITTENCOURT, Elisabeth. São Cristóvão: terra de preto. Lavradores da Baixada Maranhense em terras de herança sem partilha. Relatório final da pesquisa apresentado à CÁRITAS Regional do Maranhão. Maranhão: CÁRITAS, 1985, 129 p.

CLÉMENT, Catherine. KRISTEVA, Julia. *O feminino e o sagrado.* Tradução de Rachel Gutiérrez. Rio de Janeiro: Rocco, 2001.

ELIADE, Mircea. *O sagrado e o profano.* A essência das religiões. Tradução de Rogerio Fernandes. São Paulo: Martins Fontes, 2001.

11 Após a leitura do texto, Juliana Manhães, Brincante, Atriz-Performer, Dançarina, Pesquisadora, Arte Educadora e integrante do Núcleo de Folguedos Brasileiros — As Três Marias (RJ) — realizou uma performance com uma Caixa do Divino, instrumento que dá a marca e o tom das festar do Divino no Maranhão.

LACAN, Jacques. *O seminário, livro 7: a ética da psicanálise* (1959-1960). Versão brasileira Antonio Quinet. Rio de Janeiro: Jorge Zahar, l988.

LETHIER, Roland. *Bataille com Lacan*. Disponível em <http: //www.scielo.br/scielo.php.?script>, Acesso em: 10 set 2007.

MAUSS, Marcel. *Sociologia e Antropologia*. Vol. II. Tradução de Mauro W. B. de Almeida. São Paulo: Universidade de São Paulo, 1974.

PACHECO, Gustavo; GOUVEIA, Cláudia; ABREU, Maria Clara (Pesquisa e Textos). RAMOS, Albani; ABREU, Maria Clara; PACHECO, Gustavo. *Caixeiras do Divino Espírito Santo de São Luís do Maranhão*. Rio de Janeiro: Associação Cultural Caburé, 2005.

WAGNER, Alfredo; SANTOS, Murilo. *Passamento*. Maranhão: SMDDH, [198–]. 42 p.

V Jornadas de Direito e Psicanálise a partir do Caçador de pipas de Khaled Houssein, promovidas pelo Núcleo de Direito e Psicanálise do Programa de Pós-Graduação em Direito da Universidade Federal do Paraná. Curitiba, junho de 2008.

O caçador de relâmpagos[1]: onde está o sagrado?

À minha mãe, que me infundiu o gosto pelo sagrado...

Começo a minha busca por um incerto caminho. Quero caçar sentidos que cerquem o sagrado. Cerco frouxo porque o sagrado, além de não se dizer, vive solto por aí à procura daqueles que a ele se submetam.

Para começar... Minha trilha vai em direção à África, continente negro, com o qual Freud compara a própria feminilidade. Es-

---

[1] Achei essa expressão "caçando relâmpagos" numa entrevista que a jornalista Juliana Monachesi fez com o artista plástico Cildo Meireles que, diante da pergunta sobre como era sua rotina de trabalho, disse que caçava relâmpagos: "É o primeiro momento de qualquer fato que te desperte a atenção, te emocione, te intrigue, que é indefinido, que não tem contornos [...]". O CAÇADOR de relâmpagos. *Folha de São Paulo*, São Paulo, 22 dez. 2002. Caderno Mais, p. 3.

tamos juntamente com Catherine Clément, numa vila chamada Popenguine, a uns trinta quilômetros de Dacar, Senegal, berço da cultura africana: "O sol no zênite, ao meio-dia, quarenta graus à sombra, céu cor de anil" (Clément e Kristeva, 2001, p. 11).

Uma missa é rezada por vários bispos senegaleses. O momento é de pompa e tradição. Celebração à Virgem negra do povoado. Autoridades estão presentes. A missa é católica, com todos os paramentos e incensos que o ritual pede. De repente, Catherine Clément escuta "um urro estridente na multidão": uma mulher grita, berra, se agita (Clément e Kristeva, 2001, p. 11). Catherine pensa que deve ser uma desgarrada que não resistiu ao recalque do berço, tempos em que o mundo animista e seus deuses dominavam a cena africana.

Súbito, um inusitado: um enfermeiro de branco adentra pela cerimônia com um ar oficial, amarra a ovelha desgarrada e a leva na maca. Para onde? Para onde? Dez minutos depois a cena se repete e outra desgarrada é atada e levada. E numa espécie de temporalidade rítmica, a cena se repete, se repete e se repete. O mesmo tom, a mesma tessitura: "Amarradas, não cessam de berrar, uma após a outra, em cânone. O que na verdade estão dizendo bem no meio de uma missa?" (Clément e Kristeva, 2001, p. 12).

Um estranho invadiu a cerimônia religiosa. A missa é claro que é sagrada: "Nada lhe falta, nem casulas, nem turíbulos, nem coral" (Clément e Kristeva, 2001, p. 11). Catherine pergunta: "Por que então tenho a impressão de que esses gritos dessas mulheres introduzem uma forma de sagrado diferente dessa missa católica? [...] Que é que procuram expressar essas manietadas com seus berros?" (*idem*, p. 12).

Eu não sei. Só sei que Catherine mexe com a minha fantasia. A África negra dos deuses não é uma só. As mulheres que são atingidas nesta missa católica fazem parte de uma minoria religiosa. No Senegal de hoje 90% da população é muçulmana. Os pregadores muçulmanos e os colonizadores portugueses chegaram juntos, ainda no séc. XV.

Essas mulheres, com seus gritos operísticos e plangentes que ecoam pelo continente negro, representam uma parte da população marginalizada: "São jovens africanas leigas, muitas vezes com crianças nos flancos" (Clément e Kristeva, 2001, p. 12), esse gesto tão comum no Maranhão. As atingidas são aldeãs e trabalham como empregadas domésticas na capital, como as bretãs, que chegavam a Paris em busca de trabalho, ainda no século XIX, nos tempos em que foi promulgada a lei da vagabundagem e os vagabundos eram recolhidos e levados, para onde mesmo? Elas são pobres.

Sim, mas não existem mais os deuses africanos na África? É claro que sim! Segundo Catherine: "Todas as religiões monoteístas na África guardaram quase intacto seu passado animista" (Clément e Kristeva, 2001, p. 13). Alá é adorado pelos mulçumanos, ao mesmo tempo que se invocam os encantados, cantando o *Bismillah*, que quer dizer "Em nome de Deus": "Asperge-se sangue no iniciado após o batismo cristão. Ninguém se incomoda com isso, e os *djins* — entidades benfazejas ou maléficas — convivem sem problema com o deus único" (*ibid.*).

O que dizer então desta cena inusitada que não parece caber nos cânones oficiais de uma missa cristã? Esses gritos eletrizantes invocam um outro sagrado mais antigo que o de um rito monoteísta? O fato de elas serem as mais exploradas da sociedade senegalesa, e analfabetas, dá a elas uma predisposição maior de aceder a este sagrado deslocado que parece vir de um outro lugar? É uma questão de classe social, de origem, de etnia, de sexo? "É preciso que aquilo saia de alguma forma, e, faltando a educação, o lugar da expulsão é o do sagrado. Ou o do crime. Ou dos dois também acontece" (Clément e Kristeva, 2001, p. 17).

O sagrado toma as mulheres *sereres* da vila de Popenguine. Uma revolta súbita atravessa o corpo e grita? Mas... o que quer dizer esse grito que precisa rapidamente ser atado? Quando se vive numa nação pobre, analfabeta, sendo mulher *serere*, camponesa ou empregada doméstica, tem-se motivos para berrar a plenos pulmões numa missa católica no coração da África?

Não se pertence ao partido dos poderosos, nem à maioria mulçumana, além de que também não se pertence ao sexo, que, como diz Catherine, "domina a nação" (Clément e Kristeva, 2001, p. 17). Trata-se de um grito de revolta? Alguma coisa se desencaixa, se desloca, transpassa o corpo e pronto, elas são tomadas por um sagrado que engendra urros de indignação?

Todos hão de concordar que motivos não faltam para que um ser falante, atravessado e dividido pela linguagem, e ainda mais sendo uma mulher, aproveite uma brecha e urre de indignação.

A missa propicia com seus incensos, seu coro feito de ecos das vozes roucas da primeva África, que, repentinamente, alguma coisa force uma passagem e o buraco se abra: "Saiu! Quem irá se opor? Nem as correias nem o clero. O grito é irresistível e existe para isso" (Clément e Kristeva, 2001, p. 17).

O sagrado e o feminino

Não se trata de religião, nem de ateísmo. Trata-se de querer saber da "experiência que as crenças ao mesmo tempo abrigam e exploram, no cruzamento da sexualidade e do pensar, do corpo e do sentir" (Clément e Kristeva, 2001, p. 8). Assim, Julia Kristeva, psicanalista e escritora, anuncia sua questão colocada logo na introdução do livro *O sagrado e o feminino* que reúne a correspondência dela e de sua escolhida, Catherine Clément, escritora que transita entre a Psicanálise, o cinema e a Antropologia. Julia, em Paris, convida Catherine, que escreve de Dakar, África, para escreverem cartas sobre o sagrado e o feminino.

Julia quer saber se há alguma predisposição afortunada que faz com que as mulheres caiam com uma maior facilidade na *gira*, e se deixem tomar por algo que ela quer nomear como um sagrado desgarrado dos cânones. Catherine aceita a provocação e a correspondência se faz.

É claro que nesse cerco de interrogações, a pretensão é apenas a de levantar questões, trazer à cena rastros apagados pelo tempo, demarcação de fronteiras. Trata-se de abrir o baú do desconhecido. Trata-se de querer saber da questão a partir dos temas do debate: o sagrado e o feminino.

O sagrado

Como diz Mircea Eliade: "O homem toma conhecimento do sagrado porque este se manifesta" (Eliade, 2001, p. 17). Como as mulheres *sereres* de Popenguine no Senegal? Como as índias do bumba-meu-boi do Maranhão que na homenagem a São Pedro caem no chão em transe?

Ao sagrado, não se tem um acesso direto, mas como diz Julia Kristeva: "[...] a palavra sagrado veicula uma vibração melodramática ou histérica" (Clément e Kristeva, 2001, p. 19). É com essa vibração que seguimos adiante tentando caçar relâmpagos, *flashes* de luz e pensamentos que delineiem sentidos para o sagrado.

Mircea Eliade designa precariamente esta vibração melodramática por *hierofania* — que quer dizer: "[...] que algo de sagrado se nos revela" (Eliade, 2001, p. 17). Bataille diz que: "A coisa sagrada se 'designa negativamente' pelo interdito (Bataille, 1987, p. 63). É o interdito que dá poderes ao sagrado, promovendo uma vibração, espalhando o medo e o terror da cólera divina. Diante desse *mysterium tremendum*, "[...] o homem tem o sentimento de sua profunda nulidade [...], de não ser senão cinza e pó", como no Gênesis (Eliade, 2001, p. 16).

No entanto, se tememos o sagrado, esse sentimento de medo e terror "transforma-se em última instância em devoção; transforma-se em adoração" (Bataille, 1987, p. 63). Ficamos assim "em um mesmo tempo submetidos a dois movimentos: o terror, que intimida, e a atração, que comanda o respeito fascinado" (*idem*, p. 64). Nada mais atrativo para aqueles que habitam o campo do feminino. Campo do feminino? De que se trata?

O corpo da mulher e a divisão psíquica

O corpo de uma mulher é um estranho cruzamento. Suas vias são quase sempre transversas e indiretas. Sabe-se sempre muito pouco desse desdobramento psíquico que uma mulher pode arquitetar. Obstáculos ao amor. Gozo com o próprio obstáculo. Gozar pela impossibilidade de gozar, mas gozar sempre, é o que a bela açougueira nos diz: gozo pelo meu desejo de desejo insatisfeito.

Freud traçou uma cartografia desse corpo que transborda frequentemente, desafiando as bordas e carecendo de âncoras de sentido. Entre o psíquico e o somático — uma explosão de excitação: "A linguagem transita por aí sem, no entanto, reduzir-se a isso: uma fronteira a separa da excitação biológica" (Clément e Kristeva, 2001, p. 22).

O interdito instaura um corte nessa excitação: não pode. Pura violência, corta o barato total e dá consistência à barreira que a linguagem instaura: não adianta, a falta sempre vai existir! Para o Deus judeu, "o interdito interrompe ou corta: *bereshit* é a primeira palavra da Bíblia" (Clément e Kristeva, 2001, p. 22)

Como diz Marcel Mauss, quanto maior o sacrifício, maior o amor. Isso faz vibrar o sagrado e anuncia os efeitos de corte na palavra que as religiões veiculam com a celebração do sacrifício: um animal, um homem, um filho, um corte no corpo, uma renúncia em troca de um perdão, em agradecimento a uma graça. Assim funciona a política econômica no universo das crenças.

Esse sacrifício, segundo o judaísmo e o cristianismo, "é o que inscreve a linguagem no corpo, o sentido da vida" (Clément e Kristeva, 2001, p. 23). Um interdito é feito de palavras, uma proibição. Espanta sua eficácia! Em muitos casos, a palavra corta o ato do assassinato em nome de uma moral que se segue: "Bendita moral essa, carregada de revoltas e de paixões" (*ibid.*).

De uma mulher ou de qualquer ser falante é exigido o sacrifício da palavra. Uma mulher se separa de seu corpo pela palavra e pela dança, conforme Alain Didier-Weill poetiza. Sua excitabilidade se engancha, submete-se ao interdito e assim ela consegue se separar do gozo de seu corpo sufocado de vapores e engendrar sentidos, criando representações para as coisas, para os amores, para os filhos e assim por diante...

Trata-se de um sacrifício que gera a vida e não esquece as paixões. Segundo Julia Kristeva, "[...] as próprias representações — cânticos, palavras, esculturas — não permanecem em seu lugar de representação, mas voltam a mergulhar na carne nem tão sacrificada assim, e a põem em estado de ressonância, de gozo" (Clément e Kristeva, 2001, p. 23). Como diz Bataille: "A carne é esse excesso que se opõe à lei da decência" (Bataille, 1987, p. 86).

Ser de fronteira, uma mulher pode participar de várias vertentes do sagrado. Pode ter a deprimência típica de uma mulher satisfeita até a excitação total que a dança do tambor de Crioula tão bem faz rolar pelas terras maranhenses, até o dilaceramento de sentido, em que não sobra uma palavra que possa dizer algo dela, perdida no deserto da linguagem: "Serena ou dilacerada, uma mulher, em razão dessa dupla natureza, ao mesmo tempo que se identifica com o sagrado é sua rebelde mais irredutível, uma ateia em potencial" (Clément e Kristeva, 2001, p. 23).

Sua dupla natureza: a bissexualidade

Passagem é o primeiro significante que me vem à cabeça, quando penso na bissexualidade que Freud dizia ser inata. Nos mitos ela existiu desde sempre. Seria delicioso percorrer os mitos que falam desse escorregão. Isso é porque o sexual se presta a isso, presta por Isso?

A disposição sexual no ser falante arranca arrepios de quem escuta a si e aos outros. Lembro de Nelson Rodrigues que dizia que, se cada um conhecesse a intimidade sexual do outro, ninguém cumprimentaria ninguém.

Os significantes que dizem do sexual escorregam e escandalizam, como Nelson. Alguma coisa que as normas sociais não conseguiram formatar, escapa do recalque e, de repente, o sujeito está dizendo que às vezes preferia que ela fosse mais macho na cama. Ou então, quando elas dizem que gostam mesmo de transar se imaginam que são coitadinhas. E as mocinhas de hoje em dia, que dizem que o homem ideal é um homem-bicha. É... Pensa que é fácil? É dessas substâncias heterogêneas que os falantes se fazem. Veneno puro! Ou como diria Caetano Veloso: Beleza Pura.

O que estou querendo dizer é que o campo sexual é vaporoso, perfumado e cheio de humores e secreções estranhas, e ele escorrega, passa para um outro lado: feminino ou masculino? E mais, para aproveitar o momento, tanto as mulheres quanto os homens transitam pelo campo do feminino quanto do masculino, porque a referência do masculino e do feminino que aqui estamos querendo destacar vem do discurso. Uma desordem ordenada por alguma ordem. Isso é o discurso!

Também não quer dizer que se vira *gay* de um dia para o outro, como os homens fantasiam; afinal, depois de um tempo a posição sexual ganha uma certa consistência, precária, nunca se sabe, mas com alguma consistência, ou seja: uma certa direção. É, a coisa é séria, senão Madame Satã não teria dito: "Tá pensando o quê? Sou bicha, mas nem por isso, deixo de ser homem". Ou então, para encerrar essa história, Joana, camponesa de Peri Mirim, Maranhão, alta, maior que muito macho, que assim me disse: "Eu não sou mulher macho, que não menstrua". Ou seja, as que não menstruam que se cuidem...

É preciso dizer que o que faz escorregar, dentre tantos outros fatores, é a capacidade que a língua tem de virar alíngua — falta um na cadeia significante. De escrever o inconsciente na língua, dando passagem para que uma Outra escrita — cheia de absurdos e derrapagens — se faça. Ainda bem! Nesse mundo de politicamente corretos e eticamente incorretos, é saudável que aquilo que desconcerta a banalidade do dia cresça e apareça.

Somos feitos então dessa linguagem mole, plástica, que vai dando forma a essa dualidade pulsional — Eros e Tânatos —, em que a diferença de sexo aparece como um enigma de que a anatomia não dá conta, mas como dizia Freud, dá o destino. Porque, se não há garantia de que a minha anatomia garanta o meu futuro — sou isso ou aquilo —, vou precisar criar uma ficção para me achar nessa história: gosto disso, gosto daquilo, gosto disso e... daquilo!

As fantasias bissexuais fazem parte da argamassa do sexo, animam a sexualidade, fornecem material para que a cena psíquica que encena o sexual seja bem excitada ao ponto de escorregar para um outro lado: homem ou mulher? Não existe marcação sexual no inconsciente. As fantasias bissexuais existem para mostrar que o ser falante não é razoável e que, longe de desistir de seus ideais mais impossíveis, ele fantasia, imagina que pode ser homem e mulher, ao mesmo tempo. Ao mesmo tempo? É... Estás pensando o quê? Haja poder! E olha que não se trata de masculino ou feminino, não. Trata-se de bissexualidade.

Freud, com sua ausculta da alma humana, escutou primeiro de si próprio e depois de seus analisandos as vicissitudes das fantasias histéricas bissexuais, que tanto os homens quanto as mulheres devaneiam. Elas, mais do que eles, sonhando com o amor, como sempre, talvez nem tanto com a cabeça nas nuvens; afinal, no dia seguinte elas têm que trabalhar. Eles, segundo Freud, pensando nas ambições, ou melhor, pensando nas ambições que mamãe traçou para eles: ou seja, o amor já se meteu no meio dos seus ideais de trabalho e de ordem.

Elas agora estão mais metidas do que antes nessa história dos ideais masculinos. Lou-Andréas Salomé, psicanalista e escritora, mulher de muitos amores, pergunta ainda no século XIX, antes das revoluções de costumes do século XX acontecerem, sobre o que traria mais prejuízos ao feminino. As mulheres dependerem do dinheiro do marido ou enfrentarem o masculino do mercado de trabalho, e assim ficarem mais masculinas, sem tempo para construir sentidos para si no seu labirinto interior?

Mauro Mendes Dias, há muito tempo, nas terras longínquas do Maranhão, disse que a heterossexualidade seria a possibilidade de transitar do polo feminino para o masculino e vice-versa. Polo masculino que fecha e polo feminino que abre, para o que mesmo? Sabe-se lá o quê!

Polo masculino que fecha os sentidos: coloca um ponto de basta. Se o sujeito do discurso tiver sorte, pode dar alguma organizada na sua desorganização. Colocar barra nesse blablablá... Então, com sorte, todos nós podemos transitar *entre* esses dois campos: campo do feminino e do masculino. Como disse Nelson Rodrigues, sem sorte não dá nem para atravessar a rua!

Eu tenho uma amiga jovem, na faixa dos 30 anos, que — depois de ter me dito que após passar um longo tempo sozinha, tinha certeza de que era impossível ser feliz sozinha — me contou por que ela estava *dando certo* — chamo a atenção para a expressão — com o seu futuro marido: "Nós damos certo porque na hora que começo a fazer nhenhenhém e a inventar histórias, ele vai logo engrossando a voz e dizendo: 'Ei, o que é isso? Já vai começar?'. E aí, eu vou logo parando com essa historinha. Eu preciso que um homem me dê limites". As feministas ainda tremem com uma frase desta?

E olha que a moça não tem nada de submissa, não; quando precisa, ela bota pra quebrar, mostra que tem falo, que é bonita, inteligente e coisa e tal. O engraçado é que a minha amiga mora em Ipanema, e pasmem, não é muito diferente de Cota, do povoado de Luís Domingues, longe a valer, depois do Rio Gurupi que separa o Maranhão do Pará. Pois Cota me disse que é assim: "Às vezes a gente precisa virar homem e botar ele lá embaixo, mas depois a gente vai subindo aos poucos, que ninguém é de ferro". Fecho o cerco, campo do masculino e, depois, vou subindo, vou abrindo, campo do feminino. A sabedoria estaria aí na medida: aos poucos. Difícil subir aos poucos para uma mulher, de qualquer jeito sempre é possível, mesmo aos solavancos, ir se abrindo para o amor sexual.

Freud e as fantasias bissexuais

No texto "As fantasias histéricas e sua relação com a bissexualidade" (1908/1976), Freud fala de histéricos, incluindo os homens, é claro — não é só mulher que é histérica. Destaco o ponto que ele considera fundamental: "Os sintomas histéricos surgem como uma conciliação entre dois impulsos afetivos e instintuais opostos, um dos quais tenta expressar um instinto componente ou um constituinte da constituição sexual, enquanto o outro tenta suprimi-lo" (Freud, 1908/1976, p. 167). Como conciliar dois impulsos afetivos e pulsionais opostos numa luta simultânea por expressão e por supressão?

Complementa sua assertiva afirmando que "os sintomas histéricos podem assumir a representação de vários impulsos inconscientes que não são sexuais, mas que possuem sempre uma significação sexual" (Freud, 1908/1976, p. 168). Os sintomas histéricos, então, realizam uma fantasia inconsciente em que o sexual é que dá as cartas.

Freud revela que se trata de um complexo de fantasias — pelo menos duas: "uma de caráter feminino e outra de caráter masculino"; sendo que a mais "significativa e primitiva é de natureza sexual" (Freud, 1908/1976, p. 168). Logo, "uma dessas fantasias origina-se de um impulso homossexual" (*ibid.*). E o que mais nos interessa, "um sintoma histérico deve necessariamente representar uma conciliação entre um impulso libidinal e um impulso repressor, mas pode representar a união de suas fantasias libidinais de caráter sexual oposto" (*ibid.*).

Ele continua: "Os sintomas histéricos são a expressão, por um lado, de uma fantasia sexual inconsciente masculina e, por outro lado, de uma feminina" (Freud, 1908/1976, p. 168). Isso não se aplica em todos os casos, mas é muito fácil encontrar "casos em que os impulsos pertencentes a sexos opostos encontraram expressão sintomática independente, de modo que os sintomas de heterossexualidade e os de homossexualidade podem ser tão claramente diferenciados entre si como as fantasias ocultas por trás deles" (*idem*, p. 169).

Os sintomas histéricos revelam então uma "disposição bissexual inata no homem" (Freud, 1908/1976, p. 169). Isso ganhou alguma evidência com os tempos, mas imagine dizer isso em 1908?

Para quem quiser encontrar uma imagem que materializa esse duplo sexual inconciliável sugiro que procure a obra "O vestido", do artista que insistia em não se dizer surrealista, René Magritte. Sempre acho que Magritte leu o caso de Freud e desejou representá-lo em imagem. Eis o caso: "Em um caso que observei, por exemplo, a paciente pressionava o vestido contra o corpo com uma das mãos (como mulher) enquanto tentava arrancá-lo com outra (como homem)" (Freud, 1908/1976, p. 169). Essa "simultaneidade de atos contraditórios" em que alguém "desempenha ambos os papéis sexuais" em sua fantasia sexual é plasticamente também retratada no ataque histérico.

Freud nos adverte ainda de que não fiquemos "surpresos ou confusos" (Freud, 1908/1976, p. 170) quando um sintoma resiste às perlaborações. O que ele recorta da análise de seus pacientes indica que o que mantém esse sintoma vigoroso, apesar do trabalho analítico, é que ele ainda é "mantido por um, talvez insuspeito, que pertence ao sexo oposto" (*ibid.*, p. 170). Um intruso que ainda não disse a que veio.

E para terminar nossa trilha freudiana: "No tratamento de tais casos, além disso, podemos observar como o paciente se utiliza, durante a análise de um dos significados sexuais, da conveniente possibilidade de constantemente passar suas associações para o campo do significado oposto, tal como para uma trilha paralela" (Freud, 1908/1976, p. 170).

Peguemos então essa trilha paralela, que, no nosso trabalho, aponta para os caminhos do sagrado...

A bissexualidade e o sagrado

Novamente, palavras de Catherine Clément: "Ora, entre os ferrolhos das clivagens que deixam alegremente escapar o sagrado, a diferença entre os sexos é sem dúvida o mais importante" (Clément e Kristeva, 2001, p. 43).

Sigamos sua trilha, que desta vez aponta para a Índia. Segundo ela, na Índia: "A bissexualidade faz parte dos utensílios simbólicos elementares, ninguém presta atenção" (Clément e Kristeva, 2001, p. 43). As estruturas elementares de parentesco explodem: "É preciso, pois, quebrar um pouco a cabeça e mudar de rumo. Onde fica a saída?" (*ibid.*).

Catherine diz que na Índia "a bissexualidade sagrada não é o intransponível, é a própria passagem mesmo" (Clément e Kristeva, 2001, p. 43). Aproveita para contar a história do personagem mais extravagante que ela encontrou por lá:

> um homem adulto, de uns cinquenta anos, casado e pai de família, nada efeminado. Porém, quando está em transe e dá consultas em seu templo [...], não é mais achado por seu nome, mas é chamado de "Mãe". Você não pode imaginar o efeito produzido quando, num imenso templo do sul da Índia, lhe apresentam polidamente "a mulher da Mãe" (Clément e Kristeva, 2001, p. 43).

Ou seja, a mulher do homem. O sagrado então serve de passagem para o outro lado do sexo?

No entanto, se na Índia e nas religiões afro-brasileiras a bissexualidade representa a própria passagem para um outro sexo, nas religiões monoteístas, Isso não acontece. Catherine diz que não vê, pelo lado do monoteísmo cristão, "[...] nenhum santo que tenha podido se identificar com qualquer figura feminina, muito menos com a Virgem" (Clément e Kristeva, 2001, p. 71).

No monoteísmo judeu não é muito diferente: "[...] há um duplo feminino de Deus, que os judeus chamam de *Shekina*. Mas essa figura bela e lamurienta que se parece com Rachel chorando a morte de seus filhos só surge a partir das lágrimas de Israel no exílio" (Clément e Kristeva, 2001, p. 71).

No monoteísmo islâmico, nem se fala. A impossibilidade de uma passagem para a bissexualidade é total: "[...] é implacável: nenhuma chance! Exceto no momento em que começa o Ramadã, não há o menor crescente de lua no horizonte. No Alcorão, está claro, a mulher é fraca, perigosa, confusa, boa para o serviço. Salvo se morre de parto: então, sim, é uma santa e mártir" (Clément e Kristeva, 2001, p. 71).

Uma ressalva: noto uma irritação no tom de Catherine Clément. Este é o meu receio. Como escapar do etnocentrismo? Como me aproximar deste tema que vem de terras e costumes tão longínquos e distantes? Talvez, galanteando-o, como me disse uma vez Agostinho Marques.

Mas... Catherine Clément também não se quer etnocêntrica! A questão é que não há uma saída harmoniosa. Ela coloca uma questão para Julia, mais ocidental que ela, apesar de ser búlgara, que traz um paradoxo, efeitos de contrários: inconciliáveis? Enquanto Julia fala de direitos iguais, Catherine argumenta: "Temo que através da igualdade a máquina de clivagem reduza a pó de traque o 'pequeno sopro' que você menciona" (Clément e Kristeva, 2001, p. 72).

A bissexualidade: histeria e transe sagrado

Voltemos a Julia Kristeva: "Então esse inominável segredo/sagrado seria simplesmente o corpo superexcitado da histérica?" (Clément e Kristeva, 2001, p. 51). Essa é uma pergunta que corre paralela, lado a lado, com o nosso trabalho, impossível de ser respondida. Julia coloca que a Psiquiatria faria a redução do transe sagrado à histeria sem sentimento de culpa, a Psicanálise com luvas de pelica, e outros ainda iriam gargalhar pelo extermínio desse inominado: um sagrado desgarrado dos cânones. É atrás dele que estou...

Ela concorda com Catherine, que escreveu um livro com Sudir Kakar sobre o assunto, *A louca e o santo* (1997), em que uma histérica enlouquece o neurologista Pierre Janet com manifestações acrobáticas e anoréxicas semelhantes às de um sacerdote indiano. O que nele indica poderes sagrados na Índia, na França do final do século XIX, é considerado patológico e confinado a hospitais psiquiátricos. Julia argumenta "[...] que não se faz economia do desejo confinando-o em uma patologia" (Clément e Kristeva, 2001, p. 51).

Pegando o fio das vibrações melodramáticas do sagrado, é hora de retornar à "[...] excitabilidade indomável do corpo histérico" (Clément e Kristeva, 2001, p. 51). O gozo que esse corpo experiencia está nas fronteiras do indizível: "[...] é irredutível à sua transparência" (*ibid.*). A linguagem não dá conta! Seria essa excitabilidade indomável a prova desse paradoxo que, sem possibilidades de se dizer, sem poder se enlaçar com a linguagem, provoca um desdobramento e toma o corpo?

O sagrado sempre foi o espaço privilegiado no qual "[...] a mulher podia dar livre curso a essa abjeção ou a esse prazer, ao seu nada e à sua glória" (Clément e Kristeva, 2001, p. 51). Ouso então, junto com Julia Kristeva, perguntar: a experiência sagrada pode caber inteiramente na patologia? Ou mais ainda, no sintoma que a Psicanálise demarca?

O que é irredutível, afinal de contas, "[...] é a *própria dinâmica do desdobramento* que faz de meu ser um ser irreconciliado, um ser de desejo" (Clément e Kristeva, 2001, p. 52). A Psicanálise como Julia entende, mas ela é uma das raras: "[...] tenta deixar aberta essa liberdade — a liberdade do 'umbigo dos sonhos'; procura restituir seu direito — que é preciso chamar de salutar — à *ilusão*" (*ibid.*).

É nessa luta por expressão de um impossível que alguma coisa desencaixa, afrouxa o ferrolho da clivagem, deixando escapar alguma coisa que sai por baixo, que faz as mulheres *sereres* urrarem numa missa católica no Senegal?

E pelas terras do caçador de pipas?

Nas terras arenosas do caçador de pipas, cheias de palácios e tradição, berço de histórias, eu não vou caçar relâmpagos. O relâmpago é intervalar, abre uma temporalidade: tem um antes e um depois. E pelo que tudo indica, nas terras do caçador de pipas, a coisa não rola, explode!

Não há espaço. Não há uma temporalidade que propicie o deslizar da cadeia significante, em que a linguagem se inscreve e se desloca em busca de Outras representações. Essa é a minha grande dificuldade: acreditar nessa topologia em que o Outro está excluído.

Será que não há nenhuma brecha, por onde alguma coisa fora da ordem possa passar e se expressar? Mesmo que a coisa fora da ordem seja circular pelas ruas da cidade em que se mora? É difícil acreditar nisso! Mas, enfim, são coisas do campo do totalitarismo: o pai é cruel.

Bem diferente do islã africano e indiano, polimorfos e sincréticos, o islã dos talibãs fecha o cerco da expressão, jogando nosso cruzamento inicial — da sexualidade e do pensar, do corpo e do sentir — para uma Outra cena em que o Outro, enquanto fonte de ressignificações e, portanto, de diferenças, precisa ser exterminado.

Neste espaço, o feminino não se desloca, explode! O deslize custa a morte, conforme Mauro Mendes Dias (2005) argumenta no seu texto "Por que as mulheres se explodem?". No fundamentalismo, as mulheres não têm autorização para decidir sobre seu destino: faço isso ou aquilo?

A partir de 2002, as mulheres conquistaram o direito divino de se explodir. Enfim, aparece a palavra direito, só que amalgamada por um divino terror que logo se transforma em "condição de obrigação religiosa": "[...] se permite a uma mulher muçulmana praticar uma Jihad (guerra santa), e lutar contra o inimigo que invade a Terra Santa" (Dias, 2005). O sagrado a serviço da guerra santa? O sagrado se presta a Isso? Quais seriam os fatores de risco do sagrado?

Segundo Julia Kristeva, o sagrado "[...] transmite um cruzamento do mesmo e do outro, da natureza e da cultura, da pulsão e da linguagem, que vem das fontes do humano..." (Clément e Kristeva, 2001, p. 167). O sagrado, então, é efeito desse cruzamento em que a linguagem atravessa o ser, manifestando-se no corpo, mas escapando de uma precisão última, apesar de enganchado em um sentido.

Se o sagrado se engancha em algum sentido, enquanto efeito de linguagem e de manifestação no corpo, ele se presta a vários destinos, entre eles os da perversão? O sagrado quando se organiza numa religião é regido por um clero, rito, coações e sanções; no entanto quando falamos em *talibãs*, não se trata mais de religião e sim daquilo que Mauro Mendes Dias recolhe dos escritos de Charles Melman: "[...] assistimos hoje a 'um deslocamento da religião para o fenômeno das seitas'. O que implica em considerar no lugar da crença uma dimensão psíquica bem diferente de convicção e de certeza" (Melman *apud* Dias, 2005).

A certeza da seita potencializa o poder da causa, sustentada pela crença na vida após a morte. Seus seguidores passam a depender daquele que encarna o lugar de Deus. Se o lugar de Deus em outros campos se manifesta, aqui ele se encarna, fala pela boca de um líder religioso de uma organização que se conhece por terrorista, fundamental e universal, cuja bandeira traz o signo da verdade única.

Suas práticas são extremas. Entre elas, a exclusão total das mulheres da sociedade. Catherine Clément conta que: "[...] em Kabul, as mulheres não têm mais o direito de manter passarinhos em gaiolas porque eles cantam" (Clément e Kristeva, 2001, p. 162).

Os líderes fundamentalistas sabem onde mora o perigo. Os dominicanos já haviam feito um rol dos meios propícios para atrair o demônio: "São pedras, ervas, bosques, animais, cantos, instrumentos musicais, juntos mais adiante sob o nome genérico de 'ervas e músicas', *melio ancor.* Metade natureza, metade música, assim é a feitiçaria" (Clément e Kristeva, 2001, p. 162).

Os inquisidores, como os talibãs do Afeganistão, sabem que Orfeu traz o perigo: "A música e as mulheres, como se sabe, são as primeiras visadas" (Clément e Kristeva, 2001, p. 162).

Imaginem se elas resolvem cantar? Parceiro principal da música, o canto nasce de uma copulação da melodia com a voz: chama o sagrado. Quando as divas sobem nos agudos, elas se engajam no mundo da continuidade, onde a voz como objeto se emancipa à procura do gozo.

Para encerrar meu percurso, escolho a África, nação de minhas identificações, que traz para a cena principal o Maranhão, terra de minhas inspirações. Com ele, ecoam os tambores e as vozes roucas e arranhadas das caixeiras do Divino, que insistem em ressignificar um sagrado antigo. Já não mais preciso caçar relâmpagos que digam do sagrado, aqui, ele se manifesta...[2]

Referências

BATAILLE, Georges. *O erotismo.* Tradução de Antonio Carlos Viana. Porto Alegre: L&PM, 1987.

2 Após a leitura, os artistas maranhenses Juliana Manhães (Rio de Janeiro) do Núcleo de Folguedos Brasileiros — As Três Marias —; e Itaercio Rocha (Curitiba) do Grupo Mundaréu, realizaram uma performance com Caixas do Divino no Maranhão. Ali, então, ao som das caixas, o sagrado se manifestou...

CLÉMENT, Catherine; KAKAR, Sudhir. *A louca e o santo.* Rio de Janeiro: Relume Dumará, 1997.

CLÉMENT, Catherine. KRISTEVA, Julia. *O feminino e o sagrado.* Tradução de Rachel Gutiérrez. Rio de Janeiro: Rocco, 2001.

DIAS, Mauro Mendes. *Por que se explodem as mulheres?* Disponível em <http://www.parana-online.com.br>. Acesso em: 20 fev.2005.

ELIADE, Mircea. *O Sagrado e o Profano.* A essência das religiões. Tradução de Rogerio Fernandes. São Paulo: Martins Fontes, 2001.

FREUD, Sigmund. Fantasias histéricas e sua relação com a bissexualidade (1908). *Edição standard brasileira das obras completas de Sigmund Freud*, v. 9. Tradução sob a supervisão de Jayme Salomão. Rio de Janeiro: Imago, 1976.

O CAÇADOR de relâmpagos. *Folha de São Paulo*, São Paulo, 22 dez. 2002. Caderno Mais, p. 3.

Capítulo 3

Literatura e tragédia

Trabalho apresentado no 29º Encontro Anual do Centro de Estudos Freudianos de Recife/Pernambuco, 1999.

O arrebatamento

Pasma? Deslumbrada? Arrebatada? Esses são os significantes que me cercam. Colocam-me numa cerca cheia de interrogações. Mas de que se trata?

Sabemos que nesse cerco o que aparece são comoções. Comoções que "nos retêm e, ao mesmo tempo, nos interditam, no sentido em que isso nos intimida, no que ela tem de desnorteante", conforme pontua Lacan (1959-1960/1988, p. 300). E é nesse desnorteamento que começo meu périplo, no sentido de ir atrás de saber um pouco mais dessa imagem que fascina. Faz sina. Faz brilhar aquilo que brilha no olhar de Antígona. O quê? O quê?

Isso que reluz no olhar de Antígona cega os humanos. Estes que cedem. Cegueira do brilho de Antígona que nos faz ver, como diz Lacan, a visada do desejo? "Antígona nos faz, com efeito, ver o ponto de vista que define o desejo" (1959-1960/1988, p. 300).

O desejo visado, que brilha, é um desejo qualquer? Ora, desejo é sempre desejo de desejo. Esse desejo que Antígona faz brilhar tem algum a mais.

Aquilo que traz uma radicalidade tal — "fé cega, faca amolada" — possível, somente, aos heróis trágicos? Aqueles que não cedem. Nós já sabemos que, se somos humanos, cedemos. Lacan já nos adverte de que, se colocamos só a pontinha do pé na merda, dia a dia, vamos cedendo. De repente, quando "nus" vemos, já estamos enterrados até o pescoço.

Mas o campo do qual quero falar é o do olhar. Que brilho é esse que reluz de Antígona, que indica a visada do desejo? De onde ele vem? Qual é sua topologia?

A imagem que fascina e o olho que pestaneja

Antígona encarna essa imagem que fascina. É a que visa o desejo: "Essa visada se dirige a uma imagem que detém não sei que mistério até aqui não articulado, já que ela fazia os olhos pestanejarem no momento em que se a olhava" (1959-1960/1988, p. 300).

Essa imagem — centro da tragédia — é feita de uma tessitura tal que seu centro condensa, puxa todos os fios para si, revelando a visada do belo no desejo. "O centro não é igual em todas as superfícies. Único num planalto, por toda a parte numa esfera, sobre uma superfície mais complexa pode fazer um nó engraçado. É o nosso", diz Lacan (1989, p. 126).

O belo não como um objeto. Como diz Kant, "toma parte no fenômeno do belo, mas sem que o objeto esteja concernido" (Kant, *apud* Lacan, 1989: 316). De que se trata? "O que constitui o poder dissipador dessa imagem central em relação a todas as outras, que parecem, de repente, se rebater sobre ela e esvanecer-se?" (Lacan, 1959-1960/1988, p. 301).

Esvanecer-se. É uma imagem que esvanece as outras, dissipa-as, tira sua luz. As outras passam a ser apenas ilustração de alguma coisa. Ou seja, perdem seu poder de fascinar, apenas ilustram.

Afinal, o que ela produz, que arrebata o olhar do Outro nos outrinhos que somos nós? Comoções, Lacan já nos diz ("Nus", diz).

Mas teriam as comoções tanto poder assim, ao ponto de tornar opaco o que está em volta? Ou se trata da topologia de onde essa imagem é construída? É hora de tentar respostas.

O lugar de produção dessa imagem é que lhe confere poder, ao ponto de Lacan colocá-la no centro da tragédia, como um suporte, como um eixo móvel que se mexe conforme a ação. Conforme as peripécias, como nos diz Aristóteles: "mutação dos sucessos no seu contrário" (Aristóteles, 1993, p. 61), puxando para si os fios do nosso desejo:

> A articulação da ação trágica nos esclarece sobre isso. Isso se deve à beleza de Antígona — isso, não o estou inventando, mostrar-lhes-ei o trecho do canto do Coro onde essa beleza é evocada como tal e, demonstrar-lhes-ei que é o trecho pivô — e ao lugar que ela ocupa no entredois de dois campos simbolicamente diferenciados. É certamente desse lugar que ela extrai seu brilho — esse brilho que todos aqueles que falaram dignamente na beleza jamais puderam eliminar de sua definição (Lacan, 1959-1960/1988, p. 301).

Lugar esse que indica um limite que a vida humana não poderia transpor por muito tempo. Ato heroico de ir até as últimas consequências. Essa imagem poderosa — beleza que cega — advém, então, da relação do "herói com o limite" (Lacan, 1959-1960/1988, p. 345). Limiar que produz um lugar de produção: lugar do entre-duas-mortes. Desse lugar emanarão efeitos que nos retêm, nos arrebatam. Arrancam com violência, para pegar um dos sentidos do verbo arrebatar.

O lugar de entre-duas-mortes indica uma zona limite entre a vida e a morte. Essa que é a questão! É um lugar que suspende a vida trazendo a morte, quando ainda há vida. É o momento em que Antígona, obedecendo ao decreto de Creonte, vai viver seu suplício: vai entrar viva na tumba de sua morte.

Morte vivida de maneira antecipada. Ela sabe quando vai morrer e ainda no calor da vida fica suspensa entre a vida e a morte: "Mandarei levá-la a algum lugar deserto e enterrá-la viva em um antro rochoso, com comida, a fim de evitar sacrilégio e, para a cidade, a mácula de um crime" (Sófocles, 1997, p. 72-73). É somente a partir daí que ela começa as lamentações.

Ela está a caminho de seu sacrifício, perderá seu bem mais valioso, sua vida. Esta já está perdida, mas lá ela ainda não chegou, ao encontro marcado que tem com a morte. É um intervalo de tempo em que a vida é suspensa, visto que a morte é iminente, mas ainda não efetivada. É o único tempo que ainda resta para que a sorte do destino possa mudar. Seria o tempo em que Creonte teria para voltar atrás em seu edito.

Sabemos que Creonte perde um tempo fatal no tempo de compreender. Ele demora demais para concluir que deve ceder, deve voltar atrás. É traído pelo tempo de concluir, conclui tarde demais. Nesses casos, o tempo é inexorável, permitindo-nos algumas articulações sobre a temporalidade nas tragédias.

A primeira delas é aquela que traz o impossível, garantido por um ponto de sutura. Algo da ordem do absoluto. Impossibilidade radical de anterioridade quando, depois de lançada a sorte, ou melhor, depois que certas condições se colocam, seus efeitos já estão lançados.

Desejo da falta de objeto

Conforme Antígona vem presentificando, a vida para ela só pode ser abordada a partir desse ponto em que perde a vida, ainda viva. O que importa é o que está para além dela: é a segunda morte. É o golpe certeiro nas nossas ilusões, desejo sem objeto, sem positividade. Vive sob a forma do perdido. Presentifica a pulsão de morte: a vida só quer saber de morrer. Puro e simples desejo de morte. Sem mediação com o objeto. Posição desejante: não importam os bens.

Será que a falta de um objeto positivo não dá a esse momento toda uma iluminação: "Evoca-se a alma e é a beleza que opera" (Lacan, 1959-1960/1989, p. 123). Beleza que fere e cega os humanos? Que faz os olhos pestanejarem?

A falta de objeto produziria um "limite em que o olhar se transforma em beleza" (Lacan, 1959-1960/1989, p. 129). A iluminação da beleza se faz violenta. É o momento da passagem da vida para a morte, ou melhor, segunda morte, aquela que exige rituais.

Ou, sendo mais precisa, do que se trata é do objeto *a*, causa do desejo? A morte, tocada pelo desejo, produz brilho. O que passa a importar, então, é a falta, é a articulação do desejo, e este só se desenha quando, a um objeto, algo falta. Mesmo que o preço seja o de renunciar aos bens eróticos.

Poderíamos perguntar se não estaria presentificada aqui a situação na qual o objeto *a* se recorta num estilo, em que Antígona encarna não só o lugar de extrema solidão, que o ato de ir até as últimas consequências exige do herói, mas, mais ainda, fazendo parte daqueles heróis que emergem de uma finda linha, desse limiar entre a vida e a morte: "É na travessia dessa zona que o raio do desejo se reflete e, ao mesmo tempo, se retrai chegando a nos dar esse efeito tão singular, o mais profundo, que é o *efeito do Belo no desejo*" (Lacan, 1959-1960/1988, p. 302).

A monstração

Essa imagem que puxa para ela todos os fios de nosso desejo é efeito, então, de toda uma tessitura cuja miragem, cujo estilo ganha ilustrações. Sófocles nos descreve o momento em que o mensageiro, temeroso, conta que uma leve camada de terra teria sido colocada no morto: "Não se via o corpo: não porque estivesse enterrado, mas porque uma poeira leve o cobria todo, como que atirada por alguém que não quisesse ser sacrílego" (Sófocles, 1997, p. 56).

Não se sabe quem pudesse ter sido, mas eis que, diante da retirada da terra, Antígona é surpreendida e logo depois, quando novamente a poeira é retirada, surgem cenas semelhantes àquelas cenas cinematográficas bíblicas quando o mar se divide, ou nas quais a questão da verdade aparece na disputa entre Moisés e Araão sobre o bezerro de ouro. Ou quando Abraão é testado por Deus.

Escutemos Sófocles pela boca do guarda:

> Logo que cheguei, ainda cheio de terror de tuas ameaças, removemos toda a terra que o cobria, e o deixamos nu, já todo apodrecido. E, sentados numa pedra contra o vento para que o mau cheiro não chegasse a nós [...] Eis que bruscamente, o vento, em redemoinho ergue contra o céu uma tromba de poeira, varre o campo, estira a coma da floresta e enche de destroços todo o espaço imenso. E de olhos fechados, todos esperamos que se dissipasse a cólera dos deuses (Sófocles, 1997, p. 60-61).

Faz os olhos pestanejarem. Indica que alguma coisa está para se "monstrar", como diz Didier-Weill (1987, p. 11). O estranho se ilumina, trazendo a angústia de castração. Algo grave irá acontecer. Basta ver os sinais, o vento se agita, a poeira se adensa: "Para além..., é ela que nos fascina em seu brilho insuportável, naquilo que ela tem que nos retém e, ao mesmo tempo, nos interdita, no sentido em que isso nos intimida, no que ela tem de desnorteante — essa vítima tão terrivelmente voluntária" (Lacan, 1959-1960/1988, p. 300).

Brilho insuportável que corta. Furo no saber. Inaugura uma outra ordem. Ato. Arrebata-nos, como Lol V. Stein, personagem de Marguerite Duras. Lol, ferida, exilada do mundo: "É o coração que estava ausente?" (Duras, 1986, p. 8).

Alguma coisa que sequer tocamos e que mesmo assim nos arrebata. É a imagem do noivo de Lol, capturado por uma outra mulher que irrompe no salão e o rapta. Lol suporta o baile: "Parecia que uma audácia impregnada de si-mesma, por si só, a fazia manter-se em pé" (Duras, 1986, p. 10). Aquela que apareceu de súbito levou seu noivo: "Tinha o varrido com aquele não-olhar que ela passeava pelo baile?" (*idem*, p. 11).

Nós, os leitores, ficamos suspensos como numa "tela primeira onde o sujeito, separado do olhar, se vê" (Nazar, 1996, p. 1). O rapto inesperado do noivo de Lol nos sidera, quebra o sentido e mostra o pau, só não mostra qual é o outro sentido. Este fica intocável, impossível pegá-lo, cercá-lo numa declaração narrativa com sintaxe. Ele só se diz aos pedaços. Só se significa numa escrita do limite da escrita. Esta se interessa apenas pelo que é efeito de linguagem, prova do fato de haver inconsciente.

O que a escrita visa é buscar suportes para que a Lei do significante se realize, comandando a função da significância. Escrita do inconsciente que realiza o milagre de uma impossibilidade sustentar-se apenas como efeito do significante.

O ato

É preciso colocar certas coisas em seu lugar. Ato? Ato trágico? O ato, para atingir o trágico, precisa que desde o início haja uma radical decisão de não ceder. Toda a tragédia de Antígona vem dessa decisão que cria um lugar de produção, de limite: entre duas mortes.

A imagem que fascina é efeito dessa produção. É a que arrebata, produzindo um lugar de corte, recorte da subjetividade. Produção de estilo. Tem autoria: "Fui eu a autora; digo e nunca negaria" (Sófocles, 1994, p. 214).

Para o arrebatamento ter valor de ato para um sujeito, ou seja, provocar deslocamentos simbólicos, algumas condições são necessárias. A primeira delas já foi dita, estar às voltas com a articulação significante e as consequências que daí advêm: o sujeito dividido pela fenda do inconsciente, a falta a ser que marca o ser simbólico. A inscrição da lei, da castração, que a falta presentifica.

É nesse cerco de articulações que os efeitos do arrebatamento podem ter valor de ato, de giro de sentido. Inscrevem-se e intervêm na cadeia significante. Esse é o testemunho do ato — se antes a ordem significante era uma, depois do ato ela é Outra:

"De um ato verdadeiro o sujeito surge diferente, em razão do corte, sua estrutura fica modificada" (Lacan, *apud* Boons, 1996, p. 7).

Assim, Antígona e Lol sustentam um ato. Antígona sustenta o ato trágico: absoluta determinação desde o princípio. Sustentação que custa condições radicais de produção. Lol não sustenta: é sustentada. Não se sabe onde, mas ela escorrega num mais-ainda exaltado. Perdendo-se entre os significantes, ancorada apenas pelo Outro, escrita que lhe dá existência: "Um ato criador é aquele que suporta ter consequências" (Ariel, 1994, p. 42).

Com Lol ficamos suspensos em algum lugar dos afetos. Um não-lugar. Insistência de significação. Lol ou Marguerite nos carregam numa espécie de angústia que balbucia espantos. De que se trata? Presos à ignorância por um fio tenso que mantém constante e continuamente uma tensão que sustenta a atenção, aperta a garganta, promove respirações, faz os olhos *pestanejarem.*

Ela nos segura nesse ponto de tensão. Segundo Lacan, esse lugar de onde Lol é construída é o do entre-duas-mortes, beleza insuportável, impossível de ser tocada, mas que ali permanece sustentando a perplexidade.

Ambas produzem estilo. Antígona é catártica; Marguerite, pelo contrário, retém a tensão. Ambas promovem efeitos de arrebatamento. O adjetivo arrebatado, conforme o *dicionário Aurélio*, significa: veemente, arrojado, impetuoso. Precipitado, inconsiderado, irrefletido. Inflamado, exaltado. Precipitação como sintoma ou precipitação do sintoma?

O arrebatamento

Bem, diante de tão pouca mesura de sentido, caindo no desarrazoado das medidas, ou melhor, na intensidade dos afetos, chego mais perto do título deste texto. O que é que arrebata?

Sabemos que o brilho do olhar de Antígona provoca tais emoções, digamos assim, exaltadas. Caímos assim num campo em que o de que se trata é de um excesso, alguma coisa da ordem do pulsional, grandezas de quantidade, economia do sintoma. Despesa improdutiva?

Serve para quê? Serve para nada. Eu gozo por nada. É Bataille entrando no meu trabalho. Que chegue bem, trazendo-me o absurdo das medidas e com ele *le ravissement*, como diz Marguerite.

Bataille nos surpreende, talvez pela nossa desatenção, ao dizer-nos que articulado com o princípio da utilidade — aquisição, produção e conservação de bens — está o princípio da perda, que carrega consigo a ênfase (Bataille, 1975). A perda deve ser a maior possível: quanto vale o seu gozo?

Isso que diz Bataille nos causa surpresa, entretanto o vivemos em nosso cotidiano, indiferentes às frequentes notícias com números que mostram, por exemplo, o desperdício de alimentos no país, correspondendo a cifras que chegam perto, conforme noticiado, do montante de dólares que o Brasil vai receber do FMI.

Ele chama de despesas improdutivas o gasto que não tem um sentido útil e nos dá como exemplos o luxo, os enterros, as guerras, os jogos, os espetáculos, os cultos, as construções de monumentos, as artes, a atividade sexual perversa desviada da finalidade genital. Desperdícios que consomem fortunas de *real* e produzem um máximo de descarga.

Chegamos assim à catarse. Quais seriam as articulações que poderíamos fazer com o arrebatamento?

Falemos primeiro da catarse. Sabemos que *Kâtharsis* vem do verbo *Kathairo* que quer dizer: purificar, limpar, lavar, de onde *Kâtharos*, que significa puro, sem mancha, limpo.

As produções de arte, ao provocarem angústia e horror através de representações simbólicas de perda trágica — desgraça ou morte —, promovem uma espécie de purgação. Alguma coisa ali é purgada, trazendo um breve apaziguamento. Repetição da cena primária, que a todo momento se refaz pela via do sintoma, gasto exorbitante, gozo do sintoma, regime da fantasia.

As tragédias gregas seriam, então, produções ímpares na produção dessa purgação. Graças à compaixão, ao temor e à piedade as perdas trágicas ganhariam um deslocamento. As comoções levariam a uma descarga, digamos assim, pensando no Freud dos primeiros tempos, descarga ineficaz para os afetos patogênicos.

A consequência teórica dessa afirmação é que os sintomas eram representações de doses excessivas de excitação que não haviam encontrado uma via de escoamento. Estamos, então, num campo no qual os afetos estão carregados com algum a-mais de excitação que pede descarga. Sabemos que a economia do sintoma se alimenta da perda, gasto excessivo regido pelo fantasma.

É certo, então, que no regime do fantasma as coisas não se resolvem pela catarse, visto que a descarga nunca é total, fica sempre um resto de insatisfação ao desejo. Combustível que alimenta a mais-valia do gozo do sintoma: impossibilidade de saber. A insatisfação pode levar a um movimento desejante ou não. Mesmo assim ela é uma via preferencial na trilha das possibilidades.

Ah! isso tudo é muito difícil e não era sobre a economia do sintoma que queria falar e sim da purgação que as tragédias promovem pela via da catarse. Lacan diz:

> É do lado dessa atração que devemos procurar o verdadeiro sentido, o verdadeiro mistério, o verdadeiro alcance da tragédia — do lado dessa *comoção* que ela comporta, do lado das paixões certamente, mas das *paixões singulares* que são o *temor* e a *piedade*, já que por seu intermédio... somos purgados, purificados de tudo que é dessa ordem(Lacan, 1959-1960/1988, p. 300; grifos meus).

Conforme já dissemos, esse "reflexo sagrado da visão da beleza" (Nietzsche, [19–], p. 22), produção do limiar do entre duas mortes, também produz comoções que, em vez de descarregar, inflacionam e retêm a tensão, levando-nos a um estado que não é regido pela descarga e sim pela tensão de saber de si, de alguma coisa oculta que paira mas não aparece propriamente.

Nuances de espanto que nos deixam suspensa, pensando, então, que o arrebatamento, enquanto ato que promove a ignorância do que se sabia, demandando um Outro saber, pertence propriamente ao efeito que Lol nos causa. Não só Lol, mas tantas outras personagens de Marguerite.

Arrebatados, então, a caminho do fim deste texto...

Marguerite, como Antígona, diz não ter tido escolha: "quando comecei a não poder evitar tais livros..." (Duras e Gauthier, 1974, p. 15). Mas será? Ou melhor, será que ambas não escolheram?

Antígona porque é voluntária na sua obstinação.

Marguerite é escolhida. Desejo de desejo. Não seria ela amante disso que manca no simbólico? Falha constitutiva que a joga nas mãos de um destino traçado à revelia? Experiência freudiana, em que a verdade é aquilo que aparece pelo falho, pelo sintoma, produzindo assim articulações do inconsciente e do campo do real, que pela via de um escorregão de sentido mostra um outro?: "Não me importo jamais com o sentido, a significação. Se há sentido, este desprende-se depois" (Duras e Gauthier, 1974, p. 11).

Para nós, psicanalistas, algo da mesma ordem. Se não se morre no lugar do analista, não há analista. Se não se sustenta no rigor que a ética do campo da psicanálise exige, este perde seu gume fundamental e passa a ser uma outra coisa.

Ou então, o de que se trata é de uma questão de estilo. Há também um estilo para morrer, se pensamos que este se situa em articulação com o ato: o ato criador, o ato de viver, o ato de morrer: "O estilo é a ética do artista" (Ariel, 1994, p. 18).

Referências

ARIEL, Alejandro. *El estilo y el acto*. Buenos Aires: Manantial, 1994.

ARISTÓTELES. *Poética.* Tradução de Eudoro de Souza. São Paulo: Ars Poética, 1993.

BATAILLE, Georges. *A noção de despesa. A parte maldita*. Tradução de Júlio Castanõn Guimarães. Rio de Janeiro: Imago, 1975.

BOONS, Marie-Claire. Uma escola "de psicanálise", à prova do Ato. In: *Letra Freudiana* — Escola, Psicanálise e Transmissão. *Tradução de Vera Ribeiro.* Rio de Janeiro: Revinter, 1996.

DIDIER-WEILL, Alain. *Fim de uma análise, finalidade da psicanálise.* Tradução de Vera Ribeiro. Rio de Janeiro: Jorge Zahar, 1987.

DURAS, Marguerite. *O deslumbramento.* Tradução de Ana Maria Falcão. Rio de Janeiro: Nova Fronteira, 1986.

DURAS, Marguerite e GAUTHIER, Xavière. *Boas falas: conversas sem compromisso.* Tradução de Sieni Maria Campos. Rio de Janeiro: Record, 1974.

LACAN, Jacques. *O seminário, livro 7: a ética da psicanálise* (1959-1960). Tradução de Antônio Quinet. Rio de Janeiro: Jorge Zahar, 1988.

———. *Shakespeare, Duras, Wedekind, Joyce: homenagem a Marguerite Duras.* Tradução de Eunice Martinho. Lisboa: Assírio e Alvim, 1989.

MONTENEGRO, Fernanda. A personagem de um autor cruel. Entrevista com André Luiz Barros. *Revista Bravo*, São Paulo, ano 1, nº 7, 1998.

NAZAR, Maria Teresa Palazzo. (1996). *Feminilidade e a questão do masoquismo.* Escola Lacaniana de Psicanálise (ELP).

NIETZSCHE, Friedrich. *A origem da tragédia.* São Paulo: Moraes, [19–].

Sófocles. *A trilogia tebana.* Trad. Mário da Gama Kury. Rio de Janeiro: Jorge Zahar, 1994.

———. *Três tragédias gregas. Antígona. Prometeu prisioneiro.* Trad. Guilherme de Almeida Trajano Vieira. São Paulo: Perspectiva, 1997.

VI Congresso Brasileiro de Psicopatologia Fundamental. Recife/Pernambuco setembro de 2002.

A morte enquanto ato trágico: estilo que se autoriza de si mesmo? O caso Althusser

Logo depois que cheguei ao Maranhão, em 1977, fui trabalhar num Projeto de Colonização na BR-316, que liga o Estado do Maranhão ao Estado do Pará. Sentia-me em *Bye, Bye Brasil* e nem vou poder contar para vocês as impressões de uma carioca, recém-formada em Psicologia, e que se dizia revolucionária, chegando a Zé Doca, que fica entre São Luís e Belém — *hello* Brasil! — para fazer um trabalho com educação popular.

Esta experiência já começou com uma inversão: eram eles que me aturdiam com as coisas que diziam. Aquela fala promovia em mim efeitos de várias ordens, provocando uma desordem, uma desarrumação de lugares, uma quebra de narcisismo no meu carioquismo. Ainda bem, ainda bem...

Éramos todos revolucionários! Recordo-me bem do dia em que um amigo, contratado pelo Projeto, entrou pela sala com uma feição desenhada pelo horror, contando que Althusser, o filósofo estruturalista marxista, havia estrangulado a mulher. Isso emudeceu os revolucionários. Era como se não coubesse, na medida de nossos ideais político-revolucionários, que um filósofo marxista pudesse estrangular sua mulher.

Nós, que éramos revolucionários, estávamos livres desses paradoxos trágicos que constituem o humano. Nosso conto épico era a revolução! Erros, tropeços, escorregões, acertos... O fato é que assim fazíamos o nosso *Bye Bye Brasil*...

Anos depois, de volta de uma viagem ao Rio, cidade de encantos mil que tem boas livrarias, encontrei o livro *O futuro dura muito tempo. Althusser, uma autobiografia* (1992). Dando uma de mulher do açougueiro, aquela que Freud descobriu que queria caviar, mas para continuar em sua síndrome de desejo de desejo insatisfeito, sonhou com salmão, pensei, como numa espécie de autorização às avessas: vou levar para o meu marido, ele é que é filósofo!

No avião, resolvi folhear o livro e, quando li a cena do estrangulamento de Hélène tal qual Althusser a conta, sabia sem saber que um dia qualquer, sabe-se lá quando, Isso ia voltar...

Trágico? De que se trata?

O trágico nos dias atuais é um eco cheio de ressonâncias da tragédia grega; no entanto, o adjetivo parece ter, no decorrer dos tempos, se cristalizado num único sentido. Trágico passou a iluminar como uma senha típica dos tempos atuais: a tristeza aliada a grandes sofrimentos.

Nietzsche, afeito a iluminar gretas — lituras da vida —, fez cintilar a cena grega dos idos do séc. V a. C., trazendo para nossa contemporaneidade este par antagônico: Apolo/Dionísio. No entanto, se o trágico ganhou uma visão dionisíaca, tais figuras para os gregos "não são complementares" (Gazolla, 2001, p. 85).

Agregando o sentido grego da não-complementaridade a este par antagônico que Nietzsche iluminou, poderíamos nomear então o lugar desse par divino como um polo de simbolização que recorta uma topologia: possibilidade de fissurar o real, para além da complementaridade. Dionísio furou as resistências pela voz do poeta que filosofava.

Esse par divino traz a dessemelhança e, em seu caroço grego, insemina uma Outra polaridade, uma espécie de suporte, dispositivo material que possibilitou uma abertura para que Outros significantes emanados do trágico furassem o tempo, produzindo ecos nos tempos atuais.

Apolo — espectro da arte grega — pela "forma e medida":

> companheiro da sabedoria invisível, do equilíbrio estético, da tensão perfeita do arco e da lira, do delírio adivinhatório, do oculto exorcizado, da poesia e da música, mas também é terrível deus flecheiro, abrupto e traiçoeiro, coabitando com Dionísio, o terrível deus sem rosto, nestas características (Gazolla, 2001, p. 86).

Dionísio traz à cena a desmedida. Sua máscara representa a "própria expressão do teatro trágico" (Gazolla, 2001, p. 21). Deus sem rosto, ele nos joga na temporalidade da irrupção do impossível num jogo de presença e ausência:

> um deus solidário à embriaguez, à voluptuosidade, à sexualidade, à máscara, ao jogo da ausência e presença, à dança, à música sem boa harmonia, grupal. Expressa, ainda, o amorfo ou pluriamorfo, o abrupto, a dor do despedaçamento, a crueldade. Mas ele é também benfazejo no descanso do corpo e no esquecimento propiciado pelo vinho (Gazolla, 2001, p. 86).

Somente Dionísio transporta os helenos "ao fundo das coisas" (Gazolla, 2001, p. 86), ou ao "cerne do seu ser" (Lacan, 1966/1998, p. 593), como prefere Lacan, trazendo à tona a atemporalidade, a falta de medida — que é sempre excessiva — para a qual a tragédia do cotidiano nos empurra, por puro empuxo?

A tragédia grega expressa os espíritos dos deuses, que, segundo Lacan (1959-1960/1998, p. 314), são reais; faz circular os significantes d'Isso que os tempos vêm querendo eliminar. Quebra com a razão iluminista, contamina o ar com a virulência de uma "potência originária" quase extinta, mas presente, presença na ausência: efeito de simbólico.

Joga em nossa cara nossos excessos de cortesia, máscaras pós-modernas que insistem em disfarçar um certo caroço do humano, criando imagens frívolas que invadem teletopicamente o nosso dia-a-dia.

A tragédia resiste insistindo enquanto encenação dramática, enquanto interrogação. Ela nos toca de perto — vide *Medeia*, encenada por Antunes — por colocar em foco o drama universal dos humanos em suas "afecções, na natureza, no sagrado, no profano, em seus limites e deslimites" (Gazolla, 2001, p. 25).

No entanto, não basta ir ver *Medeia*, se não deixarmos de lado nossa assepsia pós-moderna, resistente proteção aos efeitos da virulência da existência. São necessárias certas condições para a tragédia se realizar. Não é à-toa que Fernanda Montenegro, autorizada de si-mesma em sua arte, diz, numa entrevista:

> Não sou preparada para os gregos. Entre os grupos com que eu me associei do ponto de vista artístico, os encenadores, os meus colegas, nunca cheguei a um ponto de me sentir segura para montar uma tragédia grega. Acho que no Brasil as encenações dos gregos sempre chegam apenas até a altura do drama, nunca chegam ao que eu chamaria de uma sintonia com o trágico. Já fiz *Fedra*, mas era do francês Racine. É muito difícil, hoje, jogar um mito no palco (Montenegro, 1988, p. 11).

Condições

Se o trágico é um eco cheio de ressonâncias da tragédia grega, Isso significa que para a tragédia ressoar no alvorecer deste novo século serão necessárias certas condições. Mas quais?

O gênero "tragédia" nasce no século V a. C., efeito de certas condições políticas, sociais, culturais, gerando um éthos-daímon. Éthos é o conjunto de valores, normas e instituições seguidas pelos homens enquanto coletivo, materializando o modo como as relações vão se estruturar para a sobrevivência da comunidade. O *daímon*? "O próprio modo de ser de um homem, diz respeito ao seu destino singular" (Gazolla, 2001, p. 64).

Mas... em que, de lá para cá, aqui e ali, o espírito do trágico vem se presentificando em nossos dias? Em certos tipos de experiência constitutivos do humano, quando somos atingidos em nossos subterrâneos íntimos mais profundos. Quando a fala, este instrumento falho, falha, escancarando suas zonas de opacidade e incomunicabilidade, e somos subjugados por nossas supostas escolhas?

Não lhe custa nada, só lhe custa achar o caminho certo, a via que o levará ao caminho da almejada ilusão. Só. Só Isso! Se não, o *daímon* que o habita pode desterrá-lo de sua humanidade e passar a ser seu caráter[1]. É quase como *acertar na mosca*, já que a ambiguidade das palavras mostra que a certeza é apenas um dos lados do dado, estamos sempre no limiar de uma decisão; adiante, um precipício nos espera: *Mamãe, posso ir?*[2].

Se o século XIX se recheou de significantes do tragicofílico, Isso promoveu efeitos que abriram o alvorecer deste século, que insiste em diluir os paradoxos constitutivos da humanidade, condição necessária para que a tragédia cresça e apareça. Seguindo a inspiração de Gumbrecht, trata-se da indústria que ele nomeia como de "artifícios de desparadoxificação" (Gumbrecht, 2001, p. 16) ou, conforme um trabalho meu muito antigo: "artefatos" (Bittencourt, 1993).

---

1 Vernant & Naquet (1999, p. 15): "para que haja tragédia, o texto deve significar ao mesmo tempo: no homem, o que se chama caráter é realmente um demônio".

2 Brincadeira infantil.

Rastros daquilo que vem da indústria das seduções fáceis: verdadeiras próteses que têm a função de produzir ilusões das mais variadas espécies, como aquelas que se alimentam da crença de que a circulação dos afetos e as identificações entre seres humanos, possam ser substituídas por artefatos da indústria. Tentativa de diluir um paradoxo constitutivo do humano: excluir o outrinho da constituição do sujeito psíquico.

Conforme já havia anunciado Freud, qualquer objeto serve para a pulsão sexual dominada pelos traços da perversão contemporânea. A ciência, a tecnologia, a indústria das seduções fáceis, aliadas aos políticos, se transfiguram no humano, na possibilidade de oferecer *troços* fantásticos *ao mundo*: "Deem-nos dinheiro, vocês não se dão conta, se nos derem um pouco de dinheiro, do que não poríamos com máquinas, troços e trens a serviço de vocês. Como é que as autoridades puderam deixar-se manipular? (Lacan,1959-1960/1988, p. 389).

É assim que em Tóquio, essa megacidade, cenário de ficção científica, podem ser encontradas figuras da família em vinil, bonecos em tamanho natural, quase verdadeiros e com a cara da avó ou do avô. Se a dificuldade do convívio é grande, se o conflito de gerações é intenso, o negócio são avós em vinil, iguais a eles e com duração considerável e garantia por tempo determinado, é claro — afinal, o tempo é um limite da humanidade. Ainda bem!

A ordem dos paradoxos tem como condição constitutiva que a verdade seja não-toda: "Princípios e valores que se excluem mutuamente podem estar simultaneamente presentes e ser simultaneamente pertinentes" (Gumbrecht, 2001, p. 11). Dessa condição, advém um desamparo que faz com que os seres falantes raramente saibam qual a melhor trilha a seguir, sustentando, no alvorecer deste século, digamos assim, um certo espírito da tragédia. Enfim, naquilo que me interessa recortar, Lyotard nos diz que "as relações familiares são os lugares privilegiados da tragédia" (Lyotard *apud* Gumbrecht, 2001, p. 11).

O cidadão grego

O cidadão grego não tinha noção de sua existência, de seu si-mesmo, no sentido de um indivíduo moderno, passível de ser plasmado pela criação de leis subjetivas, capazes de lhe fornecer uma certa autonomia. Esse momento íntimo em que alguém conversa consigo mesmo, se Isso houvesse, é que pode edificar aquilo que se chama responsabilidade. A partir daí, depois de elaborar leis a partir de seu próprio peso, o cidadão passa a ser responsável por seus atos. Sabemos que a coisa não é tão simples assim.

O rastreamento dos documentos sobre a Grécia do século V ou VI a. C. revelou vestígios do que no futuro os filósofos iriam fazer aparecer — a noção de sujeito responsável: uma espécie de passe para a liberdade? O Direito, sem essa construção interna, não teria como apontar a intencionalidade de um crime.

A culpa trágica seria regida pela *hamartía* — "doença do espírito, falta, erro, falha" — e pela *hybris* — "desmedida" (Gazolla, 2001, p. 26). Mas a *hamartía* vem dos deuses, demarcando um lugar que engendra o crime trágico. *Hamartíon* e ádikon indicam um delito contra a justiça, mas este se dá num outro patamar. Édipo não é julgado como se fosse culpado. Ele não sabia o que fazia, algo de uma outra ordem o sobrepujava, criando assim um impacto trágico.

Essa ideia é nuclear na articulação que o destino trágico do herói vai ter com a tragédia. O delito trágico não é do herói; são os deuses que submetem os heróis ao seu destino. A *Moira* é a deusa que dá a parte que cabe a cada um. Sem discussão. Só na Idade Média vai ser construída a ideia de livre-arbítrio.

Mas, apesar de a determinação ser grande no mundo grego e absoluta na tragédia, quando Eurípides escreve *Medeia*, cinquenta anos depois que Atenas fora destruída (430 a. C.), em tempos de reconstrução da *pólis*, ele abre uma fissura na determinação.

Abertura regida pela *hybris*/desmedida. Medeia, por artimanhas de Afrodite e Eros, se apaixona por Jasão, que tinha ido a

Cólquida em busca do velocino de ouro. Contrapondo-se à sua família, ela foge com Jasão para a Grécia. Depois de anos casados, Jasão a abandona para unir-se à filha de Creonte, rei de Corinto, que condena Medeia e seus filhos ao exílio.

Depois de ter caído em uma melancolia profunda, ela dirige seu ódio ao outro. Mergulha em sua *sophé*, sua ancestralidade divina, da qual havia se afastado, para obedecer aos costumes de Corinto. Ela é uma semideusa, diretamente descendente dos deuses, sacerdotisa, conhece os segredos das ervas; impetuosa, difere dos valores femininos de Corinto. Trata-se então de um drama humano de uma mulher tomada pelo *pathos* e que é parte do Divino, sofre do absoluto.

Esgotados os argumentos com Creonte, ela cai na ordem do absoluto — garantido por um ponto de sutura —, de onde não poderá irremediavelmente recuar: decide matar o rei Creonte, desfigurar a noiva de Jasão e assassinar seus próprios filhos:

> Minhas amigas, os fatos estão decididos para mim; tendo matado meus filhos, deixarei esta terra o mais depressa possível, e não abandonarei meus filhos para serem mortos por mãos hostis. É absolutamente necessário que eles morram. Já que assim é, eu os matarei, eu que os pari. Vamos, meu coração, torna-te duro como aço, arma-te (Eurípedes, 1988, p. 54).

Eurípedes mostra deuses e heróis em roupas caseiras. Estes seres que ali estão têm a mesma fraqueza e agem pelos mesmos motivos que qualquer um dos espectadores. Mantém o mito como tema, abordando outros conteúdos. Coloca o homem frente a frente com o seu agir, ousando na introdução de um monólogo interior.

Um jogo sutil de pronomes e artigos inaugura um conflito interno com a heroína, não mais totalmente subjugada pelo Divino:

> Ó mísera *por meu caráter implacável*
>
> [...] Em vão, ó crianças, eu vos criei.

> [...] *A mísera* então tinha esperanças.
>
> [...] Digo adeus às *decisões*. Contudo, *que sofro*? Quero causar riso. Deixando impunes meus inimigos? (Gazolla, 2001, p. 130).

A Medeia cabe decidir; ela não se reconhece em seu ato de horror e se nomeia enquanto uma outra — ela — terceira pessoa do singular, *a mísera*, ficando logo depois capturada pela primeira pessoa, que tenta ponderar: *minha vida será triste*.

Aristóteles afirma que a *proaíresis*/deliberação/escolha é "ação que se efetua na alma como afirmação da iniciativa própria/*kekousia*" (Aristóteles, Livro III, *apud* Gazolla, 2001, p. 72). Os animais, as crianças e os loucos que agiriam por pressões internas ou externas estariam fora da *kekousia*/iniciativa própria, e dentro da *akousía*/sem iniciativa, não tendo condições de uma escolha.

A psicose — estrutura que subjuga um sujeito — em nossos tempos ganhou um a mais no campo do trágico: a exigência de interferência dos sistemas legais e do diagnóstico e tratamento psiquiátricos (Dias, 2001).

O caso Althusser

A leitura da escrita de Althusser que, impedido de falar judicialmente, resolve, mesmo assim, desse lugar que lhe é cabível, se expressar, promove um efeito no leitor, digno da *catarsis* aristotélica, principal condição para a tragédia se realizar:

> Tal como conservei a lembrança intacta e precisa até em seus menores detalhes, gravada em mim através de todas as minhas provações e para sempre — entre duas noites, aquela da qual eu saía sem saber qual era e aquela em que eu ia entrar, vou dizer quando e como: eis a cena do assassinato, tal como a vivi (Althusser, 1992, p. 23).

De qual lugar escreve Althusser? Do lugar de um sujeito que foi transtornado pela experiência da loucura: ruptura com o laço social. É deste lugar de escriba de si, transtornado pela ruptura de sua subjetividade, impedido pela imputabilidade legal que lhe é imposta, que o autor desta tragédia escreve, ou melhor, "tenta contornar o buraco"[3]: esse é o mote da escrita na psicose.

Mauro Mendes Dias (2001) ressalta em seu *Seminário* que a foraclusão é uma "explicação capenga" e que, a partir do *Seminário 20* de Lacan, há uma mudança na concepção de significante a partir da letra. Isso nos permitiria pensar que a escrita na psicose seria uma "tentativa de recompor a relação entre os significantes" (Dias, 2001). Não se trata da construção de um sentido e sim da tentativa de dar um contorno a esse si-próprio cheio de buracos, espantos, absurdos que o sujeito tenta contornar, entre crises graves de grande confusão mental.

Ele precisava dizer algo d'Isso que tinha força própria sobre ele, subjugando-o. Assim, ele pega da pena e escreve a tragédia de seu destino. Vai em busca da história familiar, como se dali viessem as primeiras pedrinhas de seu futuro que já se prenunciava: o destino trágico o aguardava. Sabemos que as relações familiares são constitutivas da tragédia.

A psicose

Cada sujeito que fala está fadado à experiência de ruptura do laço social, que é pura linguagem. Se sou tecida pela linguagem, Isso sempre pode também me descoser, conforme uma certa configuração de acasos. Fica ali um buraco que bordeja a loucura.

Se estou no campo da experiência enquanto fenômeno, posso dar um jeito de cerzir o buraco, fica então apenas uma falha

[3] Segundo Mauro Mendes Dias (2001), enquanto a escrita na psicose é uma tentativa de contornar o buraco, na neurose é uma tentativa de dizer do buraco.

mal cerzida. Nada mal! Mas se caio no campo da estrutura, isso significa que não há volta possível. O buraco, lá, fica. Alguma coisa que não foi sequer admitida/*Bejahung* fica fora. Fica fora, foracluída/*Verwerfung*, fora da jogada possível.

É como se o caráter inexorável da *Verwerfung* servisse de empuxo à tragédia, iluminando a experiência de ruptura do laço social. Trata-se de um sujeito desterrado de si e sem terra para se exilar. Uma espécie de deserto do sentido: "empuxo à morte" (Souza, 1999, p. 91). O abismo o cerca, o ronda.

Efeito da ruptura com o Outro, suporte do inconsciente, matriz da língua falada. Outro potente que criva suas marcas em nossa carne, deixa vestígios, edifica nossos sintomas. Se há uma ruptura nesse laço, o sujeito se vê embaralhado pelo tempo, pelo código.

Destituído de suas referências, ele se vê invadido por um Outro que costumava ser silencioso e que agora o insulta, rouba o seu pensamento, metamorfoseia sua intimidade em uma estranheza "insuspeitada" até aquele momento: "O momento do desencadeamento é a hora da ruptura, momento em que a experiência se desvela, mostrando, nuas e cruas, as entranhas daquela condição antes insuspeitada. Insuspeitada porque convivia aí, sintônica, silenciosa" (Dias, 2001). A partir daí, um sujeito vive a psicose em sua dimensão trágica: efeito da estrutura da psicose.

O lugar daquele que escreve

Aqui surge a pergunta que, embora sem saber sabendo, ali estava, por trás, a me impulsionar. Manoel Tosta Berlinck (1992) nomeia a autobiografia *O futuro dura muito tempo* como uma obra marcante e que vai além de uma história pessoal, colocando-a no lugar da tragédia do século XX. Tal colocação me inquietou e me atiçou.

Como ponto de partida: uma tragédia no século XX sofre os efeitos da contemporaneidade. Deslocada então de sua origem grega, somos levados a considerar que, na origem da tragédia, está o mito. Da mesma forma que a matéria bruta do mito é a alma da tragédia, da origem só podemos falar enquanto mito, desde o mito dos indígenas a respeito da origem do mundo até outras ficções como o *Big Bang* dos físicos até o conceito freudiano de pulsão.

Quais, neste "pequeno livro", seriam os ecos, traços, marcas, lituras, rastros da tragédia, a ponto de fazê-lo merecer a nomeação de *a tragédia do século XX*? "Que os leitores me perdoem. Este pequeno livro, escrevo-o primeiramente para meus amigos, e para mim, se possível. Logo se compreenderão minhas razões" (Althusser, 1992, p. 25).

É do lugar de um sujeito subjugado pela loucura e que, entre intervalos, *tenta dizer* algo sobre o estrangulamento de sua mulher, que Althusser pega da pena da escrita para escrever a tragédia de seu destino. Mania de saber ou tentativa do dizer?

O poeta trágico

O poeta trágico na Grécia está inserido num lugar de escrita que advém dos rituais de sacrifício encenados nas *orgias* que, no sentido grego, representam a celebração de mistérios: "a dança, a festa, o riso, os jogos e o delírio ruidoso que o coro de *sátiros* se empenha em mimetizar nas ruas são indicativos das antigas *orgias* do culto dionisíaco" (Gazolla, 2001, p. 18).

A particularidade das orgias dada por um éthos mítico-religioso não se perpetuou em nossa contemporaneidade. Como lembra Lesky (1996, *apud* Gazolla, 2001, p. 19), Dionísio não se mostra com facilidade, ele não tem cara, confundindo a todos que pensam a ele estarem se referindo.

Isso traz à cena as ruas de São Luís do Maranhão durante o tríduo joanino em que Cazumbás, Índias e Caboclos de Pena brincam ao som dos pandeirões e matracas do bumba-meu-boi... Nestas ocasiões, mesmo sem saber qual cara Dionísio tem, sentimos que ele ali está presente. Sentimos seus efeitos em nosso corpo...

O mito e a tragédia

A tragédia é efeito de uma ruptura no pensamento grego. Se, conforme Aristóteles, o mito é a matéria bruta da tragédia, esta, no entanto, pelas mãos do poeta, ganha um a-mais. O bruto na tragédia se elabora em poesia e encenação: os atores entram em ação.

Da narração do mito à tragédia, surge então a cena que encena, coloca a vida na cena. O mito continua sendo a matéria prima da tragédia, mas sua verdade é colocada em questão: "A tragédia assume a forma de um concurso que põe em disputa três poetas trágicos durante três dias, ao fim dos quais um deles recebe um prêmio" (Vernant, 2005, p. 10).

É formada uma comissão de três cidadãos que cuidam do trabalho de uma "equipe de poetas e intérpretes que vão se ocupar da encenação da tragédia escrita pelo poeta que lhes coube" (Vernant, 2005, p. 10). É escolhido também um chefe do coro — que, como os atores, é composto por rapazes da cidade. Depois dos três dias de encenação, um tribunal formado por sorteio entre os cidadãos indica o vencedor.

O tribunal aqui está sendo inaugurado, tendo tanto a função de julgar os casos que envolviam o Direito como a de eleger a melhor tragédia que, enquanto mito poeticamente lapidado, ganha condições de ser julgada. Trata-se de uma inovação institucional que obedecia às leis da cidade.

A tragédia inaugura um novo gênero literário com a encenação de um espetáculo, ao contrário da poesia épica e da lírica, que eram criadas apenas para serem escutadas em recepções ou nas comemorações de Delfos ou de Olímpia. A matéria a ser encenada é a mesma: histórias míticas. Conteúdo que, incessantemente, de geração a geração, transmite os germens constitutivos da nação grega.

O mito na *Poética* de Aristóteles (1993) — "imitação das ações [...] composição dos atos" (p. 39) — ocupa um lugar constitutivo na estruturação da tragédia. Segundo ele, "as ações e os mitos constituem a finalidade da Tragédia, e a finalidade é de tudo o que mais importa" (*idem*, p. 41).

O mito ou a trama dos fatos serve de suporte material, eixo em que as "peripécias", que mudam os sucessos em seu contrário — "reconhecimento que faz a passagem do ignorar ao conhecer" —, e a "catástrofe"/*pathos* possam se presentificar enquanto rastro da tragédia grega nesse novo século que se inicia: "Reconhecimento com Peripécia suscita terror e piedade" (Aristóteles, 1993, p. 63). A "tragédia é imitação de ações que despertam tais sentimentos" (*ibid.*). E mais: "a boa ou a má fortuna resultam naturalmente de tais ações" (*ibid.*).

Nesse cerco, o desafio do poeta era então o de promover uma radicalidade tal, possível somente aos heróis trágicos? Aqueles que não cedem. Nós já sabemos que, se somos humanos, cedemos. Lacan já nos adverte que, se colocamos só a pontinha do pé na merda, dia a dia, vamos cedendo. De repente, quando "nus" vemos, já estamos enterrados até o pescoço.

Mas... continuemos... A tragédia grega traria no seu caldo ingredientes — compaixão, temor e piedade — eficazes na produção de emoções, que como sabemos, demandam descarga, trazendo à cena a catarse que em seu sentido primeiro quer dizer purificar, lavar, limpar e acrescentaria eu, escoar. O de que se trata então é que através das representações que presentificam as perdas trágicas, alguma coisa no coração do ser é purgada e apazigua este que precisa suportar viver.

François Regnault diz que há uma identificação de raiz entre essas duas paixões: "o temor supõe a piedade por uma desgraça ocorrida com um semelhante; a piedade, portanto, supõe também o temor dessa desgraça para si" (Regnault, 2001, p. 79). Aristóteles, em sua *Poética,* diz que:

> [...] não devem ser representados nem homens muito bons que passem da boa para má fortuna — caso que não suscita terror nem piedade, mas a repugnância — nem homens muito maus que passem da má para a boa fortuna, pois não há coisa menos trágica, faltando-lhe todos os requisitos para tal efeito; não é conforme os sentimentos humanos; nem desperta terror ou piedade (Aristóteles, 1993, p. 67).

Freud (1942/1989), no texto "Personagens psicopáticos no palco", coloca que o drama tem por finalidade despertar temor e piedade, promovendo uma *purgação dos afetos*. Trata-se de "fazer brotar fontes de prazer ou de gozo na nossa vida afetiva, assim como o cômico, o dito espirituoso, etc... fazem brotar de nossa vida intelectual fontes similares" (Freud, 1942/1989, p. 289).

O que está em cena é o jogo. O jogo que rege a tragédia grega e contemporânea possibilita que — num jogo de aproximações e recuos — os espectadores vivam através da representação o destino grandioso e trágico do herói. Identificados, se iludem e, como diz Freud, gozam. Para além da catarse, vivem em sua própria carne "a excitação sexual concomitante [...] propiciando ao ser humano o sentimento tão desejado de tensão acrescida ao seu nível psíquico" (Freud, 1942/1989, p. 289). Tensão, descarga, escoamento de afetos, segundo Freud. Estes são os efeitos da tragédia sobre o espectador.

Preciso destacar aquilo que na psicose se chama *passagem ao ato* e que numa aproximação distante com a tragédia grega é representado pela ação, ou melhor, como coloca Agostinho Marques Neto, pela "reação do herói trágico": Édipo, ao tentar escapar de sua maldição, vai para Tebas e lá, sem o saber, assassina seu pai e se casa com sua mãe (Neto, 1998, p. 4).

Ou seja, Édipo, ao tentar escapar, se movimenta na trama, reage: "ele concorre, portanto, para seu próprio destino, que por si só, não se realizaria, não seria mais algo propriamente trágico" (Neto, 1998, p. 5). O herói, então — apesar da inexorabilidade peculiar à tragédia —, con-corre, reage. Isso indica então um "elemento de liberdade que lhe é intrínseco. [...] Não é pois de fatalidade, de destino cego, apenas, que se trata" (*ibid.*). Sua reação, articulada ao acaso e às paixões, vai tecendo uma ficção.

E Althusser?

E Althusser, que não é um poeta trágico, mas vive o trágico pela via da loucura e, impedido legalmente, insiste em se expressar? O impedimento o coloca num lugar particular? Ele próprio diz que não teria condições psíquicas para enfrentar um júri, mas, diante de especulações maldosas da imprensa, resolve escrever o que ele chama de "pequeno livro", para si e para alguns próximos, para quem ele ocupava o lugar de mestria. A questão da publicação não é uma questão qualquer na Psicanálise.

O que da tragédia grega se articula no escrito de Althusser, aproximando-o da categoria de tragédia contemporânea? No nível da estrutura — mito e ato —, Althusser, conforme o lamento de seus discípulos, poderia ter evitado esta passagem ao ato trágico, se estivesse internado.

A questão do assassinato enquanto ato promove consequências trágicas: o horror fica exposto e o espectador fica preso pela identificação com o herói. Isso sem esquecer que, segundo Freud, a identificação é o laço mais primitivo que há.

Dada a condição de inexorabilidade que a operação da *Verwerfung*/foraclusão produz numa estrutura psicótica — uma espécie de buraco permanente que ali se inclui, promovendo efeitos de exclusão do simbólico num sujeito, agregando ao horror exposto um a-mais — caímos no sentimento profundo de piedade. Aquele sujeito não pode evitar a realização de um ato trágico: o assassinato de sua mulher. Ele é inocente, vítima de seu revés?

O caráter de uma certa "inocência" mais a impossibilidade absoluta de reconstrução do acesso ao simbólico — como a inexorabilidade das tragédias anteriores a Eurípides, em que, apesar de o sujeito agir, a Moira já determinou a parte que cabe a cada um — edifica uma ponte que bordeja com a necessária distância — Sófocles e Althusser?

Entretanto, a inevitabilidade do buraco no simbólico, que promove, por efeito, uma passagem ao ato trágico, não seria suficiente para que um autor alcançasse a tragédia. Trata-se de uma condição fundante, mas não suficiente.

O escrito de Althusser é trágico porque re-atualiza estruturas de discurso que o antecedem e o ultrapassam, trazendo à cena o mito: condensado que reapresenta os pilares sobre os quais a humanidade ocidental foi edificada, colocando em cena a questão da natureza da culpa e a noção de responsabilidade.

Mas ainda assim, Isso não é suficiente. O que faz com que nós, leitores, sejamos arrebatados pela escrita de Althusser, aproximando-nos daquilo que Aristóteles chamou catarse?

O brilho de Antígona retorna, fazendo cintilar aquilo que é da ordem da sublimação: obra de arte, trazendo a beleza que fere o coração e cega os humanos: "Reflexo sagrado da visão da beleza" (Nietzsche, s/d, p. 22).

Sem Isso, sem a beleza da obra de arte, não seria possível a escrita desta tragédia do século XX, presente de Althusser que chegou pela via de um certo revés do destino: o impedimento legal. Isso parece ter sido fundamental para que ele se jogasse nessa empreitada, e nos deixasse como herança, além de sua filosofia, este presente...

E para terminar, palavras de Althusser:

> De repente, estou em pé, de roupão, ao pé da minha cama. [...] Diante de mim, Hélène, deitada de frente [...]. Ajoelhado bem pertinho dela, debruçado sobre seu corpo, estou lhe massageando o pescoço. [...] Massageio em V. [...] O rosto de Hélène está imóvel e sereno, seus olhos abertos fixam o teto. De repente invade-me o terror. Por certo já vi mortos, mas em toda a minha

vida nunca vi o rosto de uma estrangulada. Mas como? Levanto-me e grito: estrangulei Hélène! (Althusser, 1992, p. 23-24).

Referências

ALTHUSSER, Luis. *O futuro dura muito tempo*. Tradução de Rosa Freire D'Aguiar. Rio de Janeiro: Cia. das Letras, 1992.

ARISTÓTELES. *Poética*. Tradução de Eudoro de Souza. São Paulo: Ars Poética, 1993.

BERLINCK, Manoel Tosta. A mania de saber. *Boletim de Novidades Pulsional*. Centro de Psicanálise. Ano V, nº 44, dezembro 1992.

BITTENCOURT, Elisabeth. *O mal-estar do mais além*. 1993.

DIAS, Mauro Mendes. *Sobre a psicose*. Seminário proferido na Escola Lacaniana de Psicanálise do Maranhão, 2001.

EURÍPEDES. *Medéia, As bacantes, As troianas*. Tradução David Jardim Júnior. Rio de Janeiro: Ediouro, 1988.

FERNANDES, Ricardo Muniz. *Medeia de Eurípides*. Centro de Pesquisa Teatral do SESC e Grupo de Teatro Macunaíma. São Paulo, 2001.

FREUD, Sigmund. Personagens psicopáticos no palco (1942). *Edição standard das obras psicológicas completas de Sigmund Freud*, v. XXII. Tradução sob a supervisão de Jayme Salomão. Rio de Janeiro: Imago, 1989.

GAZZOLA, Rachel. *Para não ler ingenuamente uma tragédia grega*. São Paulo: Loyola, 2001.

Gumbrecht, Hans Ulrich. Os lugares da tragédia. *In*: *Filosofia e literatura: o trágico*. Rosenfield, Denis L. (Org.) Tradução de Lawrence Flores Pereira. Rio de Janeiro: Jorge Zahar, 2001. P. 9-19.

LACAN, Jacques. *O seminário, livro 7: a ética da psicanálise* (1959-1960). Versão brasileira Antonio Quinet. Rio de Janeiro: Jorge Zahar, 1988.

————. *Escritos*. (1966). Versão brasileira Vera Ribeiro. Rio de Janeiro: Jorge Zahar, 1998.

NETO, Agostinho Ramalho Marques. *Sobre a Antígona de Sófocles*. Curso de extensão promovido pela Escola Lacaniana de Psicanálise do Maranhão e Centro Acadêmico de Direito da UFMA, 1998.

NIETZSCHE, Friedrich W. *O nascimento da tragédia no espírito da música. O belo autônomo*. Textos clássicos de estética. Organização e seleção de textos Rodrigo Duarte. Tradução de Jacob Guinsburg. Belo Horizonte: UFMG, 1977. P. 201-220.

————. *A origem da tragédia*. São Paulo: Moraes, [19–].

POMMIER, Gérard. Nacimiento y renacimiento de la escritura. *Revista Literal*. Transcrição Romilda Mochiuti. Tradução Escola de Psicanálise de Campinas: jan-jun 2002. p. 133-141.

REGNAULT, François. *Em torno do vazio a arte à luz da psicanálise*. Tradução de Vera Avellar Ribeiro. Rio de Janeiro: Contra Capa, 2001.

SÓFOCLES. *A trilogia tebana*. Tradução de Mário da Gama Kury. Rio de Janeiro: Jorge Zahar, 1994.

SOUZA, Neusa Santos. *A psicose: um estudo lacaniano*. Rio de Janeiro: Revinter, 1999.

VERNANT, Jean-Pierre. *O herói e o monstro*. Folha de São Paulo. São Paulo. 10 de abril de 2005. Caderno Mais.

VERNANT, Jean-Pierre; NAQUET, Pierre-Vidal. *Mito e tragédia na Grécia antiga*. Tradução Cristina Murachco. São Paulo: Perspectiva, 1999.

IV Jornadas de Direito e Psicanálise a partir de William Shakespeare, promovidas pelo núcleo de Direito e Psicanálise do programa de Pós-Graduação em Direito da Universidade Federal do Paraná. Curitiba, junho, 2007.

O que se paga com moedas de carne?

Perder, ganhar, lucrar, ter prejuízo, extorquir. Isso exige um-a-mais para perder? Um-a-mais para lucrar? Um-a-mais que entra na conta do pagar, trazendo também para a roda das medidas o a-menos, que carrega consigo a falta? Falta um na cadeia discursiva que diga de mim. Caio na dívida: pagável ou inelutável? Caio no que é preciso pagar. Dever para enlutar e cair na vida?

Na gira da vida o pagamento é viver ou morrer. E as moedas do viver? Quais são elas? A vida é impagável? E está aí a roda da morte — "a rainha que reina sozinha e que não precisa do nosso chamado pra chegar" (Macalé, 1972, faixa 9). Nenhuma moeda paga a morte?

Sei não... sei não... só sei que com Isso já entrei em um terreno que me joga na roda da arte e da religião. Da arte aparece Fausto querendo negociar a alma por um... punhado de moedas de ouro! No reino do Deus cristão aparentemente não há moedas, é o que nos diz Antonio, o cristão melancólico que não teme perder seus bens, mesmo sabendo que no "mar não há fios para se agarrar" (Carvalho, 1996, faixa 2). Mesmo sabendo que uma libra de carne é uma medida que traz o sacrificial para a roda? Ou pago ou morro. Certo de nada lhe faltar, ou melhor, colado na falta, identificado a ela, como um bom melancólico, não teme a morte? Talvez a deseje...

Acredita que não vai perder o quê? O quê? Antonio resolve aceitar a moeda da discórdia — deusa da neurose universal. Nela o pagamento que conta são as dívidas dos ressentimentos, das vinganças, do ódio. Com isso ele traz aquilo que é da ordem do sacrifício, como diz Marcel Mauss (1974), e a moeda dessa gira, já se sabe, exige a perda sacrificial. O que Antonio queria depois de cuspir na cara de seu inimigo? A justiça do Estado?

Moedas de carne?

> Eu o odeio, porque é cristão, muito mais ainda, porém, porque, em sua vil simplicidade, empresta dinheiro grátis e faz assim baixar a taxa de usura em Veneza. Se algum dia conseguir agarrá-lo, saciarei o ódio velho que sinto por ele. Ele odeia nossa santa nação e até no lugar onde se reúnem os mercadores me ridiculariza, bem como minhas operações, meus legítimos lucros que ele chama de juros. Maldita seja minha tribo, se eu o perdoar (Shakespeare, 1989, p. 448)

Assim Shylock faz seu juramento! Não se trata de um contrato a ser registrado no cartório. O cartório que registra essa dívida tem no psíquico seu principal administrador. Seu campo é esse: moedas do inconsciente, preços extorsivos e impagáveis. Quanto vale o gozo de sua transgressão?

Mas... de que se trata? Moedas de carne? Elas circulam na zona de conflito? Para tentar responder a essas questões trago para a roda um dos meus ídolos; ele me acompanha desde algum tempo, sempre que posso faço dele meu convidado, coadjuvante ou principal — assim, posso saber mais dele. Trata-se de Georges Bataille que traz como seu convidado principal Marcel Mauss, que há muito vislumbro...

Certa, então, de que esta será minha trilha, sigo em frente acompanhada de meus mestres. Bataille, em seu brilhante texto *A noção de despesa* (Bataille, 1975), recorta um naco, uma libra de real que nos coloca de cara no campo dos pagamentos, das perdas, revelando o "caráter secundário da produção e da aquisição em relação à despesa" (Bataille, 1975, p. 16). Gostamos de desperdiçar...

Essa é sua matéria principal. Ele quer mostrar ao mundo que para além da aquisição, acumulação, conservação existe uma necessária perda que clama por violência, quer ser vertiginosa, necessária destruição. Isso vem desde o inicio dos tempos: "[...] as forças ordenadas e as reservas se liberam e se perdem para fins que não podem ser sujeitados a nada de que seja possível prestar contas" (Bataille, 1975, p. 19)

A noção de despesa improdutiva

Bataille parte da noção do útil e suas vicissitudes. Lacan dizia que as necessidades se alojam no útil. Fato é que Bataille quer iluminar gretas de ignorância ofuscadas pela ilusão de que é possível encontrarmos algo que acomode nossas necessidades e, enfim, nos deixe amparados e aparados, mas não reparados, visto que, o que se anuncia é esse substrato que coloca o aparelho psíquico em movimento — avante! — que é o desejo astuto que demanda decifração. E que vem de onde, de onde mesmo? Das entranhas do inconsciente...

Parece historinha de criança, de terror, de mistério. Mas... como diz Lacan no seminário da ética (1959-1960/1988), é disso que se trata: de exotismo. Aliás, o mestre Shakespeare sobre isso nos dá aula, indicando-nos os lugares onde certas coisas se colocam.

Depois então de colocar o útil em "palpos de aranha": "Não existe, com efeito, qualquer meio correto, tendo em vista o conjunto mais ou menos divergente das concepções atuais, que permita definir o que é útil aos homens" (Bataille, 1975, p. 27); para além das medidas sensatas, do útil e do prazer, ocorrem situações, contextos particulares que revelam a insensatez das medidas. A honra, o dever, por exemplo, passam a servir de suporte para transgressões do cidadão comum em que interesses de várias ordens presentificam-se no oculto que a fala esconde.

Nas leis da economia que sustentam o princípio material da utilidade é clássico o princípio de que, sob formas moderadas, o prazer se apresenta aquietado: acomodado em suas necessidades? A patologia ficaria com "aquilo" que se expressa pela via das medidas excessivas da ordem da violência, que Bataille no texto *O erotismo* (1987) coloca como expressão da descontinuidade que existe entre os seres humanos, entre mim e você, por exemplo. Com uma simples frase, ele expressa os decibéis dessa violência: se você morre, não sou eu que morro. A descontinuidade é total e a solidão, absoluta! E o erotismo onde estaria?

O razoável que contamina os princípios da utilidade clássica tenta reduzir o real a regras harmoniosas que delatam e deletam as paixões violentas, inspiradas nos gregos: substrato trágico da condição humana. Segundo Bataille (1975, p. 28): "[...] todo esforço particular deve se reduzir às necessidades fundamentais de produção e da conservação", reduzindo a vida a um fastidioso cotidiano, condição necessária à atividade social produtiva. Pergunta ele (*ibid.*): "[...] não lhe ocorre a ideia de que uma sociedade humana possa ter [...] interesse em perdas consideráveis, em catástrofes que provoquem, de acordo com necessidades definidas, depressões tumultuosas, crises de angústia e, em última análise, um certo estado orgíaco"? Nas concepções usuais, no cotidiano, reina o meio termo e um suposto equilíbrio. O excesso e seu gasto causam turbulência: serve pra quê?: "Serve pra nada. Serve ninguém", canta José Miguel Wisnik (Wisnik, 1992, faixa 10).

Mas de que se trata? Seria a anarquia, conforme Lacan pergunta no seminário da ética (1959-1960/1988), a propósito do desejo de Antígona? "Será que é aquilo que alguns acreditam que identifico com esse campo central, ou seja, não sei que mal natural do homem?" (Lacan, 1959-1960, p. 314). Já estamos na beira do transbordamento. Neste circuito as moedas que circulam são regidas pela: "[...] *diké* dos deuses. Mas aí é que está, nós não sabemos mais nada do que são os deuses" (*ibid.*).

Os atos de esbanjamento, comandados pela gira dos excessos, são interpretados apenas como sintomas psíquicos doentios, dos quais nós, os tais que estamos do lado de cá, os bons, como recorta Nietzsche em *A genealogia da moral* (s/d), os normais, como diz o povo; nós não somos violentos, só os outros "incapazes de justificar utilitariamente sua conduta" (Bataille, 1975, p. 28). Enquanto isso a mais-valia, a mais-miséria rola por aí pelos mercados de capital e da sedução dos corpos em que as moedas que circulam são efeitos da atração que o ouro tem pelas paixões, pelo ódio, pela revanche, pela retaliação que exige um naco de carne viva para se saciar.

O campo religioso

O mercador de Veneza é mais uma obra de arte do mestre Shakespeare na tentativa de desvendar o humano que recobre nossa carne. A peça diz das montagens fantasmáticas e implacáveis, mas também tragicômicas da dívida. Revela algo da dinâmica pulsional, da dívida estrutural na construção do humano. Dívida impagável, mas que mesmo assim é objeto de amor dos falantes, que através dela revelam suas vicissitudes na disputa de sempre: a da verdade única e universal. Ou melhor: a sua verdade. Esta que é universal. Ele tem certeza, e dela não abre mão.

Quando a questão da disputa da Verdade é atravessada pelo religioso, caímos num campo magnético ao qual um a-mais se acrescenta, trazendo para a roda, uma vez mais, o horror e com ele o vertiginoso de Bataille. Este ponto topológico que articula a rivalidade e o religioso exige "destruições espetaculares de riqueza" (Bataille, 1975, p. 34). As perdas devem ser máximas.

O pagamento exigido lembra as perdas sacrificiais dos rituais primitivos religiosos. A moeda que circula paga essa medida: "Em época relativamente recente, ocorria um chefe Tlingit apresentar-se perante seu rival para degolar alguns escravos diante dele. Essa destruição era retribuída em um determinado prazo pela degolação de um número maior de escravos" (Bataille, 1975, p. 35).

Marcel Mauss, opondo-se à noção de escambo enquanto valor de troca, como ideia originária do comércio e portanto dos mercados de capital, identifica uma *forma arcaica de troca* entre os índios do noroeste americano, com o nome de potlatch: "O potlatch deixa entrever um vínculo entre as condutas religiosas e as da economia" (Bataille, 1975, p. 5).

Os vetores deste campo minado por excelência — o religioso — representam, no entanto, leis cujos princípios escapam da economia clássica nos aproximando da política econômica das neuroses, onde a mais valia goza conforme o prato do dia. O sujeito fica literalmente na mão do Outro, que faz dele gato e sapato.

O potlatch é praticado nas situações que envolvem mudanças — iniciações, casamentos, funerais — ou então nos "jogos de revide". Está sempre articulado a um gasto excessivo: "Exclui qualquer regateio e, em geral, é constituído por uma dádiva considerável de riquezas oferecidas ostensivamente com a finalidade de humilhar, de desafiar, de obrigar um rival" (Bataille, 1975, p. 34).

É uma via de escoamento da riqueza. Inclui o lucro de conquistar um lugar de importância. Paga o prestígio de um chefe que, por ter em abundância, distribui para os seus convidados com requinte, festas, presentes, joias que não são falsas, rios de diamante, lutas corporais, etc e tal: "É, via de regra, a dádiva solene de riquezas consideráveis, oferecidas por um chefe a seu rival, a fim de humilhar, desafiar, obrigar" (Bataille, 1975, p. 104).

As moedas do revide

A moeda exigida por Shylock no empréstimo a Antonio é a do revide, exige o sanguinolento. Veículo de troca por excelência, as moedas promovem circulação, representam o significante da falta e ao mesmo tempo o preenchimento dela. Estes são alguns dos vetores que botam as moedas para rolar...

As moedas de carne são aquelas em que o ouro que reluz ilumina o vertiginoso do gozo masoquista, que tanto aparece nesta peça, colocando em cena o corpo. O lucro está no gasto que deve ser máximo, nas vizinhanças da morte. É a perda que alavanca este lucro do sintoma administrado pelo mais-de-gozar: o sujeito, por estar submetido ao regime do Outro, é conclamado a pagar preços extorsivos. Quanto mais ele paga, mais ele deve.

O neurótico paga com moedas de carne feitas de mal-estar o gozo do seu sintoma, leia-se desprazer. A sua dívida aumenta porque, afinal, ele está pagando o quê? Uma perda inútil, como diz Bataille, que não serve para nada, a não ser para pagar seu mal-estar e que, ainda por cima, exige repetição. Gozo masoquista que Lacan diz indicar o caminho da morte: ele paga para continuar sofrendo.

Mas... a libra de carne não se confunde com as moedas de carne. A libra de carne encarna esse pedaço da carne, cortado do corpo, objeto que cai, "*pathos* do corte", resto do "engajamento na dialética significante" (Lacan, 1962-1963/2005, p. 237).

Resta Isso que não se diz, resultado da operação significante que Lacan nomeia como objeto *a*: "Objeto perdido nos diversos níveis da experiência corporal em que se produz seu corte, é ela que constitui o suporte, o substrato autêntico de toda e qualquer função de causa" (Lacan, 1962-1963/2005, p. 237).

A causa indica a falta de saber: “Não sei o que me causa tanta insensatez”. Desaparece o objeto que estruturou a fantasia. Sem deixar rastros? Como diz Lacan, há uma “afânise do *a* [...], cujo reflexo temos na função da causa” (Lacan, 1962-1963/2005, p. 240).

Esse naco de carne que resta torna-se, então, simbólico e o sujeito, doravante, segue alienado: “[...] sempre há no corpo, em virtude desse engajamento na dialética significante, algo de separado, algo de sacrificado, algo de inerte que é a libra de carne” (Lacan, 1962-1963/2005, p. 242).

O mercador de Veneza

Shakespeare se aproveita do mercador de Veneza para encenar o jogo fantasmático de uma dívida que clama pelo espetacular, despesa máxima orquestrada pelos solavancos das batidas do coração.

Antonio e Shylock, este par infernal, colocam em jogo o desafio de inimigos. Antonio, depois de cuspir na cara de seu inimigo, provoca e seduz o usurário: “Vós me chamastes de infiel, cão assassino e cuspistes em meu gabão de judeu” (Shakespeare, 1989, p. 450). Transforma o pagamento de sua dívida em um ato de guerra. Cria uma armadilha em que o gozo da vingança encontrará terreno propício para se realizar: “Antes disso considera este empréstimo como feito a teu inimigo” (*ibid.*). Ele deseja a punição. Que se cumpra a lei da cidade!

Por que, então, não endividar o próprio corpo que aprisionado pela dívida já está? Uma libra de carne é capaz de colocar em jogo o pagamento em que a vida não vale; a única coisa que vale a pena é a perda violenta. Só essa é capaz de pagar o gozo que Antonio fomenta em vida; gozar na medida de sua morte e ainda poder destilar, escoar o ódio e acusar esse outro judeu: de que ele não tem coração. A dádiva passa então a ser “[...] absoluta, graças ao judeu ou por causa do judeu; que vinha ajustar-se exatamente ao lugar aonde ambos formam um par” (Sibony, 1992, p. 181).

Shylock, "inchado de rancor e impotência", troca os pés pelas mãos (Sibony, 1992, p. 177). Acredita que um contrato garanta a lei da cidade para um estrangeiro, e ainda por cima judeu: "A justiça se vinga implacável de um ser que ela acusa de querer ser implacável em sua vingança" (Sibony, 1992, p. 188).

Antonio, o cristão triste que parece não ter nada a perder — daí vem sua potência —, "mordido pela dádiva de amor", joga na cara de seu inimigo que "dinheiro não se empresta com interesse, confia-se por amor" (Sibony, 1992, p. 176). Cabe a Shylock encarnar a mancha da usura.

Emprestar a juros, dizia a Igreja, era usura e usura era pecado. Conforme um sentimento medieval, se alguém estivesse em estado de precisão, não era justo que aquele que acolhesse tal apelo ainda lucrasse. Tal operação exemplificaria uma situação de exploração e isso não seria justo. A Igreja ensinava o que era certo e errado em todas as atividades do homem, apesar de ela própria infligir essa lei com os argumentos mais variados: "O homem de negócios bem-sucedido de hoje, que compra pelo mínimo e vende pelo máximo, teria sido duas vezes excomungado na Idade Média" (Huberman, 1977, p. 47). É o que Shylock é obrigado a fazer, excomungar-se, negar sua ancestralidade, ou seja: cair no lugar de dejeto.

As moedas de ouro cristalizam esse vil metal, mas são puras dádivas que apontam para uma dívida simbólica, impagável. E é no intercurso dessa dupla articulação que circulam os fantasmas que marcam o significante moeda dentro e fora da situação analítica: aposta na emergência do sujeito. Este, para surgir e cair na vida, precisa perder sua libra de carne, resto da operação simbólica da perda do real que tem na metáfora paterna sua formalização.

Para viver é preciso endividar-se, perder essa libra de carne que nos leva de volta para o início do trabalho, em que Bataille, com uma espécie de "eloquência blafesmatória" (Bataille, 1975, p. 18), afirma que é a perda que está no cerne do ser e que isso tem ascendência sobre a aquisição e conservação dos bens: "[...] a ideia de um mundo pacífico [...] que seria ordenado pela necessidade de produzir e de conservar é apenas uma ilusão cômoda, quando o mundo em que vivemos é consagrado à perda" (Bataille, 1975, p. 16).

Nós, quando viemos ao mundo, já chegamos pedindo, embalados pela falta. Shylock e Antonio querem nos lembrar disso...

E para terminar, apesar de Shakespeare, palavras de Marguerite Duras: "O corpo é sem defesa alguma, é liso desde o rosto até os pés. Ele chama o estrangulamento, a violação, os maus tratos, os insultos, os gritos de ódio, a descarga de paixões inteiras, mortais" (Duras, 1987, p. 21).

Referências

BATAILLE, Georges. *A noção de despesa*. A parte maldita. Tradução de Julio Castañon. Rio de Janeiro: Imago, 1975.

————. *O erotismo*. Tradução de Antônio Carlos Viana. Porto Alegre: L&PM, 1987.

DURAS, Marguerite. *A doença da morte*. Tradução de Jorge Bastos. 2ª edição. Rio de Janeiro: Livraria Taurus Editora, 1987.

HUBERMAN, Leo. *História da riqueza do homem*. Rio de Janeiro: Zahar, 1977.

LACAN, Jacques. *O seminário, livro 7: a ética da psicanálise* (1959-1960). Versão brasileira Antonio Quinet. Rio de Janeiro: Jorge Zahar, l988.

————. *O seminário, livro 10: a angústia* (1959-1960). Tradução de Vera Ribeiro. Rio de Janeiro: Zahar, 2005.

MAUSS, Marcel. *Sociologia e Antropologia*. Vol. II. Tradução de Mauro W. B. de Almeida. São Paulo: Universidade de São Paulo, 1974.

NIETZSCHE, Friedrich W. *A genealogia da moral*. Rio de Janeiro: Ediouro, s/d.

SIBONY, Daniel. *Na companhia de Shakespeare*. Fúria e Paixão em doze peças. Tradução de Maria de Lourdes Lemos Britto de Menezes. Rio de Janeiro: Imago, 1992.

SHAKESPEARE, William. *O mercador de Veneza.* Obra completa. *Nova versão anotada*, de F. Carlos de Almeida Cunha Medeiros e Oscar Mendes. Vol. II. Rio de Janeiro: Nova Aguillar, 1989.

Fonografia:

CARVALHO, Hermínio Bello de. Viola, Paulinho. Timoneiro. *Bebadosamba.* São Paulo: BMG, 1996.

MACALÉ, Jards. A morte. *Jards Macalé.* São Paulo: Philips, 1972.

WISNIK, José Miguel. Voo cego. *José Miguel Wisnik*. São Paulo: Gamerati, 1992.

IV Encontro 13 Luas sob o tema "A responsabilidade" a partir de Eichmann em Jerusalém de Hannah Arendt, promovido pelo Núcleo de Direito e Psicanálise do Programa de Pós-Graduação em Direito da Universidade Federal do Paraná. Curitiba: março de 2008, Ilha do Mel, Paraná.

A banalidade do mal: o tempo da tomada da palavra

Sonhei com Primo Levi. Para quem não sabe, inclusive eu, ele escreve... sobre o que mesmo? Devo ter lido, escutado em algum lugar, que sua escrita teria a ver com a experiência de viver num gueto de um campo de concentração nazista. Na dúvida se Primo Levi estaria fazendo ficção ou contando a história de sua própria experiência, dei novamente uma da bela açougueira de Freud, aquela que queria caviar, mas armou uma cena em que aparecia que o que ela queria mesmo era salmão, mentirinha que a jogava direto para o seu desejo de desejo insatisfeito. Desejo de saber o quê? O que mesmo?

Bem, o fato é que comprei o livro e, como no caso do livro de Althusser (1992) *O futuro dura muito tempo,* dei de presente o Primo Levi para o meu marido. Assim, mantinha uma certa promessa que havia me feito ainda na adolescência, depois que li *Treblinka*, que contava a história desse campo de concentração. Na época tinha uma amiga judia e conversávamos muito sobre as dificuldades do amor quando a família quer que você se case com alguém que seja judeu.

Depois disso, fiz uma promessa da qual não mais me lembrava até hoje, mas que cumpri até agora: a de nunca mais ler qualquer coisa sobre o nazismo. Fiquei horrorizada! Lembro que, naqueles tempos juvenis, agradecia aos deuses por ter nascido no Brasil, esquecendo por instantes todos os problemas sociais deste país.

Mas é claro que existem os filmes! Como resistir a eles? Recordo que depois que vi "Os deuses malditos", de Visconti — soberbo filme —, refiz a promessa: este seria o último filme que eu veria em que a cena da suástica dava o fio da trama.

Aqui e ali a cena fascista me acenava e eu não dava bola para ela, tamanho o horror. Precisava me reencontrar com a cena temida que agora trazia esse novo nome que sempre me instigou: a banalidade do mal? Além de que trazia mais uma mulher para a minha turma: Hannah Arendt. Sempre reparei nos ares de espanto que suas ideias causavam em rodas com os meus amigos. Até pouco tempo o que mais me espantava era imaginar como Hannah havia se apaixonado por Heidegger? Olhava para a foto dele e ficava amedrontada; logo os amigos me diziam que ele era boa gente e me falavam de suas ideias, que me cativavam. Ainda bem que existem os amigos!

Finalmente, consegui esticar a mão e reabrir de novo o horror nunca dantes visto por mim e que Hannah, com maestria e pontuações absurdas e profundas, ia me revelando, aos poucos: o horror que não pude ver em minha adolescência.

O pacto de silêncio

Hoje, pela manhã, fui surpreendida com o pacto de silêncio que havia feito na adolescência. Entrementes, o que mais me desconcertou e de que — num só-depois — pude me dar conta, foi o seguinte. Assim que comecei a ler o escrito de Hannah, logo no começinho, começaram a aparecer associações que vinham dos ecos da fala de Alain Didier-Weill na Bahia, num congresso sobre a culpa.

Esse psicanalista francês, que conjuga psicanálise com música, contou de um amigo seu que, surpreendentemente, havia esperado 30 anos para revelar uma parte de sua história, que incluía o convívio num gueto de Varsóvia. Levei um susto! Imagino quantos não fizeram um pacto de silenciar o horror do nazismo!

Alain Didier-Weill ficara particularmente tocado pelo fato de conhecer esse colega psiquiatra desde maio de 1968, de terem feito parte de um grupo de jovens internos em psiquiatria, em que Tom — que assim vai ser chamado — liderava as esperanças desse mágico ano de 68, que este ano faz aniversário.

Uma ressalva: Bertolucci, diretor de cinema italiano, conta numa entrevista que, em 68, dormíamos tendo a certeza de que o dia seguinte seria um novo dia e que eles, nós, os jovens, seríamos os principais protagonistas dessa mudança.

Mas... por que Tom teria levado 30 anos para quebrar o pacto de silêncio sobre sua história? Alain Didier-Weill sugere que evoquemos os "comentários enigmáticos" de Lacan sobre a Shoah. Segundo ele, nenhuma interpretação poderia "dar conta do que acontecera" (Didier-Weill, 2001, p. 95). Lança então uma luz que traz à cena — mais uma vez — um olhar que fascina. Não mais o olhar de Antígona que fascina e fez sua sina e a minha também, mas o fascínio do olhar de um suposto deus obscuro. Sirvo-me de suas palavras para dar alguma configuração ao olhar do deus obscuro.

Mas antes de seguir adiante, vou lhes contar o que aconteceu com Tom, que, aos 13 anos de idade, no gueto de Varsóvia, vivia no seu dia-a-dia o "assassinato progressivo de seus próximos" (Didier-Weill, 2001, p. 96).

Certo dia Tom roubou algumas batatas e as escondeu nas calças. Foi visto por um bedel nazista que o chamou, apontando para ele uma metralhadora. Para sua surpresa, o bedel nazismo não o metralhou. Trocou a rajada da metralhadora por uma outra arma mais enigmática e potente e, num certo sentido, mais eficiente.

Em vez de metralhar Tom, o bedel nazista exige que ele tire a roupa diante do grupo presente; as batatas rolam pelo chão, ao mesmo tempo que Tom vira um resto de qualquer coisa, um "nadica de nada", como se diz no Maranhão. Quando chega ao gueto, tenta o suicídio, mas não morre.

Entre os sobreviventes, havia um velho psiquiatra que acompanhou Tom quando ele saiu do coma. Alain Didier-Weill surpreende-se com a simplicidade e a eficácia de sentido da frase do psiquiatra que fez Tom voltar a desejar: planejar que um dia seria psiquiatra e ajudaria outros, conforme ele havia sido ajudado. O psiquiatra diz: "Mas você sabe, Tom, a vida no gueto não é normal" (Didier-Weill, 2001, p. 96).

O fascínio do olhar do deus obscuro

Vejo que caí num cerco já familiar. O cerco do brilho do olhar de Antígona que me fascinou tempos atrás e me fez escrever "O arrebatamento". E agora, de que se trata? O cerco de um olhar fulminante de um deus obscuro que coloca o sujeito num lugar vil: "ele faz esta experiência de indignidade absoluta" (Didier-Weill, 2001, p. 96).

O de que se trata, então, são comoções que, conforme Lacan, "nos retêm — nos interditam — nos intimidam — nos desnorteiam" (Lacan, 1959-1960/1988, p. 300). E é nesse desnorteamento, já agoniada, com medo de me perder de Hannah, que mais uma vez me vejo nesse cerco de interrogações que envolvem o olhar que fascina: "Faz sina. Faz brilhar aquilo que brilha no olhar de Antígona. O quê? O quê?".

As perguntas de Hannah Arendt

Hannah Arendt coloca que a justiça de Israel exige que Eichmann — responsável pela imigração forçada de milhões de judeus — seja "processado, defendido e julgado", enquanto, segundo ela, ficavam suspensas "as questões aparentemente mais importantes" (Arendt, 2007, p. 15). Quais seriam elas?

Inspirei-me em algumas dessas perguntas para construir um percurso nessa questão que envolve o horror peculiar que o nazismo difundiu em sua missão ariana: "Como pôde acontecer uma coisa dessas? [...] Como puderam os judeus, por meio de seus líderes, colaborar com sua própria destruição? Por que marcharam para a morte como carneiros para o matadouro?" (Arendt, 2007, p. 15).

Acredito que esse cerco de interrogações beira o irrepresentável para além das questões históricas, políticas, ideológicas, etc... Conforme Lacan coloca, nas palavras de Alain Didier-Weill (2001, p. 95): "nenhuma interpretação [...] de ordem marxista ou hegeliana, poderia dar conta do que acontecera". Não é à-toa que nesse tempo Sade é ressuscitado.

Fico constrangida em restringir minha escrita, tamanho o horror de um crime contra a humanidade, aos efeitos do olhar. Mas Isso não importa! O que importa é, voltando a Tom, ele se viu frente a frente ao deus obscuro e precisou de 60 anos para que chegasse ao tempo de concluir: "Quer dizer, o tempo da tomada da palavra" (Didier-Weill, 2001, p. 96).

Alain Didier-Weill (2001, p. 95) coloca que é "extremamente difícil escapar ao fascínio daquilo que" Lacan chamou o deus obscuro: "é necessário um olhar particularmente corajoso para poder olhar frente a frente esse deus obscuro sem se deixar envolver pela fascinação". Pela fascinação de viver a experiência da indignidade absoluta? Isso fascina!

O olhar do deus obscuro atinge o sujeito da cena. O que é colocado em questão é ele mesmo e não o outro, prejudicando assim sua capacidade de julgar. O que é abatido é a dignidade daquele ser fascinado pela vileza, pela humilhação. Isso existe dentro de todos nós, mas como pôde contaminar a massa?

Tom foi atingido no cerne de seu ser, efeito do olhar do deus obscuro que tem o poder de destituir o sujeito, jogando-o numa experiência em que a vileza e a humilhação darão o tom de sua atitude futura. É por Isso que ele tenta o suicídio: sua vida não tem mais sentido.

Que olhar é esse? Segundo Alain Didier-Weill (2001, p. 97): "sob o olhar do deus obscuro, o ser humano pode perder a capacidade de julgar, a capacidade de julgar o bem e o mal". Tom foi despertado pela possibilidade de julgar, a partir da interpretação do psiquiatra: ali, no gueto, as coisas não eram normais. Em uma outra situação, talvez Tom não roubasse batatas. Nesse momento, ele compreende, deseja um futuro para si e leva 60 anos para tirar a palavra da aba do seu chapéu, para transformá-la num testemunho público.

O que se passa no inconsciente de um sujeito que é visto pelo olhar de alguém que se sente superior por representar uma raça etnicamente pura? É visto no sentido de que, ao se defrontar com tal olhar, ele não tem recursos psíquicos para resistir à sedução do olhar desse deus obscuro, que se imiscui no olhar daqueles que acreditam encarnar uma raça superior. Diante dele, Tom se vê como inferior. A partir daí muitas consequências podem ser tiradas.

Uma delas é a eficácia desse olhar obscuro que precisa de um inconsciente que não pôde simbolizar a tentação de cair num lugar de indignidade absoluta, mas, como disse o psiquiatra: ali não era um lugar "normal". Afinal, as pessoas no gueto eram aniquiladas dia-a-dia. Ou seja, não se trata da sua casa. E mais, ainda, conta-se que delas, se fazia sabão.

Mas, fora dali, havia a possibilidade de um outro regime político. Se escapo da morte, pode ser que a vida vire outra. É uma promessa que escapa do olhar do deus obscuro. Alguma coisa em mim se enlaça com essa promessa e me protege, apesar da atrocidade do momento.

O terrível desse olhar obscuro, segundo Alain Didier-Weill (2001, p. 97),

> é o que há nele que faz com que o sujeito não possa lhe contestar, [...] aceitando a fascinação e impedindo a aparição desse olhar, que Lacan chama corajoso olhar, excepcional, de poder olhar esse olhar do deus obscuro, desse outro absoluto, sem ser alterado.

O suicídio de Tom é uma tentativa de escapar de si. É a certeza de que, se ele vive, é impossível não se deixar atrair para esse lugar de enorme gozo: o lugar de ele se ver vilipendiado: "Ele sabe que não é um sub-homem, mas é uma verdade sem consequências, sem esperança, porque ele sabe a verdade, mas não acredita nela" (Didier-Weill, 2001, p. 98).

O horror do nazismo

No entanto, se essas questões apontadas por Hannah fazem a angústia se instalar, existe algo que acrescenta um-a-mais ao horror do nazismo. Algo, de que ela muito rapidamente se deu conta, talvez por escutar Heidegger, que influenciava bastante Lacan: o homem contemporâneo, foracluído de seu sujeito, influenciado pelas maquininhas modernas de criar ilusão, amansado em sua virulência, que já não se preocupa em se perguntar por isso ou aquilo — é efeito de uma dessubjetivação.

Cito Lacan (*apud* Julien, 2001, p. 71):

> Ele colaborará eficazmente à obra comum no seu trabalho cotidiano. Vai ocupar os seus momentos de lazer com todas as amenidades de uma cultura, do romance policial, memórias históricas, conferências educativas, com a ortopedia das relações grupais. (É isso, relações de grupo, no trabalho, com o facilitador.

> Vocês conhecem isso. Para que você se torne um bom instrumento no grupo de trabalho). E assim ele esquecerá sua existência, sua morte, e entrará numa falsa comunicação, desconhecendo o sentido particular, não universal de sua vida.

Ele é o responsável pelo horror do nazismo: "O problema com Eichmann era exatamente que muitos eram como ele, e muitos não eram nem pervertidos, nem sádicos, mas eram e ainda são terrível e assustadoramente normais" (Arendt, 2007, p. 299).

É disso que se trata. Em nossos dias, o homem caminha pelo fogo sem ver o fogo. Mais uma magiquinha dos tempos atuais. Mas, se ele não vê o fogo, este se alastra pelo seu corpo reduzindo a cinzas aquilo que apontaria o âmago de seu ser, aquilo que inscreveria um estilo, aquele que poderia escolher: pera, uva ou maçã?

Despossuído de si, livre de sua tragicidade, o homem contemporâneo, perdido da palavra plena, desiste de pensar. Passa a brigar por um dinheirinho a mais que, para além de qualquer ironia, é bastante necessário neste país de miseráveis, em que, para você sobreviver, em cada esquina tem que lutar com a torpeza.

Esse homem normal que, diante da dessubjetivação, não sabe o que fazer, o que dizer, esse homem que perdeu o fio da palavra que diga do seu desejo, que precisa de um manual de instruções nem que seja para mandar milhões de judeus para qualquer lugar, forçando a emigração nem que fosse para os quintos dos infernos: esse seria o monstro. E existem monstros?

Para terminar, palavras de Hannah Arendt (2007, p. 92):

> essa normalidade era muito mais apavorante do que todas as atrocidades juntas, pois implicava [...] um tipo novo de criminoso, que comete seus crimes em circunstâncias que tornam praticamente impossível para ele saber ou sentir que está agindo de modo errado.

Referências

ALTHUSSER, Luis. *O futuro dura muito tempo*. Tradução de Rosa Freire D'Aguiar. Rio de Janeiro: Cia. das Letras, 1992.

ARENDT, Hannah. *Eichmann em Jerusalém: um relato sobre a banalidade do mal*. Tradução de José Rubens Siqueira. São Paulo: Companhia das Letras, 2007.

BITTENCOURT, Elisabeth. O arrebatamento. *Bergasse 19:* Revista da Escola Lacaniana de Psicanálise. Rio de Janeiro, v. 1, p. 97-107, 2007.

DIDIER-WEILL, Alain. Pesquisa sobre a culpa. In: Congresso internacional do Colégio de Psicanálise da Bahia: a Culpa, 2, 2001, Salvador. [*Trabalhos apresentados*]. Salvador: Colégio de Psicanálise da Bahia, 2001. p. 95-123.

JULIEN, Philippe. A culpa na modernidade. In: Congresso internacional do Colégio de Psicanálise da Bahia: a Culpa, 2, 2001, Salvador. [*Trabalhos apresentados*]. Salvador: Colégio de Psicanálise da Bahia, 2001. p. 69-82.

LACAN, Jacques. (1959-1960). *O seminário, livro 7: a ética da Psicanálise*.Versão brasileira de Antonio Quinet. Rio de Janeiro: Jorge Zahar, 1988.

Filmes

OS DEUSES malditos. Dirigido por Luchino Visconti. Produção: Ever Haggiag e Alfred Levy. Itália: Eichberg-Film GmbH / Praesidens-Pegaso Italnoeggio, 1969. 1 DVD.

VI Ciranda de Psicanálise e Arte promovida pela Escola Lacaniana de Psicanálise do RJ na PUC. Rio de Janeiro, setembro de 2008.

Genoveva, uma caboclinha saliente? Nem tanto...

Saliente, conforme o linguajar maranhense, quer dizer: aquela que é pra frente, aquela que toma gosto, que é atrevida, saidinha...

Por onde será que ele andava? Deolindo, que era um marujo de primeira, havia saído para uma "longa viagem de instrução" (Assis, 2007, p. 289). Haviam se conhecido três meses antes de ser exigida dele essa viagem. Tiveram até um ímpeto de largar tudo, de mudar a vida de uma só vez, ele largava a marinha e iam juntos para um interiorzinho qualquer viver esse imenso amor que não era qualquer. Dona Inácia, com quem Genoveva morava na Gamboa, perto da Praia Formosa, aconselhou que o casal não fizesse tal temeridade. E assim Deolindo parte para uma viagem por lugares distantes...

Mas... partir como se aquele imenso amor não existisse, era desafiar o coração... Era necessário algum expediente. Não se passa por isso assim, assim... É preciso algum ritual para encaminhar o passo seguinte. Deolindo e Genoveva juram fidelidade: "que a luz me falte na hora da morte" (Assis, 2007, p. 290).

É com esse sentido na cabeça que Deolindo, dez meses depois, chegado de viagem, vai até Genoveva imaginando a *noite de Almirante* que vai ter. Isso porque logo quando saía da *corveta* seus colegas já o gabavam: vai ter uma *noite de Almirante*, hein?

Nesse espírito, Deolindo vai em busca de sua Genoveva, fresquinha e solta em seus 20 anos. Pelo caminho, inocente como um cordeirinho, ele pensa na caboclinha cheirosa e cheia de inteligência. Logo chega à rótula de dona Inácia, com quem Genoveva morava, e vai logo tomando ciência de que... Genoveva? Genoveva já estava com outro, um *mascate* que morava lá pelas bandas da Praia Formosa...

Deolindo da Venta-Grande, como era chamado por seus colegas, assustado com a novidade que a jura de fidelidade não aventava, é tomado pela ira do macho: vai matá-lo. Sente cheiro de sangue e segue caminho. Encontra Genoveva cosendo, sentada à janela; ela, surpresa com a presença do antigo amor, convida-o a entrar.

A partir daí, Genoveva começa a se revelar. Juras? Pactos? Como cumpri-los, se o coração no dia seguinte pode amanhecer gostando de outro?

Genoveva? Ela tem a sorte de ser traçada por Machado de Assis, que, por gosto próprio e raro em sua obra, nos delicia com essa *caboclinha* de olhos atrevidos e corpo *saliente*, no esplendor de seus vinte anos, toda solta e cheia de desenvoltura.

Machado prefere Genoveva na Gamboa, bairro popular do final do século XIX. Por lá o samba gestava-se, misturado com os candomblés das "tias baianas" e com as crenças católicas; enquanto pela rua do Ouvidor as cariocas desfilavam, imitando as francesinhas — acalentando o sonho dos novos brasileiros, assentados na Corte imperial — que, por uma espécie de galhofa histórica, aportaram no Brasil.

O Rio de Janeiro desde 1808 é destaque na cena nacional. Primeiro, como sede da Corte, depois como capital do Império e da República, cujos ventos já sibilavam no ouvido de Machado — "saudades do tempo que se perde" —, anunciando as futuras mudanças e a vocação que a cidade teria para a *joie de vivre*, conforme expressão da época (Aguiar, 2008, p. 148).

Entre 1872 e 1890 o Rio quase dobrou de população; era a maior cidade do país, com 522 mil habitantes vindos de várias partes do Brasil. As tias baianas, que traziam o samba e o candomblé, se *aboletaram* lá pelas bandas da Gamboa, onde o samba nasceu e onde morava Genoveva.

Abaixo do Rio vinham as cidades de São Paulo e Salvador, cada uma com pouco mais de 200 mil habitantes (Araújo, 1995, p. 30). A cidade se movimentava, atraindo investimentos econômicos, beneficiando-se de serviços essenciais e se deixando tomar por um "frisson": festas, concertos, reuniões literárias, saraus, concertos líricos, debates gerais, bailes. O Rio de Janeiro exalava um brilho de fascinação. Machado se deixa inebriar...

Mudanças no traço urbano suscitavam novos desejos. A cidade, vocacionada para o prazer, convidava a todos para nela passear. A atração pelo mundo da rua, a busca pelo prazer, o gosto por bater perna na rua, conforme uma expressão antiga, vão marcando o estilo único e malemolente do Rio de Janeiro. E Genoveva, no meio d'Isso...

Esse jeito de viver, desfrutando a vida, mapeia a cidade e marca um estilo. As elites adotam as formas burguesas de usufruir das atrações urbanas — vão aos teatros, aos concertos líricos. Machado se apaixona por cantoras líricas e atrizes do teatro, acompanhando a moda daqueles tempos em que o amor romântico vai se imiscuindo pelas brechas dos anseios, trazido por ventos europeus (Aguiar, 2008, p. 145).

Enquanto isso..., lá pela Gamboa, banhada pelo mar — que aliás se estendia até a atual Igreja de Santa Luzia no Centro do

Rio —, outras formas de diversões baratas e populares surgiam, produzindo uma atmosfera marcada pelo "culto do prazer e da alegria" (Araújo, 1995, p. 25), traços constitutivos da alma carioca, conforme a historiadora Rosa Maria de Barbosa Araújo.

Machado se dá o luxo de colocar Genoveva nas cercanias da Gamboa, morando com Dona Inácia, dado cuja inclusão indica o lume social de sua personagem. Genoveva era uma *caboclinha* popular, fora do eixo que constituía as famílias tradicionais do século XIX do Brasil ainda imperial, nos tempos em que as mulheres ganham ou conquistam, não sei bem, a permissão para sair de casa e transitar pelas ruas.

O luxo de Machado é poder traçar Genoveva, caboclinha *saliente, solta de espírito*. É Genoveva que lhe dá a chance de flanar pelos recantos mais pobres da cidade, ameaçados pelos capoeiras, assaltantes da época. Estimava-se que "em 1890, mais de 100 mil pessoas não tinham ocupações definidas, sustentavam-se prestando serviços irregulares ou viviam na fronteira da legalidade, como ocorria com prostitutas, malandros, ladrões, desertores, ciganos, ambulantes e jogadores" (Araújo, 1995, p. 31).

É Genoveva que nos aproxima dos recantos mais permissivos da cidade. Por lá, podia-se dançar, cantar e beber nas ruas e arriscar um samba, antes de a polícia chegar e acabar com a *patuscada*. Em matéria de liberdade, Isso não era pouca coisa afinal, estamos num tempo em que sorrir não era "apropriado nos retratos da época" (Aguiar, 2008, p. 184).

Genoveva estaria assim, então, "mais para Manuel Antônio de Almeida, com *Memórias de um sargento de milícias*, do que para Machado de Assis" (Aguiar, 2008, p. 147). Sua graça vem do humor popular que enche as praças públicas, que desde Rabelais ganhou importância e notoriedade? Humor que inclui o riso solto e os humores do baixo ventre? Uma digestão que não inclui uma degradação, uma oposição entre o alto e o baixo ventre? É daí que vem a permissão para a sua sinceridade inequívoca? Afinal, quem é que manda no coração? Gonçalves Dias que o diga!

Quem era Genoveva?

Ai, ai... Genoveva. É incrível como esta personagem me sugere interjeições... E, por mais que pareça estranho, associações com filósofos de escrita "rude e complicada" (Kant, 1993, p. 9). É assim que imagino como seria um encontro de Genoveva com Kant: o homem da hora certa.

É claro que o texto que escolhi — *Observações sobre o sentimento do belo e sublime* (Kant, 2000) — é aquele em que o filósofo se solta numa linguagem literária na qual, segundo ele, está mais numa posição de observador do que de filósofo.

Genoveva é prova material da teoria do filósofo quando ele diz que: "[...] é sobretudo no caráter espiritual desse sexo que residem traços próprios a ele, que o distinguem claramente do nosso" (Kant, 2000, p. 47). De onde vem o estilo espirituoso de Genoveva?

As fontes são diversas. Uma, é claro, vem da sorte de Genoveva ser cria de Machado de Assis e circular pela Gamboa nesses tempos em que o Rio dança o lundu, a polca e a mazurca, além de ensaiar os primeiros passos do samba, causando espanto por suas belezas naturais e por sua "maneira descontraída e irreverente" (Martins, 1988, p. 17), como exclamou o grande dramaturgo Arthur Azevedo em 1873, quando ao Rio chegou, fugindo da tacanhice do Maranhão, que não suportava suas sátiras chulas. Genoveva é cria dessa irreverência?

Genoveva fazia parte daquele quinhão de mulheres que não eram casadas. Podia assim obedecer fielmente aos desmandos de seu fogoso coração? Também não era uma prostituta. Ela pertence àquele grupo de mulheres cujas uniões eram livres, fossem pelo amasiamento ou pelas relações sexuais eventuais. O concubinato sempre fez parte dos costumes brasileiros.

Sentada em sua janela, despreocupada, está Genoveva a coser um corpete azul — que liberdade! — quando chega Deolindo Venta-Grande, cheio de intenções assassinas; afinal, Genoveva? Esta? Já morava com outro. A partir daí Machado brilha e discute com Kant sobre sua personagem, cujo caráter espiritual nos deixa numa situação difícil, a de encontrar palavras que deem nome a tal licenciosidade.

A *caboclinha* traçada por Machado é dona de maneiras, digamos assim, naturais, simples, como diz Machado: próxima da natureza? Ou melhor perguntando, Genoveva fala de um lugar que lhe confere uma sinceridade inequívoca, própria daqueles que se sentem livres das amarras sociais? Sim, mas Genoveva, digamos assim, é má? Ela não tem culpa?

A moral das mulheres

Por incrível que pareça, Kant *acerta na mosca* em relação às mulheres. Para elas, a razão, só se for bela. "Bela mais que Bela, como era mesmo o nome dela?" (Gullar, 1983, p. 298). Este é o ponto de referência do filósofo: "A mulher possui forte sentimento inato por tudo o que é belo, gracioso e ornado, se compraz em se ornamentar. Ama o gracejo e pode se entreter com futilidades, conquanto sejam alegres e divertidas. Prefere o belo ao útil. E, com prazer, economiza o que sobra das despesas domésticas, a fim de despendê-lo em brilho e enfeite" (Kant, 2000, p. 48).

Elas, segundo Kant, só querem fazer o que melhor lhes apraz, não parecendo ter aptidão para com as obrigações: "Nada de deveres, necessidades ou obrigações; a mulher é intolerante com todo comando e obrigação inoportuna" (Kant, 2000, p. 52). Se dependesse delas, Freud diz que não haveria ciência, e Kant, no ensaio já aqui referido, coloca que: "Ela evitará o mal não por ser injusto, mas por ser repulsivo; ações virtuosas significam para ela as que são moralmente belas" (Kant, 2000, p. 52). Elas então não seriam nobres? Ou seja, se a moralidade é caso raro entre homens e mulheres, elas a vivem de uma maneira peculiar.

Segundo Monique David Ménard, os homens são "constituídos pela confrontação da máxima de seus atos com um imperativo incondicionado" (Ménard, 1998, p. 16) regido por um supereu que exige uma renúncia aos prazeres na busca da correspondência de ideais. Tais preceitos severos não levam em conta as dificuldades para o cumprimento de tais exigências, jogando o sujeito numa relação sadomasoquista consigo mesmo. Essa construção "tem fundamento numa estrutura de desejo masculino" que para ser esclarecida precisa levar em conta "a substituibilidade dos objetos das pulsões sexuais [...] nos homens e nas mulheres" (*idem*, p. 17). Segundo ela: "Não se muda de objeto da mesma maneira quando se é mulher, identificado a uma mulher, e quando se é um homem, identificado a um homem" (*ibid.*).

Para Freud, o objeto da pulsão é o que mais pode variar na busca da satisfação: qualquer coisa serve. Lacan "substitui a ideia de que o objeto da pulsão pode mudar tão frequentemente quanto se queira" pela ideia de que o objeto não tem nenhuma importância, chegando ao "modelo perverso de realização pulsional" de *Kant com Sade* (Ménard, 1998, p. 18).

Para Monique, se há uma multiplicidade de funções do objeto, a mesma variabilidade pode ocorrer nos seus modos de substituição. Isso vale para homens e mulheres; no entanto, para estas últimas, haveria um modo de substituição que teria como consequência uma "outra incidência de culpabilidade", uma tentativa de "construção subjetiva", cujo efeito mais imediato seria o de "limitar o sentimento bruto da desgraça" (Ménard, 1998, p. 20). As mulheres, ou os identificados a ela, teriam assim uma "culpabilidade mais negociável" em que o "erotismo ou o pulsional" se faz de borda, constituindo um limite "à pulsão de morte, ao repetir alguma coisa que a desloca" (*ibid.*).

É comum escutarmos de nossas analisandas sonhos em que situações difíceis sofrem um deslocamento, uma substituição, sendo possível extrair daí alguma satisfação: "Eu sonhei que estava presa. Era horrível. De repente, pensei: pelo menos assim eu emagreço uns quilos". Segundo Monique "esta substituição de objeto torna possível uma culpabilidade secundária e erotizada" (Ménard, 1998, p. 6). Não se trata então de ignorar a culpa, mas de construir uma outra "incidência de culpabilidade"? Ou melhor, não que as mulheres não sofram de Lei, talvez, apenas elas, "às vezes", dela não padeçam. Trata-se de uma questão econômica? "Nem tanto"?

E Genoveva?

Voltemos a Genoveva... Ela levanta os olhos de sua costura e dá com Deolindo. Convida-o a entrar com uma franqueza de espantar. Deolindo até pensa... Será que? Mas... o entardecer era só de surpresas para ele.

Ele diz: "sei tudo". Ela responde: "disseram a verdade". Convida-o a entrar e com um olhar faz parar o seu ímpeto de, no mínimo, estrangulá-la: aquele "pedacinho de gente". Genoveva lhe responde de um tal jeito que Machado não sabe bem definir: "[...] uma mescla de candura e cinismo, de insolência e simplicidade [...]". Na busca de palavras, Machado desiste do cinismo e da insolência, ficando com a candura e a simplicidade (Assis, 2007, p. 292).

O certo é que a partir daí Machado se esmera em colocar na boca e nos gestos de Genoveva aquilo que uma mulher mais bem sabe demonstrar: uma franqueza inequívoca modulada por um tom de verdade que lhe assegura de algo que não vem da moral, mas sim do sentir. Genoveva não se defendia de nada, afinal Nossa Senhora que estava em cima da cômoda era testemunha de seu sofrimento por Deolindo, mas... o tempo passara, e seu coração mudara: quem é que manda nos desditos do coração?

É aí que Machado se encontra com Kant, confirmando a tese do célebre filólebre fil encontra com Kant, confirmando a tese do cde algo que com certeza na mulher melhor sabe fazer: uma franqueza inequsofo: "Parece difícil acreditar que o belo sexo seja capaz de princípios, e, com isso, espero não ofendê-lo, pois também são muito raros no sexo masculino" (Kant, 2000, p. 52). Genoveva não tinha princípios?

A sua sinceridade inequívoca era dada por estar fora do imperativo categórico da moral? Era desse lugar que extraía sua graça de caboclinha saliente e popular das cercanias da Gamboa no Rio de Janeiro do século XIX? Ou diante do sofrimento da longa ausência de Deolindo em que "parecia que iria lhe dar uma coisa" (Assis, 2007, p. 290) o seu coração, em que ela não mandava, negociou uma outra incidência de culpa? Nem tanto? Afinal, como ela mesma diz: "Quando jurei era verdade. Tanto era verdade que eu queria fugir com você para o sertão. Só Deus sabe se era verdade! Mas... vieram outras coisas..." (Assis, 2007, p. 292).

Na verdade de Genoveva cabe um "mas, contudo, entretanto"? Trata-se de uma verdade negociável? É por isso mesmo que dona Almerinda, lá do povoado de Quatro Bocas no Maranhão, diz que a vantagem do homem é que ele pensa mais antes de falar e a palavra dele vai e não volta, mas a mulher, não, a língua não faz fadiga dentro da boca dela e aí, bem na horinha dela jurar, ela escorrega...

Referências

AGUIAR, Luiz Antonio. *Almanaque Machado de Assis*. Rio de Janeiro: Record, São Paulo, 2008.

ARAÚJO, Rosa Maria Barboza. *A vocação do prazer.* A cidade e a família no Rio de Janeiro republicano. Rio de Janeiro: Rocco, 1995.

ASSIS, Joaquim Maria Machado de. A noite do Almirante. *In*: *50 contos de Machado de Assis* (p. 289-295). Seleção de John Gledson. São Paulo: Companhia das Letras, 2007.

GULLAR, Ferreira. Poema sujo. *In*: *Toda poesia*. Rio de Janeiro: Civilização Brasileira, 1983. Campinas: Papirus, 2000.

KANT, Immanuel. *Observações sobre o belo e o sublime. Ensaio sobre as doenças mentais*. Tradução de Vinícius Figueiredo. Campinas: Papirus, 2000.

MARTINS, Antonio. *Arthur Azevedo: a palavra e o riso*. Rio de Janeiro: UFRJ/Perspectiva, 1988.

MÉNARD, Monique David. *As construções do universal*. Tradução de Celso Pereira de Almeida. Rio de Janeiro: Companhia de Freud, 1998.

VI Jornadas de Direito e Psicanálise a partir de A hora da estrela de Clarice Lispector, promovidas pelo Núcleo de Direito e Psicanálise do Programa de Pós-Graduação em Direito da Universidade Federal do Paraná. Curitiba, maio de 2009.

Eu me conto, tu te contas, e Macabéa não se conta?

– Eu não sou a Clarice Lispector, sou Macabéa.

Desculpem... mas só Macabéa sabe viver o real de uma fantasia. Foi assim que iniciei o ano de 2009 com uma certeza fatal: eu não era a Clarice Lispector! Mas como assim?

Amanheci o ano no espanto do relâmpago. Pensei... interessante! Vamos ver onde Isso vai dar. Sim, porque eu chegar à verdade que eu não era a Clarice Lispector levava-me a uma tristeza triste, talvez em direção ao homem velho de Caetano Veloso que não olha para trás. Ao mesmo tempo esse espanto era tão inverossímil que agitava o meu ser com um emaranhado de afetos e questões que pediam nomes. De que se trata: eu não sou a Clarice Lispector?

Se essa frase fosse Outra e não essa, não haveria fatalidade, porque me parecia que eu queria dizer — mas não disse: eu não escrevo como a Clarice Lispector. A tristeza que viria daí semearia em mim um ar úmido e amazônico, oceânico que me apaziguaria. Estaria eu querendo escrever uma *performance*?

Já, eu não sou a Clarice Lispector, balançava ruidosamente os ecos de minha alma e me jogava no não saber, no vazio em que então me encontrava com Macabéa. Nosso encontro nasce do vazio da beleza da ignorância.

Macabéa com o horror de sua inocência me lança, mais uma vez, para os caminhos do interior do Maranhão com o qual penso ter um acesso quase que direto: minha doce ilusão. Começo então a procurar pelas macabéas do Maranhão e não as encontro. Como? As lembranças e memórias do tempo em que trabalhei com as mulheres camponesas são vivas, elas só faltam aparecer na minha frente com voz e tudo. Por que então não encontro as macabéas?

As mulheres camponesas do Maranhão eram alegres como o que, como se alegria e pobreza pudessem se misturar gerando um ser espantoso: a alegria também se faz da falta! Além disso, quase todas tinham conhecido o amor e o sexo de uma forma ou de outra, o que significava que elas tinham razões concretas — o amor, às vezes, se quer concreto — para se queixarem, desejar uma outra coisa que quase sempre viria dos filhos que de uma forma ou de outra eram órfãos de pai. Tinham pais, mas onde eles estavam?

Não esqueço que em uma das minhas viagens, lá pelos idos dos anos oitenta do século passado, escutei a seguinte frase: "Pai é palha, mãe basta o nome" (depoimento)[1]. Lembro que fiquei assombrada com a força dessa construção de palavras, quase como se Isso explicitasse o que Clarice diz: a palavra deve parecer com palavra. Não sei bem o que é isso, mas sigo em frente...

As mulheres camponesas davam provas claras e explícitas de que se contavam. Davam gargalhadas altas, dançavam com saias

[1] Mulher camponesa do Maranhão.

rodadas, choravam emocionadas e o principal: sabiam contar histórias maravilhosas. Analfabetas, mas letradas, sabiam dizer palavras que pareciam com palavras. Elas não eram macabéas? Onde elas estariam então? Afinal, se eu não estava em Alagoas, estava nas brenhas do Nordeste, bem no meio do mato do Maranhão. Será que as macabéas foram todas para o Rio de Janeiro?

Um estalo na cabeça me abre os olhos e eu, já completamente triste, encontro as macabéas. Me dou conta de que só vi as macabéas de longe... O afã de meu trabalho ardente não me deixou encontrar cara a cara com as macabéas. Envolvida nas tramas de saber das mulheres camponesas que, como não sabiam ler, ficavam com dor de cabeça prestando muita atenção para nada esquecer, só via de esguelha aquelas que com a alma encardida me olhavam, de canto, com olhar de peixe morto, como diz Macabéa.

Nossa! ainda bem que tenho a Clarice Lispector para dar voz àquelas mulheres que com um olhar fundo e mudo impregnaram — só agora e de uma vez só — o meu corpo, exigindo de mim que eu faça muito "filé" com os fios, como as artesãs de Alagoas. Fios que trancem palavras... Aí, não sou mais a Clarice Lispector, nem escrevo como ela, eu sou como Macabéa: acredito no que me assombra!

O que me assombra em Macabéa?

O que me assombra em Macabéa e faz ela invejar é a sua capacidade de viver tão intensamente de si mesma: "[...] ela como uma cadela vadia era teleguiada exclusivamente por si mesma. Pois reduzira-se a si" (Lispector, 1978, p. 23). Mas como assim? Macabéa não precisava dos outros?

Clarice em sua dedicatória mostra que ela não é Macabéa; como eu, ela precisa dos outros: "Esse eu que é vós pois não aguento ser apenas mim, preciso dos outros para me manter de pé, tão tonto que sou, eu enviesado" (Lispector, 1978, p. 7).

Macabéa não tinha vós, o pronome e voz, o som? É claro que sim!

Apenas parece que as palavras que contam dela padecem de uma consistência rala, parca, encardida. E não é que, nascida com essa consistência e com esses tons, ela encanta o leitor? O leitor se encanta, mas Macabéa *mesma* parece inalcançável, uma surpresa a cada linha traçada. O encanto de Macabéa vem da estética do parco. Sua "esvoaçada magreza" (Lispector, 1978, p. 24) nos pega, nós, os leitores.

Ao mesmo tempo, Macabéa apresenta uma topologia que está, digamos assim, descentrada das massas contemporâneas. Ao se contar, dá provas de que nasce da cultura, é serva do verbo. Entrementes, o jeito desajeitado como se serve das palavras, como diz Clarice, a maneira como se conta — a composição de sua existência — recorta do mundo de fora detalhes, que escapam àqueles seres que engolfados estão na massa da cultura: "Porcaria na cultura, tanto bate até que fura" (Assumpção, 2003, faixa 1).

A sua "incompetência para a vida" em achar um "jeito de se ajeitar" (Lispector, 1978, p. 31), faz dela um ser desajeitado, ou melhor, enjeitado, e também universal — enjeitados do mundo, uni-vos —, dando-lhe condições de se contar a partir de patamares inusitados que recolhe do mundo: "O mundo é fora de mim, eu sou fora de mim" (Lispector, 1978, p. 31).

Mundo esse feito de "matéria opaca" em que "nada cintilará" (Lispector, 1978, p. 21), somente Macabéa brilha com seu jeito descompassado, sem melodia *cantabile*, jogando na nossa cara o quanto "aquilo" que é da ordem do singular, ao se expressar, causa espécie. Quem é esta moça — cuja "mulherice" demorou tanto para se mostrar, quase na hora da morte — que vem do sertão das Alagoas, primeiro lugar do Brasil em que Clarice aportou?

Aliás, não é só Macabéa que escutava a Rádio Relógio; eu tenho uma amiga que mora em Alcântara, no Maranhão, ou melhor, planeta Alcântara, conforme a cidade é conhecida, que também escutava a Rádio Relógio. Certa vez me contou que escutou nesta surpreendente rádio que, somente os vaga-lumes machos acendem aquela luzinha, na bundinha. Teve um ataque feminista na ocasião!

Será que é por conta dessa sua topologia — estar fora do mundo —, efeito da estratégia da escrita de Clarice, que Macabéa vive tão intensamente de si mesma, a ponto de comer suas entranhas? Afinal, o inconsciente não tem dentro ou fora, é tudo dentro! Como diz Mauro Mendes Dias: "[...] o Outro é íntimo. [...] Sua proximidade se encontra diretamente relacionada pela possibilidade de com ele, Outro, estabelecer uma relação".

Macabéa se conta a partir do Outro, linguagem que nos constitui, mas ela o faz a partir de um lugar em que ela, moça tola, não acredita que o Outro possa lhe responder perguntas que nunca ousou se indagar: "Quem se indaga é incompleto" (Lispector, 1978, p. 20). Segundo Clarice, se Macabéa perguntasse quem ela é "[...] cairia estatelada e em cheio no chão" (Lispector, 1978, p. 20).

Assim, Macabéa vive de "si mesmo", mas não se pergunta sobre si. Não acredita que o Outro possa lhe dar algum sentido, além do que a vida lhe ofereceu. Ela, moça que Clarice pressentiu numa rua do Rio de Janeiro, se conta a partir de um lugar em que não estabelece uma intimidade com o Outro? Ela não acredita que o engano vem do Outro e pode ser reconstruído, é ela que está enganada, ou melhor, desenganada, salva por uma promessa a Nossa Senhora da Boa Morte.

Como um cão vadio, ela ladra pelos cantos da linguagem, contando-se a partir de um lugar negativo que não se serve do Outro para se articular com sua história? Por Isso ela não se conta? Clarice aproveita-se dessa particularidade — impossibilidade de perguntar sobre si — e introduz um tom que traz os ventos diários do Nordeste.

Recordo que um de meus primeiros assombros, logo que cheguei ao Maranhão e que depois verifiquei ser corriqueiro; foi quando escutei a seguinte frase: "Desde que eu me entendi, que isso é assim". O que Isso quer dizer? Como disse um artista plástico do Maranhão após saber que 51% da população do estado recebiam bolsa família: "Mas são todos felizes". E quem é que pode duvidar?

O si mesmo

Antes de seguir adiante rumo à escrita de Clarice, que brinca com o si mesmo, preciso dizer que apesar do si mesmo se encontrar nas brenhas do esclarecimento, pegando carona com Ana Medeiros da Costa "[...] não pretendo desqualificar o 'si-mesmo' enquanto construção ficcional" (Costa, 1998, p. 7).

O si mesmo, essa entidade abstrata, já está contido no Outro, dele advém. Mas onde é que está? Não se chega ao si mesmo, sua rota está sempre embaçada, porque ele não equivale: "[...] a uma unidade identitária, a uma constituição de ego" (Costa, 1998, p. 7).

O si mesmo faz parte de uma tentativa dos seres falantes para se contarem: tentativa impossível de recobrir aquele momento mítico e fatal de uma ruptura do ser, em que uma "perda radical" inseminou a linguagem, o grande Outro, assombrando-nos para sempre.

O que me assombra em Clarice?

Clarice sempre me assombrou! Ela acha um lugar na escrita em que "escrevo com o corpo" (Lispector, 1978, p. 21), ganhando novas peles, às quais precisa se "grudar" para poder seguir adiante na criação do destino desta alagoana que numa rua do Rio de Janeiro, pega no ar, quase de esguelha: "[...] peguei no ar de relance o sentimento de perdição no rosto de uma moça nordestina" (Lispector, 1978, p. 16).

Para escrever, Clarice precisa atravessar a experiência da escrita do impossível que acompanha a transmissão, seja ela da ordem do subjetivo ou da ordem do cultural. Divisão que assim coloco como prova do meu desconforto, pois sei que uma não se separa da outra. Será por isso que Clarice se duplica em Clarice e Rodrigo, homem falso ao qual ela não consegue dar sustança? Ou se triplica para poder, como ela mesma diz: "[...] tornar nítido o que está quase apagado e que mal vejo. Com mãos de dedos duros enlameados apalpar o invisível na própria lama" (Lispector, 1978, p. 24).

A experiência da escrita exige de Clarice que ela se desdobre em seu desejo de transmitir, de transpor uma experiência do campo do singular, de seu *intimus*, para o coletivo, dando a chance a nós, leitores, de compartilharmos com Macabéa, essa nordestina cujo viver era "ralo" e que vivia "[...] num limbo impessoal, sem alcançar o pior, nem o melhor" (Lispector, 1978, p. 30). Seria essa sua perdição?

Essa é a perdição de Clarice, a urgência de testemunhar algo que a ultrapassa e a invade, exigindo do seu ser que ela escreva com seu próprio corpo: que ela se esfregue na pele encardida de Macabéa. Aliás esta é a tarefa da literatura, dar voz coletiva ao que vem do singular. Serve pra quê?

Seguindo a trilha de Ana Medeiros da Costa (1998), na tentativa de uma fugaz apreensão do que seja o ato da escrita em Clarice Lispector, vamos fissurar essa experiência em dois. O primeiro polo viria de uma experiência que traz a singularidade e que é "[...] anterior à atividade de escrever" (Costa, 1998, p. 9). Experiência do intocável, daquilo que pede configuração por ser efeito do processo primário e que demanda o código: tesouro dos significantes. O segundo surge no só-depois da urgência da experiência, trazendo outra urgência: a de testemunhar essa experiência pela escrita. Clarice se constitui na experiência de escrever.

Freud (1921/1976), em "Psicologia de grupo e análise do ego", coloca que o individual e o coletivo são a mesma coisa: é tudo dentro! O que constitui um indivíduo é um traço que lhe dá uma certa identidade e que, como não poderia deixar de ser, está sustentado pela língua que, como diz Barthes, obriga o sujeito a dizer numa certa sintaxe, permitindo assim que todos compartilhem desse sentido que é sempre polissêmico e polivalente: "Um indivíduo constitui alguma coisa que pode circular, que se orienta por algo em comum" (Costa, 1998, p. 9).

O que o individual e o coletivo revelam é que estas representações servem de dobradiça, ponto topológico em que "[...] aquele que necessita de um traço se funde numa comunidade, um grupo qualquer, ainda que imaginariamente se situe excluído do mesmo" (Costa, 1998, p. 9). Já o singular: "[...] supõe algo que excede a possibilidade de compartilhamento" (*idem*, p. 9). Vai além das possibilidades de representação, excede as palavras; mas delas se faz? Trata-se de um lugar de exceção que escorre pelas beiradas. É preciso com uma escuma saber recolher a expressão dessa espuma de real que clama por alguma significação, nem que seja rala, como Macabéa.

Clarice, na dedicatória do autor, escreve que o que atrapalhava a sua vida era escrever. Mas, então, o que a faria escrever? Clarice se escreve ao escrever. Só assim ela consegue parcamente preencher algumas lacunas da experiência de si própria. A escrita teria a função de complementar ou de suplementar a experiência de si mesma?

Nas palavras de Ana Medeiros da Costa: "[...] nossa experiência é sempre determinada por um contar-se que nos precede" (Costa, 1998, p. 11). Não se trata de contar o que aconteceu, trata-se de nos contar. O ato da escrita de Clarice quer contar de algo que não pode ser lembrado, nem esquecido, mas que clama por expressão: "Insistência da lembrança de uma cena, que, como diz Freud, é sempre encobridora, pois como representação não é suficiente para abarcar todo o acontecimento" (*idem*, p. 10).

A escrita seria então uma espécie de ilusão de dar sentido ao acontecido que escapou? Disso que escapou resta um resto que a escrita sonha em expressar? É desse resto que vive a escrita?

A escrita nem sempre foi considerada como um meio eficaz de nos contarmos. Jeanne Marie Gagnebin (1997), recolocando em questão a condenação que Sócrates fazia à escrita, lembra-nos que em tempos arcaicos a memória oral é que dava sustentação à palavra sagrada, permitindo assim a constituição de toda uma civilização.

A escrita dessacralizaria a palavra? A palavra, ao se democratizar, se banalizaria, perdendo sua potência? Segundo ela, Sócrates havia criado um mito da origem da escrita atribuído ao deus Thot: "[...] a escrita somente faria aumentar o esquecimento dos homens na medida em que estes colocariam sua confiança em signos exteriores, ao invés de treinarem a memória verdadeira" (Costa, 1998, p. 8). O mito de Sócrates me faz recordar uma frase de um índio que nunca esqueci: "Branco não tem memória, por isso que ele precisa escrever".

E Macabéa?

Macabéa mesma, esta, não se conta. Mas, por mais estranho que possa parecer: somos todos macabéas. Afinal, quem não se sente desajeitado em seu próprio corpo, essa massa de carne, nervos, vísceras que nos constitui, mas que não diz a que veio? Afinal quem nunca se enjeitou anuncie-se — quem puder!

Entrementes, Macabéa traz em seu destino a marca do malogro: não há saída. Somos encurralados pela vida. Lembro agora, talvez, da única macabéa que encontrei nas brenhas do Maranhão, lá no povoado de Quatro Bocas, e essa eu não só olhei, como escutei. Ela, diante de uma indagação de como era a vida de uma mulher que se sentia velha, assim falou com seu olhar encardido e eterno: "É muito ruim". O silêncio se instalou no grupo, o ar deixou de rolar e eu, sufocada pela impossibilidade, ousei perguntar pela idade dela. Sua resposta me estonteou: "Trinta anos".

O mais marcante dessa cena, entretanto, não foi sua idade, porque macabéa não tem idade. Seu tempo é Outro. O que me impregnou dessa única macabéa que encontrei, com quem falei e que escutei, foi a impossibilidade, que pairava no ar, de que alguma coisa pudesse se deslocar, como se o tempo não pudesse escorrer. E olha que naqueles tempos, em volta de nós, só mulheres guerreiras querendo mudar o mundo: "O Brasil foi descoberto agora que as mulheres descobriram que têm direito!". E as macabéas lá no meio d'Isso, sem descobrir que tinham direito à palavra: "Não carece da mulher falar não, na fala dele, já tem a fala dela".

Depois desse golpe mortal, assim ao acaso, lembro do dia em que a Macabéa de Clarice salvou o dia com uma boa mentira e, ao estar sozinha, rodopiou feito uma criança e final e fugazmente encontrou-se consigo própria: "[...] bem que ela até não conseguia" (Lispector, 1978, p. 51). Deste fugaz encontro nasceu uma enorme "contentice", fazendo-me então lembrar de Dona Deuzarina lá do povoado quilombola de São Cristóvão no Maranhão, que do meio do malogro eterno que habita as profundezas do Nordeste achou uma saída: "A saída é por onde não tem porta".

Referências

COSTA, Ana Medeiros da. *Psicanálise e literatura*. A ficção do si mesmo. Porto Alegre: Associação Psicanalítica de Porto Alegre, Revista da Associação Psicanalítica de Porto Alegre, ano VIII, nº 15, novembro de 1998, p. 7-14.

DIAS, Mauro Mendes. *Por que se explodem as mulheres?* Disponível em <http://www.parana-online.com.br>. Acesso em: 20 fev. 2005.

FREUD, Sigmund. Psicologia de grupo e análise do ego (1921). *Edição standard brasileira das obras psicológicas completas de Sigmund Freud*, v. XVIII. Tradução sob a supervisão de Jayme Salomão. Rio de Janeiro: Imago, 1976.

GAGNEBIN, J. M. *Sete aulas sobre linguagem, memória e história.* Rio de Janeiro: Imago, 1997.

LISPECTOR, Clarice. *A hora da estrela.* Rio de Janeiro: José Olympio, 1978.

Fonografia:

ASSUMPÇÃO, Itamar. *Preto Brás.* São Paulo: Atração fonográfica, 2003. 1 CD. Faixa 01.

Capítulo 4

A clínica do literal

Trabalho apresentado na Reunião Lacanoamericana de Psicanálise da Bahia. Salvador, agosto de 1997.

Escutar ao pé da letra significa renunciar à lógica da compreensão?

> Frequentemente vale mais a pena não compreender para pensar, e pode-se galopar léguas para compreender sem que o menor pensamento disso resulte.
>
> (Lacan, 1998, p. 621)

Este artigo que ora apresento faz parte de um trabalho maior sobre a clínica do literal. Aqui, resolvi dar ênfase à articulação que a clínica do literal tem com o desmonte da lógica da compreensão no ser do analista.

Escutar ao pé da letra significa o quê? Pegar a letra pelo pé? Ou seja, pelo rastro, no sentido de que o sentido quase escapa e precisa ser pego?

Seria escutar quase distraidamente, mais apressada em agarrar fios que dizeres? Seria agarrar os ecos tal como vêm, sons ocos, significantes toscos, frases inacabadas, cujo termo final eliminaria os efeitos?

Nesse sentido, ler ao pé da letra significa uma leitura que, por não acatar as primeiras significações, pode: "[...] ouvir outra coisa além do simples significado das palavras que estão sendo pronunciadas e pôr em evidência a ordem libidinal que manifestam" (Leclaire, 1977, p. 9). Isso produz efeitos de diversas ordens. O primeiro deles é cair no literal enquanto um oculto sobredeterminado.

É se deixar cair na escuta dos ecos, pedaços de som, um lençol que voa trazendo o sexual, um fanhoso que aparece mudando o tom do sentido, um *fading* que quer matar o som dos significantes. Ecos das malhas da sobredeterminação: "Se um elemento deixa de ser determinado por certa cadeia de pensamentos, sua determinação é imediatamente comandada por outra" (Freud, 2000, v. XII). Trata-se de privilegiar o literal que, por ser "bruto", permite a revelação das formações do inconsciente, que tem na condensação uma das formas de seu funcionamento.

Se cairmos na escuta dos entrecruzamentos da sobredeterminação, significa que caímos naquilo que é representado muitas vezes. Ou melhor, repetido, incessante busca de um perdido. Compulsão à repetição cujo Um de que é feito não é unicizante e sim contável, 1, 2, 3 ou 4 e pum!, cai na compulsão. Repetição que pede uma abertura de sentido para além do mesmo: representa-se muitas vezes na busca de fazer aparecer suas conexões associativas. Deixar cair a máscara do recalque.

Escuta do literal que rastreia os caminhos que se ligam. Fios que se condensam. Feixes de palavras que se materializam. Pontos de resistência que aparecem como para rememorar que ao simbólico falta. O ser é a testemunha muda de que, na iminência da certeza de concluir, seu sujeito volta para o tempo de compreender. Enfim, emudece.

Trata-se de uma escuta que se apressa em agarrar fios, mais que dizeres. Mil fios que se urdem, que se tramam, fazendo tremer o ser dos humanos quando a fantasia se estatela na frente deles e eles veem que o de que se trata é outra coisa, ou outro buraco que tanto fica embaixo quanto em cima. Tanto faz.

E mais: se cada pedaço de discurso vale a mesma coisa, as regras são as da interpretação dos sonhos, as cenas valem uma a uma, esquecendo as generalidades. Cada caso é um caso, derrubando a compreensão como uma via de possibilidade para o particular, visto que ela exige um pacto universal de significação. Já o particular é efeito de subjetivação do um-a-um.

Trata-se de uma espécie de ruptura equilibrada entre o campo do Um e o do Não-Um. Mas como assim? Se vou romper com o pacto de significação, não escutando em nome de uma compreensibilidade suposta, também não posso me desgarrar daquilo que a ordem do Um presentifica: um campo fechado, um campo no qual o código tem prevalência total. É preciso barra ao efeito metonímico.

Neste texto, vou deter-me mais na articulação desse estilo de leitura ao pé da letra com a lógica da compreensão. O estilo do literal conforme o estou demarcando — o corte do literal — tem uma passagem obrigatória pelo desmonte da compreensão. Não que outros estilos de direção da cura não tenham que passar por este desmonte. Ocorre que, na clínica do literal, há um privilégio do corte. Corte do literal que leva em conta a "eficácia de um não-senso relativo" (Pommier, 1992, p. 40), evitando cair nas explicações, que são da ordem da causalidade, dado que o que está em jogo é apenas efeito de discurso.

Nosso campo é o da fala e o da linguagem, e aí o que importa é o efeito de significante, daquilo que manca na causação desse ser, e que ele, por falar, diz. Diz sem ouvir porque oculto está, mas pela via de uma dissonância pode ser cortado. Cortar com cuidado as articulações, como o bom açougueiro de Lacan, cortar escandindo sintoma e fantasia: "A escansão tem, então, este efeito de separar o sintoma da fantasia" (Pommier, 1992, p. 35).

A relevância passa a ser a do corte na história, ou melhor, onde essa história corta o sujeito do fantasma. Desejo de analista, paixão pelo significante que me anima nessa tarefa.

Quando o que está em jogo é apenas um efeito, a referência será a da estrutura, escritura que se desgarra do senso, afastando as causas; ou melhor, sua causa é Outra, vem do inconsciente. A literalidade do discurso se satisfaz então com o trabalho direto na estrutura, feixes materializados pela palavra, cuja resistência emana do próprio discurso.

Se o que o estilo da literalidade quer evitar é a lógica da compreensão, terá então que renunciar aos parênteses, conforme Allouch coloca: "Só os parênteses compreendem e quem pretende compreender põe o que atrapalha entre parênteses, e assim se mantém o bem-estar da evidência" (Allouch, 1994, p. 73).

Será preciso uma renúncia às tentações de um imaginário que acabou nos pegando pelos alívios que pode proporcionar. A compreensão é um deles. A satisfação vinda daí traz o alívio da certeza, ou seja, é esférica, traz a ilusão do todo.

Afasta a angústia de castração com a evidência que o sujeito gramatical traz. Como diz Lacan, o eu é o que desconhece. E assim... lá vai ele com a mão no bolso, crente que no bolso está o seu falo. As analogias possíveis não serão recusadas. Resta saber da costura do bolso, daquilo que, enquanto uma costura frágil, pode esgarçar-se, levando este mesmo eu que compreende a cair no chão, de bunda no chão, como nos versinhos de infância. Estatelado pelo eu.

É quando o eu do tudo posso se fraciona que um pedido de análise pode se dar. Os sintomas já o atravessaram de tal forma que sua única saída foi ir em busca de uma possibilidade... De quê? Ele nem sabe. De um alívio, de uma resposta. De qualquer forma, o saber já está em questão. Alguma coisa acontece que ele desconhece, evidenciando que a satisfação da evidência há muito se foi.

Longe das evidências, nosso ofício se defronta com um material fônico cheio de ecos que não se dizem, ou pior: quando estão a ponto de serem ditos, mais um outro contorno imaginário surge e lá se vai... Longe da evidência, defrontamo-nos o tempo todo com alguma coisa que é da ordem do real, do não-saber.

Se procuramos tais tesouros de significações, capazes de presentificar outros ditos ainda não ditos, nosso lume não pode ser o sentido daquele que logo compreende. Pelo contrário, é no erro, no particular, na dissonância, que isso pode ser pinçado, destacado, presentificado.

Convenhamos que, pensando a partir de um certo senso, psicanalisar é um ofício bem estranho, movido a paixão pela morte, pelo buraco, pela falta, pelo que não existe — ao mesmo tempo, animado pela pulsão de vida que quer ver outras formas de existência, nas quais a linguagem anuncia um novo revisitado.

Um novo desgarrado do declarativo, feito da ignorância que encontra, efeito de surpresa, sinal de encantamento que uma nova possibilidade pode trazer. Recriações que o som faz quando passa pelo crivo de uma escuta analítica, uma outra coisa é vista, uma outra música é ouvida e pode-se perguntar pelo acorde seguinte.

Essa é a paixão que move o psicanalista, paixão pela morte que insiste no desejo, visto que desejo é sempre desejo de outra coisa. E essa paixão só pode se alimentar do oculto sobredeterminado que a literalidade apresenta, feixe de metáforas e metonímias que pressupõem um ser morto, que é o analista. Este que já foi destituído do bem-estar da evidência e da certeza da gramaticalidade e que, por efeito de uma análise, seguiu o que seu desejo lhe apontava: o lugar do des-ser, o lugar de analista.

Mas, antes de falar desse ser insensato, vou tentar esclarecer um pouco mais sobre a compreensão. No sentido mais corriqueiro, compreender tem a ver com a "captação do sentido, com a significação de uma locução" (Santos, 1965, p. 254). Num certo sentido, científico, significa "saber o que é o como, após o porquê e, finalmente, o para que de um fato natural, bem como o raciocínio suficiente para fundamentá-lo" (*idem*, p. 255).

Apesar do equívoco fundamental que o natural suscita nessa definição do dicionário de filosofia para o termo compreender, esta operação tem no seu âmago a tarefa da explicação, cujo desejo de pré-dizer se alimenta daquilo que se repete, que é recorrente.

O sentido de compreensão que quero destacar se refere àquele que necessariamente traz uma explicação e que tem como efeito um bem-estar da ilusão, conforme Agostinho Marques, "de poder saber de tudo que está para trás e para frente"[1]. Se A, então B... e estamos calmos para sempre, que, como diz Renato Russo, para sempre não há.

Avançando mais, a escuta do literal exige um distanciamento daquilo que faz sentido fácil. Distanciamento dessa compreensibilidade suposta que Lacan apresenta no Seminário *As psicoses*: "Não-conforme a uma sequencia de ideias" (Lacan, 1985, p. 14). Ele diz que restituir o sentido, na cadeia dos fenômenos, não é falso em si; o que é falso é conceber que o sentido de que se trata é aquele que se compreende. Fica mais fácil entender por que Lacan diz que o rigor da escuta é psicótico: a lei da interpretação dos sonhos levada em seu rigor de leitura.

Como diz Lacan (1985), a compreensão só é evocada como uma relação sempre no limite. Desde que dela nos aproximamos, ela é, a rigor, inapreensível. A questão é que, quando nos enganchamos ao código, à ordem do Um, privilegiamos formas ideais de significação, recalcando aquilo que é da ordem do heterogêneo no discurso, o outro enquanto elemento irrespondível. Afinal, quem é o outro?

E, para terminar este item, destaco que compreender parece referir-se àquilo que é da ordem do processo primário enquanto uma certa dose, efeito de alucinação, identidade de percepção: o

---

[1] Agostinho Marques numa aula do curso Psicanálise e Filosofia ministrada na Escola Lacaniana de Psicanálise do Maranhão durante o mês de maio de 1997.

prazer de poder entender e supor que isso traz uma verdade que é absoluta e que vai servir para x ou y situação do futuro. Alguma coisa que Caetano diz das mulheres. Que ela sabe "explicar perfeitamente e não me entende, e não me entende nada" (VELOSO, 1987, faixa 3). Como, por exemplo, como lidar no amor, como se dar, como amar um outro, amando seu desejo?

O desmonte, da compreensão, no ser

É o ser que se desmonta ou a lógica da compreensão que para ser desmontada precisa de um ser com desejo de des-ser?

Os psicanalistas não são os únicos a testemunharem esse desejo insensato. Os atores mambembes que correm pelo mundo assassinando com suas próprias mãos, se o personagem assim exige. As nochés da Casa das Minas[2] (Ferreti, 1983) que caminham para a morte em nome de um rigor. Os escritores que se põem a escrever e a escrever, a criar sentidos, a inventar histórias em nome de quê? De seu desejo insensato de inventar, de ir além do usual, de descobrir um outro brilho no hábito e presentificá-lo graficamente, palavras que se desenrolam no palimpsesto. Para quê?

Mais uma vez a utilidade não parece socorrer, visto que para nada. Vitória do gozo. Eu gozo por nada. Catherine Millot (1996, p. 55) diz que é por vocação, reatualização de sua fantasia inconsciente, que se presentifica em seu estilo de escrita.

E os psicanalistas? Sim, porque eles existem. A prova de sua existência está nas sessões clínicas, nos textos em que a letra, pela sua materialidade, mostra a impossibilidade de uma escrita, mas, visto que escritas, já existentes e demonstráveis.

[2] Cf. Ferretti, 1983, p. 1. Casa de Mina ou tambor de mina é a designação popular do MA para o local e para o culto de origem africana que em outras regiões do país recebe denominações como candomblé, xangô, batuque, macumba etc... Trata-se assim, da denominação de uma das Religiões afro-brasileiras desenvolvida por antigos escravos africanos e seus descendentes.

Se eles existem enquanto suporte de possibilidade de presentificação daquilo que manca em uma significação de um outro, é sinal de que não são mais os mesmos de antes de se autorizarem. E isso sem alcançar o nirvana que alguma promessa de ser analista possa ter promovido. Como compensação, o prêmio de dirigir um deslocamento de significantes que ao se descolarem fazem nascer uma outra coisa, promessa de desejo. Mas se o desejo tem uma premiação faltosa, há alguma recompensa?

O lucro do desejo é o nada que ele produz, gozo que não serve para nada, pura perda, perda de semblante de objeto, destituição subjetiva cujo primeiro mandamento é a renúncia ao que se apresenta como compreensível. Destituído desse suporte, sustentado apenas pelo desejo de analista que precisa de um eu que suporte tais condições, o analista se vê em condições difíceis. Cada um sabe o preço das moedas de carne que precisa pagar por seu desejo.

É enquanto resto de semblante, causa de sua função, que o analista vai precisar renunciar a ouvir aquela historinha interessante. O interesse pelo enredo introduz um gozo que satisfaz o eu daquele analista. Identificação com aquela historinha que impede a leitura ao pé da letra.

Aliás, não é só ao enredo que o analista precisará renunciar. Pois que lugar é esse de resto de semblante? É o lugar necessário para que a transferência presentifique o enlace da fantasia inconsciente do analisando. Ou seja, condição de possibilidade de uma psicanálise. Mas... e da parte do analista? De que se trata?

Antes de chegar ao que cabe ao analista, vou esclarecer mais sobre esse lugar que fornece condições para uma análise. Lacan diz que a posição primária do inconsciente é de um ser que tem seu sujeito indeterminado. A transferência tem sua função colocada como possibilitadora de um acesso a essa determinação inconsciente através do enlace que ela proporciona. Mas, para que tal enlace se dê, é necessário que o analista ocupe esse lugar de destituição subjetiva que promove o ser deste que suporta tal condição a um resto de semblante.

Mas, se o analista precisa renunciar à compreensão e ao seu desejo de curar, em que, digamos assim, ele pode se agarrar? Como o "mar que não tem cabelos para se agarrar", conforme o mestre Paulinho da Viola (Carvalho; Viola, 1996, faixa 2), uma atitude é necessária ao analista para que ocorra aquilo que Freud (2000, v. XII) recomenda:

> Ele deve conter todas as influências conscientes da sua capacidade de prestar atenção e abandonar-se inteiramente à memória inconsciente. [...] Ele deve simplesmente escutar e não se preocupar se está se lembrando de alguma coisa. Para melhor formulá-lo: ele deve voltar seu próprio inconsciente, como um órgão receptor, na direção do inconsciente transmissor do paciente. Deve ajustar-se ao paciente como um receptor telefônico se ajusta ao microfone transmissor. Assim como o receptor transforma de novo em ondas sonoras as oscilações elétricas na linha telefônica, que foram criadas por ondas sonoras, da mesma maneira o inconsciente do médico é capaz, a partir dos derivados do inconsciente que lhe são comunicados, de reconstruir esse inconsciente, que determinou as associações livres do paciente (Freud, 2000, vol. 12: s/p).

Nada mais indizível do que essa recomendação de Freud, apesar de isso ser testemunhável pela experiência, ou melhor, transmissível pela escrita. Seria assim, vamos dizer, uma espécie de disponibilidade para se surpreender. Escutar como na primeira vez. Trata-se de dignificar o infantil naquilo que traz uma questão que abre para outras significações, questionando todo o saber até ali existente. Para aquilo ali que apareceu, o saber não serve mais.

Para isso acontecer, é claro, não se pode estar sustentado por um eu gramatical que tudo quer compreender. O compreender já traz nele um passado, referências a partir das quais se pode compreender. Faz relação com o universal, deixando escapar aquilo que é da ordem do inovador. Daquilo que inova a dor, apresentando a dimensão de um sinistro que não consegue se significar.

Destitui-se subjetivamente para um outro alcance que envolve um enlace da ordem do inconsciente naquele analisando. Renuncia a sua subjetividade mantendo ativo o inconsciente numa escuta flutuante. Coisa difícil de se transmitir.

O resto de semblante tem a ver então com uma disposição interna do analista e não com caras e bocas, apesar de essa cênica também poder ser usada no manejo, na transferência. Trata-se de uma disposição interna que exige uma espécie de esvaziamento semelhante ao estado do zen que entrega sua consciência a uma outra ordem de sentido.

Lacan utiliza uma expressão bem feliz, ao meu ver e ao meu gosto, que traz à tona o campo do feminino. Vamos dizer assim: uma escuta, como se o ser estivesse tapado, no sentido de um saber manejar véus que escondem e ao mesmo tempo sustentam o enigma. Ou seja, sustenta a busca de um significante que diga daquele sintoma, nem que para isso tenha que ser meio tapada, no sentido de meio burrinha. Renuncia à ideia de saber alguma coisa na busca de um saber que advém dos efeitos de surpresa que a presentificação do inconsciente traz.

Ocupar o lugar de resto de semblante é renunciar ao seu próprio semblante. É se desgarrar de sua vontade. É se confrontar com esse mal-estar. E este, o que indica é alguma coisa da ordem do sintoma do analista? É possível perder o semblante sem mal-estar?

E usar da cena como um dos principais artifícios na condução de uma cura custa o quê? Custa porque exige condições de possibilidade do artificial, que demanda o deslocamento do eu. Um descentramento, um des-ser do eu. É essa inexistência, suporte da melancolia, que gera o mal-estar necessário à direção da cura?

Construir uma cena para que ela remeta o analisando ao inconsciente ou provocar uma situação está na ordem do ato. Este rechaça o natural e se serve do artifício para provocar efeitos, que é o que importa na direção de uma cura. Reencontro com o recalque.

Mas que coisa mais estranha essa psicanálise; afinal, para que ela precisa desse mal-estar? Se a psicanálise nasce de uma experiência artificial, Isso significa o retorno de alguma coisa que, por ser artificial, traz no seu bojo também o estranho? O inusitado? Afinal, como seria possível chegar ao inconsciente a não ser por vias transversas? Ou melhor, pela topologia borromeana, um dentro e um fora que contêm um avesso que contém um direito?

Para encerrar este item, pergunto mais uma vez por esse ser de desejo de des-ser que suporta o desmonte da lógica da compreensão. Esse ser, no mínimo, parece ter como fonte de identificação uma preferência pelo que é da ordem do enigmático, por aquilo que, quando aparece, abre um clarão, advindo de um saber do inconsciente.

Paixão pela escrita do significante, paixão pela letra que vem se escrever no lugar do sujeito, no ato deste de dizer bem o seu sintoma. Escrita poética, efeito de linguagem sobre o real do corpo que diz, diz poesias que se escrevem. Não precisa de um saber sobre elas, elas simplesmente se escrevem. O que importa é o Isso que faz escrever, franqueando saber, visto que referenciado não mais às identificações imaginárias do objeto, e sim ao real da letra "que permite que do real se faça traço de escrita" (Vidal, 1993, p. 199). Escrita que faz surgir o sujeito do inconsciente.

Poder-se-ia dizer ainda que esse ser que deseja o des-ser nisso achou uma via de desejo. Isso o leva adiante, antes que o bicho coma. Trata-se então de um ser que paga por seu estilo. O preço do corte, articulação por articulação, descosturando as identificações, navegando pelos mares de não ser e aí sendo. Encontro da letra com o sintoma, tradução do sintoma.

A referência, nesse caso, seria apenas a letra, enquanto elemento mínimo que o sustenta. Letra esta que, ao cair da cena, como resto, corta o sujeito, escandindo sintoma e fantasia com promessas de que, a partir de um não-senso, um outro senso se escreva, articulando-se com a escrita que sustenta o discurso psicanalítico que só aparece para alguns.

Eu pergunto, então: não é isso que é viver? Achar uma via de possibilidade na cadeia desejante? Condenados a desejar pela ética trágica que o desejo apresenta, o que podemos fazer a não ser pagar o custo do rigor do desejo de analista, o des-ser? Isso não seria apenas mais um estilo de lidar com o impensável da morte?

Referências

ALLOUCH, Jean. *Letra a letra*: transcrever, traduzir, transliterar. Tradução de Dulce Duque Estrada. Rio de Janeiro: Companhia de Freud, 1994.

FERRETTI, Sérgio Figueiredo. *Querebentam de Zomadonu*: um estudo de antropologia da Religião na Casa das Minas. Dissertação (Mestrado em Antropologia Social) – Departamento de Estudos Sociais do Centro de Ciências Humanas, Letras e Artes, Universidade Federal do Rio Grande do Norte, Natal, 1983.

FREUD, Sigmund. Recomendações aos médicos que exercem a psicanálise (1912). *Edição eletrônica brasileira das obras psicológicas completas de Sigmund Freud*, v. XII. Rio de Janeiro: Imago, 2000.

LACAN, Jacques. A direção do tratamento e os princípios de seu poder (1961). *Escritos*. Tradução de Vera Ribeiro. Rio de Janeiro: Jorge Zahar, 1998.

————. *O seminário, livro 3: as psicoses* (1955-1956). Versão brasileira de Aluísio Menezes. Rio de Janeiro: Jorge Zahar, 1985.

LECLAIRE, Serge. *Psicanalisar*. Tradução de Durval Checchinato e Sérgio Joaquim de Almeida. São Paulo: Perspectiva, 1977.

MILLOT, Catherine. A vocação do escritor. In: MILAN, Betty. *A força da palavra*. Rio de Janeiro: Record, 1996.

POMMIER, Gérard. *O desenlace de uma análise*. Tradução de Cristina Rollo de Abreu. Rio de Janeiro: Jorge Zahar, 1992.

SANTOS, Mário Ferreira dos. *Dicionários de Filosofia e Ciências Culturais*. São Paulo: Matese, 1965, v. 3.

VIDAL, Eduardo. *Retratura de Joyce, escrita e sinthoma*: uma perspectiva Lacaniana. Rio de Janeiro: Letra Freudiana, 1993, v. 12.

Fonografia

CARVALHO, Hermínio Bello de; VIOLA, Paulinho da. Bebadosamba. Intérprete: Paulinho da Viola. In: VIOLA, Paulinho da. *Timoneiro*. São Paulo: BMG, 1996. Faixa 2. Produzido por Jorge Davidson.

VELOSO, Caetano. Noite de hotel. In: Caetano. São Paulo: Polygram, 1987. Faixa 3. Produzido por Guto Graça Mello.

Texto apresentado na Jornada Letra e Escrita na Clínica Psicanalítica. Escola de Psicanálise de Campinas. 27 a 29 de junho de 1992. Campinas, São Paulo.

Da letra e da litura na clínica do literal

Depois do desmonte da lógica da compreensão, condição necessária à escuta do literal, mais uma vez um fio dessa meada me pega, mostrando-me que por esse vão corre um emaranhado que o Maranhão me testemunha... E me faz querer saber mais...

Por que Andrelina, do povoado de São Cristóvão[1], terra de herança sem partilha, terra de preto, ao responder-me como estava dona Euza, velha caixeira do lugar, assim falou: "Dona Euza? Essa perdeu as carnes tudinho". Minha filha, ao meu lado, perguntou aturdida: "Mas por que ela não falou que dona Euza havia emagrecido muito?". Ao que respondi, meio de pronto: "Por aqui é assim, se fala tudo no literal. É só gravar e transcrever, que a peça de teatro já está pronta". E acrescentei: "Ah, aqui é a Grécia, a tragédia do cotidiano é vivida no público".

Por que — perguntas antigas — a escuta analítica anseia pelos sulcos, restos, vestígios, rastros, sombras? De que se trata esse viés? Que gosto é esse que inclui a rasura?

---

[1] São Cristóvão, povoado do município de Viana, Baixada maranhense que vive em regime de terra de herança sem partilha.

Por que o som pode tornar-se para a escuta uma fonte de ressonâncias? *Fadings*? Do trinado ao papagaio, a fala vazia parece estar ali apenas como eco de uma Outra fala: "Está parecendo que você repete, como papagaio, alguma fala que não é sua".

Insistência, na clínica, em recortar o literal, efeito de rupturas. Transgredir a ortografia, a sintaxe do código. Chegar mais perto da poesia que se estatela numa fala. Escrito que se escuta literal, com sons de trinado a fanhosos que falam do que acontece quando a litera e litura podem articular-se?

O que é o literal?

No texto "Escutar ao pé da letra significa renunciar à lógica da compreensão?" (Bittencourt, 1998, p. 89), início do querer desvendar o literal, este, configura-se como um condensado, efeito de sobredeterminação. Oculto que se mostra por uma decifração. Ou melhor, por uma escuta desgarrada das imagens figurativas, da gramaticalidade, rompendo a sintaxe.

Ler ao pé da letra seria fazer valer o dito freudiano sobre os sonhos em que cada pedaço vale por ele mesmo: "Se um elemento deixa de ser determinado por certa cadeia de pensamentos, sua determinação é imediatamente comandada por outra" (Freud, 1900/1974, p. 473). Demanda de um outro eixo na promessa de significação. Ler ao pé da letra teria então, como condição necessária de leitura, esquecer o valor próprio de cada imagem, esquecer sua *gestalt* e encontrar uma Outra topologia: o umbigo dos sonhos, este centro que só se diz pela hiância.

Freud, depois de assombrar-se com o que ouvia de suas pacientes histéricas, chega ao sonho e o recorta como uma estrutura capaz de revelar o inconsciente e suas operações. Os sonhos revelam uma Outra linguagem submetida a desfigurações, subversão de valores psíquicos, censura, resistência, sob o comando da condensação e do deslocamento — duas maneiras essenciais de o inconsciente funcionar...

Lacan relê Freud, indicando que o inconsciente sofre de uma evasividade — falta um na estrutura —, regido que é por uma temporalidade. Pulsação que por uma fenda divide o sujeito, torna-o barrado a um saber. A genialidade de Freud postulou a localização de determinados cortes na linguagem, pela forma descontínua de o inconsciente funcionar. A Psicanálise teria por finalidade, nestas descontinuidades, rememorar lacunas mnêmicas.

Lacunas essas que, sabemos, não poderão ser reconstituídas — primeiro, porque não há uma reconstituição no sentido literal e, segundo, por não ser possível suturar tudo. Trata-se, então, de pedaços, de lacunas, cortes feitos no discurso que pedem rememoração. Alguma coisa da ordem do não-realizado — do inconsciente — quer se realizar.

Se o inconsciente alude a um regime que resiste, seu aparecimento não é direto. Sua inscrição demanda uma cifração. O literal seria assim uma forma de linguagem, condensado que aparece como efeito de uma lacuna mnêmica? Aquela que não para de não se inscrever e que, ao ser fraturada, fura o simbólico, aparecendo como real, aproveitando-se da letra para recortar-se e escrever?

O significante e a letra

A letra é da instância do inconsciente: "Letra que abre a cena do inconsciente e recorta o objeto *a* que, por ser efeito da fantasia, sofreu recalque e por isso mesmo pode retornar" (Mendonça, 1992, p. 22). Indica o inconsciente como função. Constitui o significante, mas dele pode destacar-se, indo além daquilo que ele pode falar de seu sujeito: quem é esse desconhecido que me engana, que me fala "sou fria ou sofria?".

Se o literal é efeito de sobredeterminação, nos seus entrecruzamentos, o significante se fratura. A letra, de acordo com Lacan (1986, p. 23), em *Lituraterra*: "Simboliza efeitos de significantes, mas não se confunde com o significante", corta o significante.

Rompe com a ortografia, com a unidade do sentido, colocando em cena uma Outra cena em que, se o dia for de sorte, o sujeito do inconsciente mete as caras.

Um analisando queixa-se por não ter ainda saído da casa dos pais: "Só falta fazer a mala". Eu escuto "só falta fazer amá-la" e digo: "Se só falta fazer amá-la...". Escutando o corte da letra, que do simbólico levou-o para o litoral do real, margem que faz fronteira entre duas ordens, dois eixos do psíquico — do simbólico ao real —, ele arrumou a mala.

Suportou a ruptura do semblante — que é da ordem do simbólico — e, ao se deparar com o real, deixou-se levar por um outro significante. Tal significante nomeou para ele aquilo que, recalcado, o impedia de arrumar a mala, levando dentro dela sua herança parental: insígnias, identificações, amores e ódios, além do susto de se deparar com a impossibilidade de que mamãe e papai pudessem receber dele, filho, enfim, um amor inigualável: *ele, sua majestade, o bebê.*

O corte operado pela letra serviu de borda para a inscrição do fantasma: o que o Outro quer de mim? O corte promove o efeito de sujeito, constrói um lugar para o sujeito advir, "representando-se como objeto do desejo do Outro" (Julien, 1993, p. 106). Ele, sua majestade, o bebê, montagem fantasmática na qual ele está no lugar do falo, significante que falta no Outro.

A letra traz essa possibilidade "disso que a partir da linguagem chama do litoral ao literal" (Lacan, 1986, p. 23). Apesar de "imbricada" com o significante, está do lado do real, ao passo que o significante encontra-se do lado do simbólico. É o elemento material que permite o trânsito entre esses dois registros. Escritura que se faz do efeito do corte que a letra realiza num significante.

A letra perfura o que é da ordem do simbólico, de modo que o real possa emergir. É a letra se fazendo de litoral no sentido de que faz fronteira, permite uma passagem do simbólico para o real, funcionando como um elemento híbrido, que faz cruzamento de espécies diferentes. "Ela funciona no litoral ou na borda dessas duas (dimensões)" (Machado, 1998, p. 22). Como pergunta Lacan:

> Vou lhes propor algo, brutalmente, que venha após *aletter, a litter*, enfim, vou lhes dizer: a letra não seria literal, ao fundar no litoral? Pois uma fronteira é outra coisa! Aliás, vocês puderam observar que isto nunca é entendido. O litoral é o que coloca um domínio inteiro como fazendo a um outro, se assim o quiserem, uma fronteira. Mas justamente por não terem absolutamente nada em comum, nem mesmo uma relação recíproca. A letra é litoral (Lacan, 1986, p. 22).

O corte do literal

O corte que a letra promove num significante não seria a construção dessa fronteira que faz margem entre o simbólico e o real, e que Lacan (1986) tenta nomear em *Lituraterra*? Que separa uma coisa de outra, não uma coisa qualquer, mas duas coisas pertencentes a registros diferentes, não possuindo uma relação de reciprocidade do simbólico com o real? As relações que se estabelecem entre esses dois eixos não são de reciprocidade, no mesmo sentido de que a relação sexual não existe.

A clínica do literal não seria efeito do corte, enquanto um recurso da estratégia clínica? Corte que escava o literal pela via da letra, instituindo uma quebra na paixão pelo sentido. O sentido é a paixão em responder: "O que quer dizer?". O simbólico é o que permite fazer sentido. A paixão se quebra para que o inconsciente compareça em ato, abrindo a possibilidade de o sujeito do inconsciente encontrar uma via por onde possa meter as caras.

Para tanto, o corte do literal vai precisar de alguém que se autorize numa escuta que privilegie a letra que corta o significante, aproximando-nos da poesia. Escuta que não privilegia o pacto de significação universal para além do aspecto formal com base no qual o mundo se organiza. Oiticica (Oiticica e Clarck, 1996, p. 19) diz que foram os formalistas que "organizaram o espaço por fora através do objeto representado no espaço real".

Ou seja, perigo à vista para aquele que escuta, pois, como conclui o poeta Ferreira Gullar (1985, p. 192), quase enlouquecendo em tempos de poesia concreta: "Detrás da linguagem não havia nada". É certo que o poeta queria saber o que existia atrás da linguagem. E nós, o que que estamos querendo descobrir? "O inconsciente se manifesta sempre como o que vacila num corte do sujeito — onde ressurge um achado que Freud assimila ao desejo — desejo onde o sujeito se saca em algum ponto inesperado" (Lacan, 1985, p. 32).

Numa escuta que se alimenta da quebra do Um na palavra, o preço que custa a escuta desse estalido é o resvalar pelos vãos sonoros das palavras — ecos, ressonâncias fônicas correndo o risco de perder a margem. A condição fundamental para tal escuta é a de sempre: uma ancoragem na ordem simbólica. E, para quem não vê há algum tempo uma âncora, de verdade, dessas usadas nos antigos portos brasileiros, recomendo ir ver uma. Elas impressionam pelo peso que parecem ter.

A escuta do literal escreve uma poesia concreta. O movimento de poesia concreta, com todas as querelas e questões fomentadas entre cariocas e paulistas, nasceu de uma prática poética, na década de 50. Brincava com a abolição do verso, escrita de textos que privilegiassem os valores gráficos e fônicos que emanam das palavras.

A prática ganha destaque como significante de um elemento estrutural: a experiência. Passar pela experiência, o que significa dizer: criá-la, atravessá-la. Tanto na prática poética quanto na psicanalítica, a experiência é que nos fornece um dizer sobre ela.

Uma passagem que tem como suporte o corte, conforme o tempo lógico, em que o analista escuta a letra que corta o significante. Uma analisanda fala: "O meu desejo é de piano", eu escuto "O meu desejo edipiano". A analisanda escuta o corte e sai às gargalhadas. Retorna alardeando sua história com o pai e o avô, pianistas da família.

Uma outra passagem, condição fundamental a essa escuta, é o privilégio da letra. Privilegiando a literalidade, prioriza-se o corte como tática de deciframento, promovendo "a eficácia de um não senso relativo, evitando fornecer uma explicação causal, ali onde apenas um efeito está em jogo" (Pommier, 1992, p. 40). Isso se o analisando escuta seu eco, se já está imerso nessa lógica. Se já se deu conta de que aquilo ali, não importa que seja de ouro ou cobre, mas vale. Que não se trata somente de palavras, mas de entrecruzamentos de sentido que a literalidade permite mostrar, e ele, beneficiando-se, pode recriar-se. Em outras palavras, a literalidade apresenta um tempo no qual a história é cortada no ponto em que a fala a reconstrói. A rememoração apresenta um tempo circular em que a história se dá.

Enquanto a rememoração, circularmente, percorre a história daquele sujeito, na busca da reconstrução de sua história, a literalidade lança o sujeito para um lugar desconhecido, privilegiando o tempo da interrupção e da descontinuidade. Poderíamos dizer, então, que a literalidade encurta um caminho. Não supre qualquer construção prévia da história, do meio social ou dos antecedentes. Destaca a literalidade, trazendo um sentido que rompe com a cronologia. Joga o sujeito para um lugar desconhecido, onde somente ele pode encontrar a porta que é sempre sem saída, a da lógica do desejo. Mas Isso significa dizer que a rememoração está fora do processo analítico?

É claro que não. A diferença talvez seja a via de acesso e de tempo, pois, na verdade, uma não existe sem a outra. A literalidade também visa à produção de uma rememoração daquele sujeito, no sentido do atravessamento da fantasia, rumo ao final de análise.

Quebrar a palavra custa caro ao analista. É como se ele perdesse mais um apoio que o recurso do sentido lhe dava, além de precisar resistir a cair na tentação da clínica da rememoração que produz um certo alívio à angústia da clínica do real. A troco de quê?

Clínica da letra ou do sentido?

O semblante, aquilo que comumente faz forma, quando estilhaçado pelo corte da letra, exibe o buraco que há no saber: "Mamãe, posso ir?". Falta saber para saber por onde é melhor seguir: "Que passo é esse?".

A letra aborda esse buraco e se faz de borda do buraco, no saber, bordando uma Outra nomeação. Essa não seria a função principal da borda, servir de platô para uma nomeação? Isso que a psicanálise designa como abordagem da letra não seria aquilo que a letra desenha, contorna, recorta, borda? Traça vestígios, sombras, margens, bordas?

Como afirma Lacan (1957/1978, p. 225), a letra não se confunde com o significante, ela é o seu suporte material. Ainda segundo ele, a natureza oferece diversos suportes para a nomeação de significantes. O suporte como aquilo em que algo se firma ou se sustenta. A letra, por ser suporte, apresenta os elementos materiais do significante: o fônico e o gráfico.

O fônico tem sua fonte na polissemia da língua, ordem regida pelo som com todas as assonâncias e dissonâncias possíveis. O gráfico é da ordem da escrita: aquilo que se escreve, se registra, tem uma maneira de ser lido. Lacan, em *Lituraterra* (1986, p. 30), coloca que a escrita é a "sulcagem da imagem que não é nenhuma metáfora". Sulcar, abrir um rego, uma vala, um canal, um risco na imagem, que, por tal sulcagem, não se configura. Não forma semblante, é apenas um sulco, uma inscrição. Segundo ele, a escrita é esta sulcagem.

A vertente aqui não é a do sentido, e sim a do sinal, enquanto letra que deve ser lida como vindo "em lugar de outro sinal". Alguma coisa que, segundo Lacan (1986, p. 24), "escoa". O escoar seria o único traço a operar, recortando aquilo que, de acordo com ele, "permite desenhar o que, na minha ideia, promove de a literatura estar, talvez, virando lituraterra" (Lacan, 1986, p. 24).

Litura, no *Dicionário Latim-Português* (Ferreira, [19--], p. 681), significa emboço, revestimento. Ou então rasura, correção, risco, cancelamento. Litera é caráter da escrita, letra do alfabeto — *Litteras discere*, aprender a ler. Litera ainda é todo documento escrito: livro de contas, registro, édito e literatura, belas letras, cultura, erudição.

Litura, aproveitando uma nota de rodapé de Alduisio Moreira de Souza, que, numa primorosa tradução de *Lituraterra* (Lacan, 1986, p. 22), ilumina esse sulco feito numa imagem: traço. Real que inscreve alguma coisa só passível de ser lida pela via do discurso analítico. A escritura seria então um traço que permitiria uma leitura apenas enquanto efeito de linguagem. Souza coloca que em *Finnegan Wakes*, de James Joyce,

> o princípio feminino, Ana Lívia, Plurabelle, está em permanente metamorfose. É Eva, Isis, Isolda etc... Numa delas, é, ainda, uma galinha que, revolvendo a terra, arranca de um monte de esterco (*litter*) um fragmento de uma carta (*letter*) que, ao ser apenas parcialmente recuperada, fornece um enigma vital para o livro. Talvez desse revolver a terra Lacan tenha tirado o seu lituraterra.

Mas que traço seria esse? Traço que escoa num rastro. Isso foi o que Lacan viu entre nuvens em uma viagem ao Japão:

> Nisto que se chama de planície siberiana, planície verdadeiramente desolada no sentido próprio, sem qualquer vegetação, a não ser reflexos, reflexos desse escoar, os quais arrastam à sombra do que aí não se espelha. O que é isso, esse escoar? (Lacan, 1986, p. 26).

Lacan diz que é nas nuvens que Aristófanes lhe faz sinal "de encontrar alguma coisa do significante: ou seja, o semblante por excelência, se é de sua ruptura que chove(m), efeito no qual, do significante, se precipita o que aí era matéria em suspensão" (Lacan, 1986, p. 27).

A ruptura do semblante dissolve o que fazia forma, deixando uma inscrição, litura, marca: "tentativa de perfurar o aspecto" (Lacan, 1986, p. 27).

Mira Schendel

Mira Schendel, artista plástica, tem a ambição de mostrar--nos na matéria aquilo que é da ordem da litura. Disso que não se enxerga mais Mira quer uma representação enxuta, restrita, simples, vazia. Uma escritura do limite: suporte que se pretende mostrar pelo que não é, pelo limite da representação.

O primeiro quadro dela que *vi*, numa tela branca, mas de "superfície heterogênea que se força a se manter una e não deslindar seus objetos à visão" (Salzstein, 1997, p. 18), uma fina linha de ouro desenhava uma margem. O resultado era um vazio esmaecido, repartido em dois por uma frágil linha de ouro que criava uma margem, separando dois lados de um mesmo vazio. Aquele contorno tão frágil que fazia uma certa margem, litoral, trouxe-me a angústia. Algum traço escoou: rastro? E aí eu vi?

Conforme Lacan, o rastro é feito de um material durável, ao passo que a palavra é evanescente, volátil. Mira me mostra — materialmente falando — suportes para perguntas antigas: em que consiste esse viés da escuta analítica que anseia por sulcos, restos, vestígios, rastros, sombras? Que gosto pelo viés do real é esse que inclui a rasura? De que se trata: um desenho de linhas discretas, por vezes quase se apagando, interrompendo-se ou desaparecendo do papel pelas bordas? Uma espécie de atração pelos limites, nos quais aparentemente não há nada? Traço que, ao se apagar, faz surgir o sujeito?

Segundo Salzstein (1997, p. 17), Mira tinha uma espécie de "disposição para obliquidade", atitude que se revelava na sua obra através de uma combinatória: "a exigência de depuradas manobras conceituais a uma adesão desconcertante às coisas cotidianas, ao que a vida do cotidiano pudesse, enfim, fornecer de entrópico, arbitrário e brutal" (*ibid.*). Ou seja: literal.

Os significantes, advindos da obra de Mira, têm uma insistência em aproximar-se da "abstrusidade originária da matéria" (Salzstein, 1997, p. 17), do obscuro, do intrincado que a matéria nos apresenta. Daí o seu interesse por acolher os objetos em sua literalidade, colocando em questão a evidência incontornável do suporte. Sua figuração lembra o "esgarçar numa penumbra vazia" (*ibid.*), fazendo-nos crer que seu suporte predileto é o vazio e nos levando a viajar com Lacan pelas nuvens, rastro, litura de um impossível: "Rasura de nenhum rastro que seja anterior, eis o que faz terra do litoral. Litura pura é o literal" (LACAN, 1986, p. 26) .

Rasura é o mesmo que litura, alguma palavra riscada ou raspada de modo que sua leitura se torne impossível. Ao simbólico falta um significante que diga da coisa: "Que troço é esse"? A letra escreve essa falta e registra o real, registro do impossível, conforme uma analisanda: "Eu sou cópia de uma ausência?".

O literal da coisa

A coisa — *das Ding* —, introduzida por Freud no "Projeto de uma psicologia para neurólogos", presentifica para a Psicanálise um objeto absoluto, inatingível: "Lacan dirá que a coisa é o real do qual o significante padece" (Andrés, 1996, p. 85). O real da coisa traz o impossível e, com ele, o estranho. A coisa funda "a orientação do sujeito humano para o objeto".

O literal seria um registro que sonha em se encostar na coisa, uma escrita do oculto do "mistério geral que nos envolve e cria" (Rosa, 1967 *apud* Riedel, 1980, p. 12), como diz Guimarães Rosa. Isso me espanta mais-ainda lá pelas bandas de São Cristóvão, terra de preto, à qual me referi no início deste texto, quando me disseram que dona Euza, pobrezinha, "havia perdido as carne tudinho".

Esse espanto já dura mais de duas dezenas de anos. A língua do povo do interior do Maranhão, coloca-me meio numa posição como a de Riobaldo — personagem de Guimarães Rosa —, a perguntar, perguntar... De que se trata? Que ditos são estes que são estruturados por uma sintaxe e uma eleição de significantes que revelam uma epopeia cruel? Uma realidade dura na qual falta pão, e que, a despeito de não sei o que, articula-se com uma alegria própria dos artistas autorizados de si mesmos. Nós, que somos brasileiros, sabemos o quanto isso é comum em nosso povo: o horror e a graça, ao mesmo tempo.

Trata-se, então, de escutar uma comunidade de iletrados, mas letrados ao pé da letra. Uma escrita que fala da sua existência, sem muito disfarce? Rebuço? Sem atenuar ou suavizar a intensidade do cruel? Os objetos são falados como literais no sentido cru, tosco da palavra. Criação do campo da oralidade, já que a letra em São Cristóvão escreve a tragédia do cotidiano com uma fala expressiva e gestual, expondo-nos ao horror, como nas tragédias gregas. Com o advento da poesia trágica, o mito chega ao teatro. A encenação substitui o discurso, os atores conquistam seu lugar.

A encenação exibe o doloroso e, com ele, a purgação do temor e da piedade, ao mesmo tempo que o prazer, o deleite, o entusiasmo. Promove um efeito coletivo, no sentido que Aristóteles (1993, p. 57) quis dar à palavra *catarse*: purgação da presença constante da morte. E nós, pobres ouvintes, na mão desses escritores iletrados, que nos vão arrastando para o reino da angústia, da poesia e da festa...

Tragédia, em grego, no seu sentido literal, é o "canto do bode": "canto religioso com que se acompanhava o sacrifício de um bode nas festas de Baco" (Aristóteles, 1993, p. 57). Conforme Aristóteles (1993, p. 24), "a tragédia é a representação de realidades dolorosas, porquanto sua matéria prima é o mito, em sua forma bruta".

O literal seria Isso que apresenta o bruto, sem uma roupagem metafórica que, através de substituições possíveis, envernizasse as agruras, enganando melhor os humanos? Uma fala que quer encostar na coisa, sem adornos? Um imaginário áspero, demasiado livre, pegando do Aurélio os vários sentidos do significante cru. Proximidade com o real?

A palavra condensada e crua, sem muita preparação, elevando o objeto à dignidade de coisa? E não são apenas vasos do oleiro, mas também os tambores e as caixas do Divino que, estabelecendo um ar de solenidade, abrem a cena com vozes lamurientas que anunciam o início da festa:

> É sempre na mezena mais alta de um deles que levanto minha flâmula e orço para o setentrião — quando certos sons, certas sílabas e certos nomes mágicos abrem para mim os caminhos do oceano. Ilha, rei, São Luís Rei. Ou então, mar, amar, aranha, arranhão — que se entrelaçam e emaranham na graça da palavra Maranhão (Nava, 1972, p. 22).

Referências

ALLOUCH, Jean. *Letra a letra*: transcrever, traduzir, transliterar. Tradução de Dulce Duque Estrada. Rio de Janeiro: Companhia de Freud, 1995.

ANDRÉS, M. Coisa. In: KAUFMAN, P. (Org.). *Dicionário enciclopédico de Psicanálise*. Tradução de Vera Ribeiro e Maria Luiza X. de A. Borges. Rio de Janeiro: Jorge Zahar, 1996.

ARISTÓTELES. *Poética*. Tradução de Eudoro de Souza. São Paulo: Artes Poéticas, 1993.

BITTENCOURT, E. Escutar ao pé da letra significa renunciar à lógica da compreensão? Revista *Dizer*, Rio de Janeiro, n. 11, p. 89-97, 1998.

FERREIRA, A. G. *Dicionário Latim-Português*. Porto: Ed. Porto, [19--].

FREUD, Sigmund. A interpretação dos sonhos (1900). *Edição standard brasileira das obras psicológicas completas de Sigmund Freud*, v. VI. Rio de Janeiro: Imago, 1974.

GULLAR, Ferreira. O que é o Brasil? *Revirão*: Revista da prática freudiana, Rio de Janeiro, n. 2, out. 1985.

JULIEN, Philippe. *O retorno a Freud de Jacques Lacan*: a aplicação do espelho. Tradução de Ângela Jesuino e Francisco Franke Settineri. Porto Alegre: Artes Médicas, 1993.

LACAN, Jacques. A instância da letra no Inconsciente ou a razão desde Freud (1957). *Escritos*. Tradução de Inês Oseki-Depré. São Paulo: Perspectiva, 1978.

————. *O seminário, livro 11: os quatro conceitos fundamentais da psicanálise*. Tradução de M. D. Magno. Rio de Janeiro: Jorge Zahar, 1985.

————. Lituraterra. *Che vuoi? Revista Psicanálise e Cultura*, Rio Grande do Sul, Ano I, n. 1, p. 17-32, 1986. Tradução de Alduisio Moreira de Souza.

MACHADO, Ana Maria N. *Presença e implicações da noção de escrita na obra de Jacques Lacan*. Rio Grande do Sul: Unijuí, 1998.

MENDONÇA, A. S. O inconsciente e o estilo. *Campo Matêmico*, Rio de Janeiro, n. 4, p. 21-32, 1992. Publicação anual da Escola Lacaniana de Psicanálise.

NAVA, Pedro. *Baú de ossos*: memórias. Guanabara: Sabiá, 1972.

OITICICA, Helio e CLARCK, Lygia. *Cartas 1964–74*. Figueiredo, L. (Org.). Rio de Janeiro: UFRJ, 1996.

POMMIER, Gérard. *O desenlace de uma análise*. Tradução de Cristina Rollo de Abreu. Rio de Janeiro: Jorge Zahar, 1992.

RIEDEL, Dirce Côrtes. *Meias-verdades no romance*. Rio de Janeiro: Achiamé, 1980.

SALZSTEIN, Sônia. Resistindo ao presente. In: MIRA, Schendel. *A forma volátil*. Rio de Janeiro: Centro de Arte Hélio Oiticica, 1997. p. 17-26.